Schratz · Gemeinsam Schule lebendig gestalten

Die Reihe »Neue Lehrerbildung und Schulentwicklung« wird herausgegeben von Dagmar Hänsel, Dieter Jötten, Peter E. Kalb, Hilbert Meyer, Reinhold Miller, Jürgen Oelkers, Botho Priebe, Ursula Schaeffer, Michael Schratz, Anton Strittmatter, Ulrich Vossen und Hartmut Wenzel.

Die Schule der Zukunft braucht Lehrerinnen und Lehrer sowie Leitungspersonen, die Schülerinnen und Schüler für die anstehenden Herausforderungen vorbereiten. Hochschulen, Studienseminare und Fortbildungsinstitute werden damit konfrontiert, ihr Selbstverständnis zu überdenken sowie Lehrerbildung und Schulentwicklung neu zu gestalten. Praxisforschung, Professionalisierung und Selbstentwicklung sind gefragt. Mit der Frage, was Schülerinnen und Schüler lernen müssen, geht eine andere Frage Hand in Hand: Was und wie müssen Lehrerinnen und Lehrer lernen, und wie muß Lehrerbildung sie unterstützen, damit sie sich und ihre Schule weiterentwickeln?

Michael Schratz

Gemeinsam Schule lebendig gestalten

Anregungen zu Schulentwicklung und didaktischer Erneuerung

Unter Mitarbeit von Ulrike Steiner-Löffler

Beltz Verlag · Weinheim und Basel

Michael Schratz, Jg. 1952, Mag. phil., Dr. phil., Ass. Professor am Institut für Erziehungswissenschaften der Universität Innsbruck.

Lektorat: Peter E. Kalb

Herstellung: Lore Amann
Satz (DTP): Satz- und Reprotechnik GmbH, Hemsbach
Druck: Druckhaus »Thomas Müntzer«, Bad Langensalza (Thüringen)
Umschlaggestaltung: Federico Luci, Köln
Umschlagfoto: Michael Seifert, Hannover
Printed in Germany

ISBN 3-407-25175-0

Inhaltsverzeichnis

Einleitung
Stell dir vor, es gibt Autonomie, und keine(r) nimmt sie wahr …

Wenn man die gegenwärtigen Entwicklungen im Schulbereich verfolgt – ich tue das beruflich als Forscher und »privat« als Vater zweier schulpflichtiger Kinder –, fällt einem auf, daß Schulen einerseits vom Gesetz her autonome Spielräume zugestanden werden, diese vielerorts aber nur in geringem Maß für den »Eigensinn« der Schule genutzt werden. Dabei vernahm ich in den Fortbildungsveranstaltungen vergangener Jahre immer wieder Lehrerstimmen, die sich über das zu enge Korsett staatlicher Vorgaben beklagt hatten. Jetzt gibt es endlich vielerorts Gesetzesvorgaben, welche den Schulen Gestaltungsautonomie zuerkennen, doch wird sie (insgesamt) nur zögerlich wahrgenommen.

Es gibt eine Reihe von Gründen, die ich aus theoretischen Erkenntnissen und praktischen Erfahrungen dafür einbringen kann. Die Frage nach dem *Warum* mache ich hier aber nicht zum Thema. Sie läßt sich ohnehin erst über eine gründliche Analyse am jeweiligen Schulstandort beantworten, wo es um die individuellen und strukturellen Bedingungen »vor Ort« geht. Mich beschäftigt vielmehr folgende Beobachtung: LehrerInnen haben oft wenig Interesse, gemeinsam Schulentwicklung (oder besser: das, was *wir* als ForscherInnen darunter verstehen) zu machen, zeigen aber großen Hunger nach didaktisch-methodischen Impulsen, nach Austausch und Vernetzung von Unterrichtserfahrungen. Dieser vermeintliche Widerspruch hat m.E. damit zu tun, daß die bisherigen Ansätze, die die Schulforschung aus der Organisationsentwicklung übernommen hat, um Schulen in ihrem Bestreben nach einem eigenen Profil zu unterstützen, zu wenige Anknüpfungspunkte für die eigentliche Lehrerarbeit, das Unterrichten in der Klasse als »EinzelkünstlerIn«, geschaffen hat.

Aus diesem Grund bin ich zur Überzeugung gekommen, daß *Schulentwicklung* in den nächsten (in mehrfacher Hinsicht entscheidenden) Jahren nur dann Chancen auf Erfolg haben wird, wenn sie mit einer *didaktischen Neubelebung* eng verbunden ist. Diesem Anliegen ist auch das vorliegende Buch verpflichtet: Es verbindet all die verschiedenen Wege im Bereich Schule, Schulentwicklung und Unterricht, die ich in meiner eigenen beruflichen Biographie gegangen bin. Meine Erkenntnis daraus: Keine didaktische Erneuerung ohne Blick auf die Schule als Ganzes, keine Schulentwicklung ohne Auswirkung auf den Unterricht!

Einem derartigen Verständnis ist das Konzept einer *Lernenden Schule* verpflichtet; es läßt solche Zusammenhänge und Wechselwirkungen immer wieder spürbar werden, und genau die machen für mich das eigentlich Neue, Faszinierende wichtiger aktueller pädagogischer Ansätze aus.

Statt des traditionellen, gebannt auf Einzelphänomene blickenden Zugangs möchte ich eine Vielfalt von Perspektiven bieten, weniger als Flickenteppich im Sinne des alten *variatio delectat*, sondern aus der Überzeugung heraus, daß man sich mit Problemen und Lösungsvorschlägen im Bildungsbereich nur adäquat auseinandersetzen kann, wenn man die Mikrowelt des Unterrichts als Teil eines größeren Zusammenhanges versteht, wenn man sich zugleich aber dessen bewußt ist, daß die »großen Würfe« nur dann eine Chance auf Verwirklichung haben, wenn sie die Feuerprobe im Schulalltag, »hinter der geschlossenen Klassenzimmertüre«, bestehen.

Es geht also auch hier um Vernetzung, um eine letztlich systemische Sichtweise, und dieses Buch will dem Prinzip sowohl inhaltlich als auch in seiner Struktur Rechnung tragen, indem es theoretische Überlegungen und Standortbestimmungen mit Blitzlichtern aus der Praxissicht der Schulpartner kombiniert und Bemühungen engagierter LehrerInnen darstellt, die sich zum Ziel gesetzt haben, die Qualität von Unterricht »an der Basis« – und damit die Qualität von Schule – nachhaltig zu verbessern. Nicht Unterrichtsforschung *oder* Schulentwicklung ist die Frage, sondern: Wie können Impulse im Bereich Unterrichtsforschung die Schulentwicklung vorantreiben, wie können parallel dazu Innovationen im »System Schule« (etwa Schritte zu größerer Eigenverantwortlichkeit) den Unterricht und das Wohlbefinden der Beteiligten in der Klasse positiv verändern? Die einzelnen Kapitel sind demnach dem Gedanken der »Lernenden Schule« verpflichtet.

Am Beginn steht die Frage nach der Beziehung zwischen Organisationsentwicklung an Schulen und einer neuen Lernkultur. Damit verbunden ist notwendigerweise eine Auseinandersetzung mit der schulischen und gesamtgesellschaftlichen Realität und deren Auswirkungen auf zukünftige Bildungskonzepte. Theoretische Überlegungen werden von Praxisreflexionen aus der Sicht von Betroffenen begleitet, und isolierte Elemente schulischer Entwicklungsarbeit werden gemäß dem Leitbild »Lernende Schule« verknüpft.

Im zweiten Abschnitt geht es um die Verbindung von Makro- und Mikroebene, also um die konkrete Umsetzung pädagogisch-didaktischer Erkenntnisse und bildungs-, weil gesellschaftspolitischer Notwendigkeiten: Soll Schulentwicklung mehr sein als ein Modewort, sind Impulse »vor Ort« vonnöten, Kreativität, Querdenken *und* Professionalität, Mut zum Erproben von Neuem, Gelassenheit und Zeit zur Reflexion. All dem läßt sich in den Texten dieses Kapitels nachspüren, was nicht zuletzt zeigt, daß die Lehrerinnen und Lehrer – oft unter widrigen Bedingungen – Impulsgeber und Träger von Schulentwicklung sind. Ohne ihr Engagement und professionelles Handeln fände Schulentwicklung nicht statt! Auch dieses Buch wäre ohne die Mitarbeit der PraktikerInnen Peter Awecker, Edith Rainer und Ulrike Steiner-Löffler substanzlos. Herzlichen Dank!

Der dritte Abschnitt schließlich beschäftigt sich mit Teilaspekten schulischen Lebens, auf die es ankommt, wenn Schule tatsächlich verändert werden soll, nämlich mit der *Teambildung* innerhalb des Lehrerkollegiums, mit dem *Projektunterricht* und mit der Achillesferse jeder Schulentwicklung innerhalb unseres Systems, mit der *Leistungsbeurteilung*. Dies sind markante Wegweiser am Weg zur Lernenden Schule. Sie betreffen nicht nur die LehrerInnen, sondern alle an Schule Beteiligten, von der Basis über die Lehrerfortbildung bis zum Ministerium!

Daneben sind noch andere wichtige Themen zu berücksichtigen, wenn man Schule gemeinsam entwickeln möchte. Ich denke an Begriffe wie Community Education, Jugendkultur, Integration, Gleichberechtigung, Change Management usw., die eng mit Schulentwicklung verbunden sind. Sie wollen mitbedacht sein, wenn man den Anspruch erhebt, Schulentwicklung und didaktische Erneuerung zu verknüpfen, und sie bilden so etwas wie das geistige Umfeld für die Praxisbeispiele, die ich hier aufgenommen habe. Ich beschränke mich dabei auf einige wenige, von denen ich glaube, daß sie besonders geeignet sind, mein Anliegen zu verdeutlichen.

Wenn der Satz »Einstellungen verändern sich im Tun« richtig ist, und davon bin ich überzeugt, dann wünsche ich mir, daß möglichst viele an Schule Interessierte sich von diesen Anregungen zu konkretem Tun verleiten lassen, um »gemeinsam Schule lebendig zu gestalten«!

Kapitel 1
Organisationsentwicklung an Schulen und neue Lernkultur – ein gestörtes Verhältnis?

1.1 Schulentwicklung im Spannungsfeld zwischen individuellen Bedürfnissen und gesellschaftlichen Veränderungen

Heute ist das Wort »Schulentwicklung« zum Modewort geworden. In einer Zeit rascher Veränderungen in jedem gesellschaftlichen Bereich kann auch die Schule nicht nachstehen. Da das Wort »Veränderung« vielen aber zu bedrohlich und konfrontativ erscheint, hat man sich im Bereich der Schule – offensichtlich nach der vielzitierten Aussage »Schools change slower than churches« (Haenisch 1991) – auf den gemäßigteren Begriff »Entwicklung« geeinigt. Jedenfalls legt dies die gegenwärtige (wissenschaftliche) Diskussion im Rahmen der Autonomiebemühungen nahe, in der »Schulentwicklung« zum Hoffnungsträger für eine bisher eher wenig erfolgsverwöhnte Schulreformszene geworden ist (vgl. etwa Strittmatter 1987; Fischer 1989; Jungwirth u.a. 1991; Klemm 1992; Krainer/Tietze 1992; Rolff 1993; Daschner/Rolff/Stryck 1995).

Ich werde im folgenden dieser Entwicklung nachgehen und aufzuzeigen versuchen, daß der Zusammenhang zwischen dem Mikro- und Makrobereich von Schule eine wichtige Komponente im Rahmen schulischer Veränderungen darstellt. Schulentwicklung hat immer auch eine Auseinandersetzung über das Zustandekommen und Vermitteln von Wissen zu enthalten, da die Veränderungsmöglichkeiten sonst eher beschränkt sind. So dürfte etwa ein eigenes Profil Schulen kaum magnetische Anziehungskraft verleihen, wenn sich im Sinne einer (neuen) *Corporate identity* lediglich der Briefkopf ändert oder eigene T-Shirts mit der neuen Schulbezeichnung für LehrerInnen und SchülerInnen angeschafft werden, wie ich das neulich in einer Sporthauptschule erleben konnte. Derartige Maßnahmen können zwar kurzfristig die Motivation der Betroffenen steigern, haben aber auf längere Sicht keine Auswirkungen auf das Lehren und Lernen. Vielmehr sind stets auch Fragen von Lehrplan, Didaktik und Methodik mitzubedenken, sonst setzt Schulentwicklung zu kurz an.

Der sich immer stärker abzeichnende Übergang von pädagogischer Schulforschung im Elfenbeinturm zum Engagement von ForscherInnen in konkreten Schulentwicklungsprojekten zeigt sich nicht zuletzt daran, daß auch in der Wissenschaft eine Verlagerung von einer abstrakteren Ebene der Auseinandersetzung zu einer pragmatischeren Sichtweise stattfindet. Sie spiegelt sich etwa im Studienplan des Instituts für Erziehungswissenschaften der Universität Innsbruck wider: Während die Schwerpunktsetzung im zweiten Studienabschnitt des erziehungswissenschaftlichen Studiums früher »Schulpädagogik« hieß, wurde sie im Rahmen der letzten Studienplanrevision in »Schulanalyse und Schulentwicklung« geändert. Diese Neubenennung ist aus mehreren Gründen zeitgemäß, und auch der siebte Band des Jahrbuchs der Schulentwicklung signalisiert Praxisnähe, indem es nicht mehr nur Fachwissenschaftler und Schulplaner anspricht, »sondern auch ein Arbeitsbuch für Studierende der Erziehungswissenschaft und für Lehrerinnen und Lehrer als Experten der Schulpraxis« (Rolff u.a. 1992, 10) sein möchte.

Ein Grund für diese Entwicklung ist sicherlich, daß Bildungsinstitutionen mehr denn je unter Legitimationsdruck kommen und daher einer gewissen Veränderungsdynamik ausgesetzt sind. Dies ergibt sich einerseits durch einen stärkeren ökonomischen Druck, der über marktwirtschaftliche Mechanismen auch auf öffentliche Einrichtungen – sogar auf die Universität (vgl. Altrichter/Schratz 1992) – übergreift, andererseits durch die AbnehmerInnen. Am stärksten hat sich die ökonomische Komponente bisher in Großbritannien ausgewirkt, wo im Zuge der Privatisierungsbemühungen der gegenwärtigen Regierung auch die Schule über die sogenannte Parents' Charter den Marktmechanismen von Angebot und Nachfrage ausgesetzt wird. Fischer und Schratz haben die Auswirkungen einer derartigen »Privatisierung« am Beispiel der Rekrutierung von Schulinspektoren über Zeitungsannoncen ausführlich aufgezeigt (vgl. Fischer/Schratz 1993, 130ff.).

Druck auf die Schule wird allerdings auch von den bereits genannten AbnehmerInnen ausgeübt, wenn beispielsweise die Universität die Studierfähigkeit der MaturantInnen bemängelt. In der Schule würde zuwenig Propädeutik für das selbständige Lernen und das Wahrnehmen von freien Studienangeboten betrieben, heißt eines der zahlreichen Argumente. VertreterInnen der Wirtschaft beklagen sich darüber, daß bei ihren ArbeitnehmerInnen die sog. »Schlüsselqualifikationen« viel zuwenig ausgeprägt seien, etwa Teamfähigkeit, Problemlöseverhalten, kreatives und rasches Entscheiden sowie flexibles Handeln in der praktischen Arbeit. Das Einfordern dieser (neuen?) Fähigkeiten und Fertigkeiten stellt neue Ansprüche an die schulische Vermittlung, da sie nicht einfach durch Lehrplanänderungen, sondern erst über ein verändertes methodisches Vorgehen im Unterricht (Gruppenarbeit, Teamteaching, Projektunterricht u.ä.) zu erreichen sind. Zur Verdeutlichung dieser Problematik füge ich hier die Reflexion einer Lehrerin ein, die ihren als Schülerin erlebten Biologieunterricht Revue passieren läßt.

Naturgeschichte bei Frau Professor Doktor B.

Kllatsch oder wars eher schnnappbummm klopft das Klassenbuch auf den Katheder. Vorher gedämpftes Stimmengemurmel, dann echtes Erschrecken, Starre, Stille – tja, eben »das adäquate Verhalten«. Vorne Madame Tüssoo, damals habe ich sie nie so genannt: dünne rötliche Haare, kurze Locken, nein keine Locken, von ihrer Kopfhaut strebt es leicht gekräuselt in die Höhe, darunter das Wachsgesicht, aufgedunsen, faltenlos, die Augen: was für Augen hatte die B. nur? Sie müssen grau gewesen sein, durchdringend, strahlefrau, eiskalt durchbohren mich: »Gerade du solltest andern ein Vorbild sein, Löffler«, Tiefschlag.

Schon damals habe ich mich aber verschämt gefragt, was hinter dem Wachs-Eis verborgen sein mag, nach außen pflichtgemäße Ablehnung, mich stark fühlend in der gemeinsamen Feindschaft gegen die Professorin »sooo langweilig die Würmer die Olme pfff«, das Schiffsboot, das könnt ich noch aufzeichnen, hat irgendeine Schlüsselstellung in der Evolution.

B.s Körper eiförmig, nein walzenförmig, stumpfbrauner Arbeitsmantel, kreideverschmierte Finger, natürlich sehr gepflegt: Alt-Fräuleinhaftigkeit; das Klassenbuch als Schlaginstrument, Zeigestab als Hilfsfinger, auf welche Körperteile, Flimmerepithele, Hautschichten, Fortpflanzungsorgane hat er gezeigt hingewiesen geklopft, im Falle falscher Schülerantworten ungeduldig herablassend geklopft?

Mein Naturgeschichte-Heft, ein Muster ein Lehrertraum und ein Müttertraumheft. Wenn mir die Mitschrift nicht perfekt genug gelingt, reißt meine Mutter das Geschriebene zu Hause heraus und kalligraphiert alles noch einmal: Zeig her … der Ausdruck Digitalisierung gefällt mir gut, Digitalisierung der Welt, die Digitalisierung durch den Naturgeschichteunterricht ist bei mir fehlgeschlagen. Sorry.

Wie spielt sich »Naturgeschichte« heute ab? Etwa bei Lydia? Wenn die 3B am Freitag die 5. Stunde Deutsch mit mir hinter sich hat, was ist dann in der 6. in Bio los? Was nehmen die da durch und wie? Ich weiß, ich weiß, im Herbst das Projekt Sexualität, fächerübergreifend, gescheitert, o.k. halbgescheitert, wieso halb? bei mir in Deutsch gescheitert, von Lydia in Bio offenbar sinnvoll durchgezogen, was noch, Regenwald-Äktschn, Filme, Biotop im Schulvorgartl, Müllplan für die Schule, Donauauen hautnah, kein Platz für Zeigestäbe, die Kinder als Fans, ha das pralle Leben, und die Verbindung Lydia – Dr. B. gelingt mir nicht einmal als Gedankenexperiment. Lydia, die Umweltfrau. Und ich?

Acht Jahre Naturgeschichte-Unterricht, acht Jahre keine Beziehung zu Tieren und Pflanzen, alles gewußt gemerkt parat gehabt eingesagt weitergedacht logisch verbunden richtig beantwortet klar formuliert und sinnlos vertan.

Dagegen jetzt zu Ostern:

1 Feuersalamander plus 1 blattrandabschneidendes Schneckenungetüm im Wald plus 1 Urzeitkröte, Gliedmaßen weit auseinandergespreizt sich unendlich langsam vorwärtsschiebend auf dem unendlich langen Marsch quer über die Fahrbahn der Großalmstraße majestätisch: respektvoll gebremst, glücklicherweise kaum Verkehr bei dem Sauosterwetter und »Mama, ein kleiner Drache!« – plus meine Tochter also mit ihren genau vier Jahre alten Augen, wieso hab ich ICH acht Jahre lang nicht kapiert, daß all das Wunder sind?

Wenn die B. dieses Staunen selbst empfunden haben sollte, ist es ihr hervorragend gelungen, es vor uns geheimzuhalten …

Pffwummm das Klassenbuch saust zum zweiten Mal auf die Tischplatte nieder: »Löffler, zur Stundenwiederholung.«

Diese szenische Erinnerung, die anläßlich einer »Schreibwerkstätte« entstanden ist, zeigt auf, wie gegensätzliche Unterrichtskonzepte sich auf das Lernen in der Schule auswirken (können). Sie haben ihren Ursprung in unterschiedlichen Vorstellungen von Lehren und Lernen: Der Biologieunterricht von Frau Dr. B. läßt sich als *digitales Lernen* bezeichnen, bei dem es um eine möglichst abbildungsgetreue Reproduktion von Wissen geht, das sich nicht zuletzt in der perfekten Niederschrift widerspiegelt. Dem gegenüber steht das *analoge Lernen,* bei dem die SchülerInnen Lernerfahrungen machen, die nicht kalkulierbar sind. Aufgrund von unterschiedlichen Sinneswahrnehmungen bilden sie bei der Verarbeitung neuer Informationen analoge Schlüsse zu ihren eigenen Erfahrungen, womit das Wissen handlungsrelevant wird. Während beim digitalen Lernen vom Lehrer/von der Lehrerin bzw. vom Lernprogramm die (Lern-) Wege möglichst exakt vorgegeben sind und geradlinig verfolgt werden sollen, entstehen sie beim analogen Lernen sozusagen im Gehen.

Weiterer Handlungsbedarf für die Schule ergibt sich aus den aktuellen Herausforderungen der gegenwärtigen Schülergeneration an die Lehrerinnen und Lehrer in der Praxis. Pädagogische Hochschule und Universität können ihre Ausbildung kaum zeitgerecht diesen Herausforderungen anpassen, die sich aus den veränderten gesellschaftlichen Verhältnissen ergeben. Letztere sind einerseits auf die vermehrten Migrationsschübe (mit unterschiedlichen Auslösern) zurückzuführen, die viele Schulen – oft ohne Vorwarnzeit – zur Bewältigung multikultureller Schülergenerationen gezwungen haben. Daneben aber haben sich auch die Sozialisationsbedingungen der Schülerinnen und Schüler in den letzten Jahren stark verändert; vieles von dem bestätigt sich, was Schulze (1992) in seiner kultursoziologischen Studie als Produkt der Individualisierung in der sogenannten »Erlebnisgesellschaft« sieht. Darin weist er nach, daß die gegenwärtige Individualisierung der Gesellschaft vornehmlich über vier Komponenten bewirkt wird: über den Rückgang der Bedeutung traditioneller Sozialzusammenhänge, über die zunehmende Bestimmtheit des Lebenslaufs durch individuelle Entscheidungen, über das Hervortreten persönlicher Eigenarten, verbunden mit einer Eintrübung des Gefühlslebens. Ich fasse diese Aspekte, die die Persönlichkeitsent-

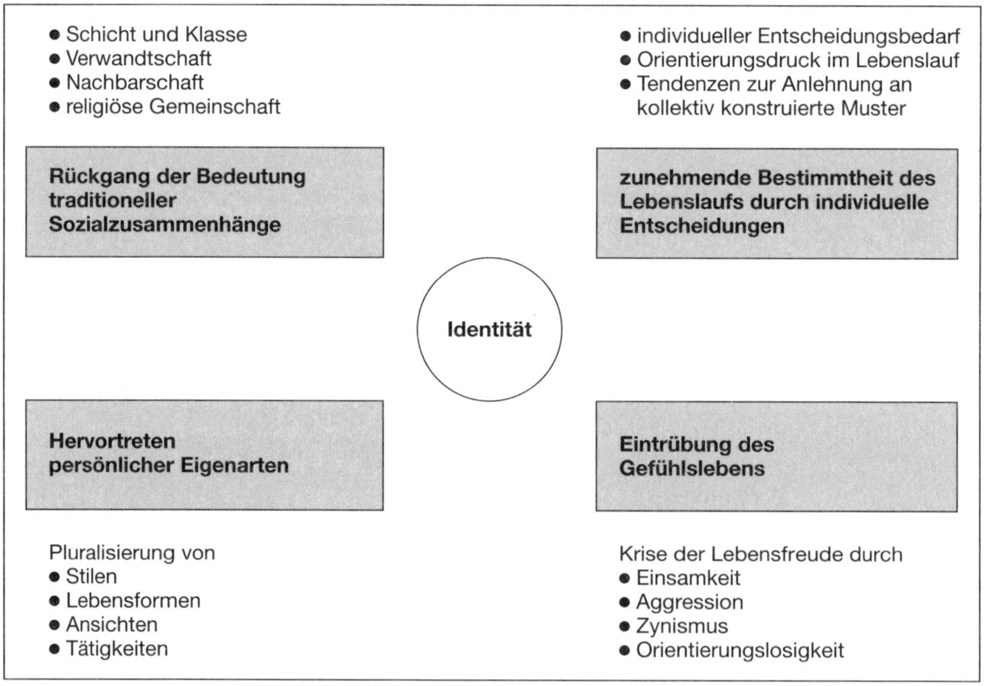

Abb. 1: Gesellschaftliche Einflüsse auf die Identitätsentwicklung

wicklung der SchülerInnen von heute entscheidend beeinflußt haben, in Abbildung 1 schematisch zusammen.

Da aufgrund dieser neuen gesellschaftlichen Entwicklungen nicht zuletzt auch die Medien mächtigen Einfluß auf die Kinder und Jugendlichen haben, verwundert es nicht weiter, daß die SchülerInnen der heutigen Erlebnisgesellschaft auch in der Schule verdichtete Erfahrungen (»Action« wie im Reality-TV!) erwarten oder »geil auf Gewalt« (Buford 1992) werden. Im Routineunterricht zeichnen sich immer mehr Kinder und Jugendliche durch sogenannte Verhaltensauffälligkeiten aus, was wiederum bei zahlreichen LehrerInnen zu Entmutigung, innerer Resignation, zum Berufswechsel und im Extremfall zur Frühpensionierung führt. In der wissenschaftlichen Diskussion wurde zur Typisierung derartiger Brüche im Berufsleben inzwischen der Begriff »Burn-out«-Syndrom eingeführt (vgl. etwa Aronson/Pines/Kafry 1983; Kramis-Aebischer 1995).

Heinrich Dauber (1988) hat aufgezeigt, daß es in der gegenwärtigen Situation einen Zusammenhang zwischen äußerer Bedrohung und inneren Krisen gibt. Beck (1986) spricht von »latenten Nebenwirkungen«, die im Laufe der gesellschaftlichen Entwicklung so lange vernachlässigt und verdrängt wurden, daß sie uns heute sowohl materiell als auch ideell eingeholt haben. Das zeigt sich nicht nur an den offensichtlich werdenden Schädigungen der Umwelt, sondern auch an den Drogenproblemen und dem aufkommenden Rechtsradikalismus, die vielerorts nicht als »Mitgift« des erworbenen Wohlstands angesehen und daher verdrängt bzw. instrumentalisiert werden. Beck (1991) verwendet den Terminus Restrisikogesellschaft, die an den Bildungsauftrag der Schule in Zukunft noch höhere Ansprüche erwarten läßt. Aus diesen Erkenntnissen läßt sich auf globaler Ebene eine Entwicklung von der Wohlstands- zur Erlebnis- und Risikogesellschaft ableiten, der auch entsprechende pädagogische »Begleitmaßnahmen« zuordenbar sind, was ich anhand folgender Grafik vereinfacht darstelle.

Im Zeitalter der (Voll-)Versorgung herrschte noch curriculare Euphorie, in der alles getan wurde, um über vorgefertigte Lernprogramme (in Form von geschlossenen Curricula) und entsprechende Unterrichtstechnologien den erreichten Wohlstand abzusichern (vgl. Abb. 2). Die Schulen erlebten in dieser Zeit vielfach einen Ausstattungsboom, der zu einer großzügigen Ausrüstung führte (vgl. u.a. Sprachlabore). Die

gesellschaftlicher Entwicklungsstand	**Wohlstands-gesellschaft**	**Erlebnis-gesellschaft**	**Risiko-gesellschaft**
typische Auswirkung auf das Individuum	*Abhängigkeit und Verbindlichkeit*	*Unabhängigkeit und Unverbindlichkeit*	*Verbindlichkeit und Rechenschaftspflicht*
zentrales Anliegen	**Versorgung**	**(Selbst-) Verwirklichung**	**Entsorgung**
Folgeerscheinung für den Unterricht	geschlossene Curricula und Unterrichtstechnologie	offene Curricula und Methodenvielfalt	Lehrplanentrümpelung und neue Lernkultur

Abb. 2: Auswirkungen gesellschaftlicher Veränderungen auf Individuum und Unterricht

Versorgung der LehrerInnen mit teacher proof curricula schuf allerdings nicht nur flächendeckende Versorgung der Schulen mit neuen Inhalten, Verfahren und Medien, sondern bewirkte aufgrund des hohen Verbindlichkeitsgrades der Lehrpläne auch eine starke Abhängigkeit der Lehrenden, die wenig Spielraum für die autonome Entwicklung an der Schule ließ.

Daher haben LehrerInnen und UnterrichtsforscherInnen bald am Monopol des zweckrationalen Unterrichtskonzepts zu zweifeln begonnen und mehr Unabhängigkeit und Autonomie in der Gestaltung von Lehrprozessen gefordert (vgl. Rumpf 1976). Es entstand die Bewegung der offenen Curricula (vgl. Garlichs u.a. 1974), welche in der Folge zur inhaltlichen Öffnung und zu einer größeren Methodenvielfalt im Unterricht geführt hat (Stichworte: Offenes Lernen, Gruppen- und Projektunterricht, Soziales Lernen etc.). Dieser Prozeß hat, begleitet von einer weniger autoritären Erziehungshaltung im Elternhaus, zu einer verstärkten Individualisierung in der Entwicklung von Kindern und Jugendlichen geführt, in welcher der momentane Erlebniswert wichtiger geworden ist als die Vorsorge für die Zukunft (sicherer Arbeitsplatz, Altersvorsorge, langfristiger Besitz, dauerhafte Bindungen, stabile Umwelt u.a.m.).

Im Zeitalter der Erlebnisgesellschaft wird der Sinn des Lebens vielfach durch die Qualität subjektiver Prozesse definiert: »Man will ein schönes, interessantes, angenehmes, faszinierendes Leben ... Es geht uns nicht primär ums Überleben, um Sicherheit, um Abwehr von Bedrohungen und Kampf gegen Restriktionen, sondern um die Lebensgestaltung jenseits situativ bedingter Probleme, unabhängig vom objektiven Vorhandensein solcher Probleme« (Schulze 1992, 22). Für diese Schülergeneration zieht der einst angeblich hochgehaltene Leitspruch *»Nicht für die Schule, sondern für das Leben lernen wir«* nicht mehr. Die SchülerInnen erwarten von ihrem Unterricht unmittelbare Befriedigung. Der Gebrauchswert ist eher vom Hier und Jetzt geprägt, als daß die Propädeutik für ein unbekanntes Morgen im Vordergrund stünde. Solchen Ansprüchen werden Unterrichtsinhalte, -verfahren und -materialien, die nach dem Konzept offener Curricula gestaltet sind und die Selbstverwirklichung des/der einzelnen Schülers/Schülerin anstreben, eher gerecht. Durch entsprechende Methodenvielfalt wird von seiten der Lehrenden versucht, den Unterricht attraktiv und motivierend zu gestalten, um den Kampf mit der Interesselosigkeit der SchülerInnen erfolgreicher führen zu können.

Doch trotz intensiver Bemühungen sind engagierte LehrerInnen bei der Umsetzung offener Unterrichtskonzepte oft an die Grenzen der Machbarkeit gestoßen. Das liegt zumeist daran, daß innovativer Unterricht mit den Strukturen des Systems nicht kompatibel ist (z.B. Projektunterricht versus Stundenplan, Teamteaching versus fachliche Expertise und Einzelkämpfertum, Gruppenarbeit versus Einzelbenotung, soziale Integration versus Leistungsgruppen etc.) und daß jeder kleine Sieg über diese Strukturen mit (zu) viel Frust und Energieverbrauch verbunden ist. Der tägliche Kampf gegen solche Systemzwänge läßt sich folglich als eine weitere »Burnout«-Ursache identifizieren, sind doch die bereits erwähnten, vermehrt auftretenden biographischen Brüche im LehrerInnenberufsleben *eine* mögliche Antwort auf die erschwerten Unterrichtsbedingungen. Daß immer mehr LehrerInnen »das Handtuch werfen«, sollte deshalb nicht als deren Privatsache abgetan, sondern als Signal dafür ernst genommen werden, daß das Innenleben vieler Schulen in Regeln und Traditionen erstarrt ist!

Das bisher dominante, unserem zentralistischen System inhärente Bürokratiemodell ist daran sicherlich mit schuld. Es sollte nach Hurrelmann (1991) eine »administrative Rationalisierung und Kontrolle« der pädagogischen Arbeit der LehrerInnen in der Schulklasse garantieren, was, unterstützt durch die strukturellen Voraussetzungen (Lehrplan, Stundentakt, Schularbeiten etc.), zu einer in der Tradition von Schule wünschenswerten Routine führt. »Wird aber der Ablauf ihrer pädagogischen Arbeit zu routiniert, stützt er sich zu stark auf Vorschriften und Aufgabendefinitionen ›von oben‹, kommt es zu einer ängstlichen Fixierung auf Erlasse und Vorschriften, dann ist das der Tod jedes qualitätsreichen pädagogischen Handelns in der Schule« (Hurrelmann 1991, 336f.).

Auch die hier angesprochene Fixierung auf Erlässe und Vorschriften zähle ich zu jenen »latenten Nebenwirkungen«, die uns nach Beck im Zeitalter der Risikogesellschaft einholen und die Entwicklung hemmen. Daher befinden wir uns gegenwärtig in einer Phase der Entsorgung des Bildungssystems von seiner restriktiven Aufgabendefinition, einerseits über eine »Entrümpelung« der Lehrpläne zugunsten einer »neuen Lernkultur« (vgl. Larcher 1993), zum anderen durch den Abbau der zentralistischen Steuerung zugunsten einer autonomeren Arbeitsweise der einzelnen Schule. Mit zunehmender Autonomisierung des Bildungswesens werden allerdings zugleich Verbindlichkeit in Planung, Durchführung und Auswertung autonom getroffener Entscheidungen und Rechenschaftslegung in bezug auf die geleistete Arbeit innerhalb des Schulsystems erforderlich, um die Qualitätssicherung des Unterrichts aller Schulen zu gewährleisten. Bei bloßer Deregulierung ohne Auseinandersetzung über allgemein wünschenswerte Ziele, Inhalte und Maßnahmen schulischer Entwicklung könnte leicht folgende Situation eintreten:

> »Die Qualität der Schulen würde sich kraß auseinanderentwickeln, die Sozialisation gesamtgesellschaftlich bedeutsamer Werte, Qualifikationen und Kommunikationsfertigkeiten wären gefährdet, und vermehrte Ungleichheit träte ein. Ein zeitgemäßes öffentliches Bildungswesen muß demgegenüber zwar nicht auf Gleichheit, aber doch auf Vergleichbarkeit der Lebensumstände bedacht sein und damit auch auf Qualitätssicherung aller Bildungseinrichtungen. Wenn es allerdings stärker als bisher die Selbständigkeit der Einzelschulen und die professionelle Autonomie der Lehrertätigkeit berücksichtigen soll, muß auch die Kontrolle professioneller werden« (Rolff 1991, 10).

Die Professionalisierung in der autonomen Schulentwicklung setzt daher voraus, daß jede Schule darüber Rechenschaft ablegt, wie sie die Qualität ihrer selbstdefinierten (Bildungs-)Leistungen im Rahmen des staatlichen Bildungssystems sicherstellt. Dazu sind zunächst Evaluationsmaßnahmen erforderlich, wie sie in Kapitel 1.4 als wesentliches Element eigenständiger Schulentwicklung beschrieben werden, parallel dazu haben sich aber auch die LehrerInnen weiter zu professionalisieren und darüber Rechenschaft abzulegen. Hierzu liegen aus dem englischsprachigen Raum zwar erste Entwürfe und Erfahrungen mit »Accountability« vor, doch im deutschen Sprachraum ist der Bereich der Rechenschaftslegung in bezug auf die Qualität unterrichtlicher Leistungen noch wenig erforscht. Dieses Forschungsdefizit ist nicht zuletzt aus bildungspolitischer Perspektive von großer Bedeutung, da es in einem autonomen Schulsystem bei fehlendem Nachweis über die unterrichtlichen Leistungen der Schule zu externen Überprüfungssystemen kommen kann (vgl. etwa die Entwicklung in Großbritannien und den USA).

1.2 Auf der Suche nach einer neuen Lernkultur

In der Auseinandersetzung über Unterricht haben die Inhalte gewechselt: Das Thema »Unterricht (er)leben«, das die Gespräche in den siebziger und achtziger Jahren beherrschte, wurde in der ersten Hälfte der Neunziger vom Thema »Unterricht überleben« abgelöst. Aber auch der Grundtenor hat sich geändert. War früher im Unterton der Aussagen noch etwas von Euphorie und politischer Kraft des Veränderungswillens spürbar, klingt eher Frustration und Resignation mit, wenn LehrerInnen heute über die immer belastender werdende Situation im Klassenzimmer berichten. Die Gründe für den zunehmenden Problemdruck auf die Unterrichtsarbeit der LehrerInnen durch die sich verschlechternden Arbeitsbedingungen (vgl. auch Kapitel 1.1!) und die gesellschaftlichen Erwartungen an die Schule als Problemlöseanstalt sind vielfach beschrieben (und beklagt) worden. Sie reichen vom Motivationsverfall der SchülerInnen über die zu heterogen gewordenen Unterrichtsvoraussetzungen bis zur Delegation elterlicher Erziehungsaufgaben an die Schule. Dazu kommt, daß budgetäre Einschränkungen die Rahmenbedingungen verschlechtern, wodurch zusätzliche Belastungen für die Unterrichtsarbeit entstehen.

Diese Entwicklung prägt auch die wissenschaftliche Auseinandersetzung: Herrschte früher Aufbruchstimmung in der Frage nach der Machbarkeit guten Unterrichts, was zum breiten Engagement von ForscherInnen in Curriculumprojekten führte, ist inzwischen das Vertrauen in die durch einschlägige Forschungserkenntnisse mögliche Veränderbarkeit der Unterrichtsroutine gesunken. Viele WissenschafterInnen haben sich aus der unmittelbaren Arbeit mit LehrerInnen zurückgezogen, haben sich neuen Themen gewidmet oder aufgrund von Sparmaßnahmen im Bildungsbereich ihre Stelle verloren. Im folgenden Zitat wird beschrieben, was aus den großen Vorhaben der siebziger und achtziger Jahre geworden ist:

> »Auch nach jahrelangem Ringen um die Veränderung der Schulen beschreiben Schulpraktiker und -theoretiker schulisches Lernen als lebensfern, handlungsarm, entsinnlicht, einseitig rationalistisch, öd und abstrakt; sie erleben Schule als eine fremdbestimmte, bürokratisch durchorganisierte und ritualisierte staatliche Anstalt; sie geißeln das Elend der Zensurengebung und etikettieren die Schule als Lernknast, als Sortiermaschine ...« (Klemm/Rolff/Tillmann 1985, 11).

Im Gegensatz dazu finden sich immer wieder Beispiele für Innovationen im Klassenzimmer (vgl. Bews 1992, Schratz 1993a, Schratz/Mehan 1993, Gropengießer/Otto/Tillmann 1994), die aufzeigen, daß heute auch unter erschwerten Bedingungen »guter Unterricht« machbar ist und daß man Arbeitssituationen schaffen kann, die es ermöglichen, neue Wege zu gehen, wenn die alten nicht mehr taugen. Bauer und Burkard (1992) nehmen auf Mr. Keating im Kinofilm »Der Club der toten Dichter« Bezug und weisen anhand eigener Studien nach, daß kreative, pädagogisch engagierte und in ihrem Unterricht erfolgreiche LehrerInnen an ihren Schulen – ähnlich dem Filmhelden – eine Außenseiterposition innehaben oder bestenfalls zu einer Randgruppe gehören. Daraus ergibt sich die Frage, wie sich das oft isolierte Innovationspotential für die Entwicklung der gesamten Schule nutzen läßt. Unterstützung dabei leisten die in den letzten Jahren einsetzenden Bemühungen zur Organisationsentwicklung im Bildungswesen, womit ein Perspektivenwechsel von der Mikroebene des Unterrichts (»*Ich und meine Klasse*«) zur Gesamteinheit (»*Wir und unsere Schule*«) erfolgt. Mit diesem Schritt hat – mit der üblichen zeitlichen Verzögerung – auch im deutschsprachigen Raum die aus den Vereinigten Staaten kommende *School-Effectiveness*-Bewegung Fuß gefaßt, die *außerhalb* der Klassensituation ansetzt, um die Qualität von Schule und Unterricht zu verbessern.

Unterstützt wurde diese Entwicklung von den zum Teil aufwendigen Studien über »gute Schulen« (vgl. etwa Rutter u.a. 1980), welche betonen, daß die untersuchten Schulen jeweils ein individuell gefärbtes Eigenleben besitzen; das wird von sehr vielen Einflüssen gestaltet, die insgesamt das »Ethos« einer Schule prägen. Demnach glauben die ForscherInnen nachweisen zu können, »daß es weniger persönlichkeitsbedingte Qualitäten der Lehrer sind, die eine gute Schule ausmachen, sondern daß in zumindest gleichem Ausmaß eine umgekehrte Wirkungsrichtung vorliegt, d.h. daß gute Schulen ökologische Kontexte bilden, in deren Rahmen gutes Unterrichten unterstützt und gefördert wird« (Specht 1991, 6). In einer ähnlichen Studie in der (alten) BRD findet Fend (1986) für das Institutionsprofil »guter Schulen« ein »recht eng zusammenhängendes Muster von

- kommunikations- und konsensorientierter Schulleitung;
- pädagogischem Engagement, Wertkonsens und Schülerzentriertheit im Kollegium;
- Reichhaltigkeit des unterrichtlichen und außerunterrichtlichen Angebots (Schulleben) sowie
- einem vorherrschenden Gefühl auf Schülerseite, im schulischen Handlungsfeld als Person anerkannt und wertgeschätzt zu werden.

Im Ansatz der Organisationsentwicklung tritt zwar der Unterricht als zentraler Ort von Erziehung und Bildung in den Hintergrund, dennoch ist das angestrebte Ziel von Schulentwicklung die Verbesserung des »Outputs«, d.h. die Steigerung der Qualität von Schülerleistungen. Daher dürfen künftige Forschungsaktivitäten keinesfalls versäumen zu untersuchen, wie der *Mikrobereich* »Unterricht« und der *Makrobereich* »Schule« einander beeinflussen. Daß Schulentwicklung immer auch den Diskurs über die Epistemologie von Unterricht einschließen muß, wurde ja bereits erwähnt (vgl. Kapitel 1.1!); die konkreten Auswirkungen von organisationsbezogenen Maßnahmen bleiben sonst auf strukturelle Fragen beschränkt, und Innovationen haben lediglich kosmetischen Effekt, oder die begonnenen Prozesse werden plötzlich abgebrochen, weil sie sich nicht positiv auf die Unterrichtsqualität auswirken, und das kann natürlich die Akzeptanz künftiger Initiativen nachhaltig negativ beeinflussen.

Gerade die Komplexität solcher (Schul-)Alltagsprobleme unterstreicht eine wichtige Leistung der Schulentwicklungsforschung: Deren Aktivitäten haben insgesamt zu einer Verlagerung des Forschungsinteresses von einer eher abstrakten Ebene der Betrachtung zu einer pragmatischeren Sichtweise geführt, denn die schulbezogene

Entwicklungsarbeit zwingt ForscherInnen zu einer intensiven Auseinandersetzung mit den strukturellen und personellen Gegebenheiten der jeweiligen Schule, bei der es sich nicht mehr auf einer allgemein-wissenschaftlichen Ebene argumentieren läßt. Damit können VertreterInnen der Wissenschaft in der praktischen Arbeit mit den Betroffenen auch etwas an Glaubwürdigkeit zurückgewinnen, was ihnen in der Phase der aus den USA stammenden Curriculumforschung nach dem Muster *Research – Development – Dissemination* oft verlorengegangen ist, ein Umstand, der vielfach zu einer gewissen Dissonanz zwischen »Theorie« und »Praxis« beigetragen hat. Sie äußerte sich zumeist in einer klaren Trennung von WissenschafterInnen als »ProduzentInnen« von Wissen und den LehrerInnen als »RezipientInnen« und hatte die strenge Hierarchisierung der Beteiligten zufolge. Hier hat ein wichtiger Veränderungsprozeß eingesetzt, der dadurch gekennzeichnet ist, daß die an der Schule Tätigen im Rahmen von autonomen Schulentwicklungsprozessen mehr *»ownership«* über die (zu setzenden) Entwicklungsschritte erhalten, wodurch die Besonderheit der einzelnen Schule mit ihren strukturellen und personellen Ressourcen größere Berücksichtigung findet.

Da die Entwicklung einer neuen Lernkultur nur im ökologischen Kontext der jeweiligen Schule erfolgen kann, stellt sich vor allem die Frage, inwieweit und in welcher Form auf eine solche neue Kultur des Lehrens und Lernens im Zuge von Schulentwicklung Einfluß genommen werden kann. Holtappels will in einem Modellversuch *»schulspezifische und schulumfeldspezifische Bedingungen* identifizieren, die die Unterstützung und Weiterentwicklung von pädagogisch förderlichen Lernkulturen begünstigen; zum anderen sollen im Rahmen einer schulbezogenen Entwicklungs- und Beratungsarbeit entsprechende Maßnahme- und Interventionsvorschläge auch bereits entwickelt und erprobt werden«; er geht dabei von der Grundannahme aus, »daß eine Förderung der Lernkultur insbesondere über die *Berücksichtigung günstiger Randbedingungen bei der Schulentwicklungsplanung und über Systemberatung und Organisationsentwicklung an einzelnen Schulen* erfolgen kann« (Holtappels 1993, 24). Darauf aufbauend,

- fragt er nach den Einflüssen der Lernkultur einer Schule auf die von ihr erzielten pädagogischen Wirkungen, auf die Identifikation von Beziehungskonstellationen und auf Wechselwirkungen zwischen Schule und schulischem Umfeld,
- und er fordert Beschreibung von Beispielen gelungener Lernkultur
- sowie die Entwicklung von Möglichkeiten der gezielten Förderung von pädagogisch wirksamen Lernkulturen.

Auf ähnliche Fragestellungen stieß ein vom Bundesministerium für Unterricht und Kunst in Österreich initiiertes Modellvorhaben, in dem die Voraussetzungen für das Zustandekommen einer »neuen« Lernkultur untersucht wurden (vgl. Fenkart/Schratz 1994). Die Vorschläge in der Literatur zum Thema reichen von der »Entrümpelung der Lehrpläne« (Larcher 1993) bis zur »Dynamisierung der Kultur des Lehrens und Lernens« (Posch 1995). Ein Ergebnis der Tagung »Neue Lernkultur« im Rahmen des obenerwähnten Projekts ist die folgende Auflistung von »Bausteinen« einer neuen Lernkultur (zusammengestellt von K. Blüml, A. Bürger, M. Krainz-Dürr, H. Kunstätter, R. Mathes, E. Schmidinger, F. Reumüller):

- **SchülerInnenzentriertheit**

  Wir verstehen darunter, daß die Lernenden als individuelle Persönlichkeiten ernst genommen (persönliche Lerngeschichte, spezielle Stärken, Begabungen, individuelle Bedürfnisse) und als Bereicherung für das Lernen geschätzt werden. Unterschiedliche Lernvoraussetzungen sollen als Chance wahrgenommen und genützt werden. Individuelle Lernerfahrungen verstehen wir als Ansatzpunkt für die Wertschätzung aller am Lernprozeß Beteiligten. Schulische Lernkultur muß daher individuelles Lernen ermöglichen.

- **Alle sind Lernende, alle sind Lehrende**

  Wir verstehen SchülerInnen und LehrerInnen als gemeinsam Lernende. Das bedeutet, daß es nicht immer nur wissende Lehrende und unwissende Lernende gibt. Darüber hinaus bedarf es der Entwicklung von Lernformen, die einen produktiven Umgang mit der Wissensvielfalt der Gegenwart ermöglichen. Die verantwortungsvolle Auswahl aus dieser Vielfalt durch die Lehrenden trägt wesentlich zur Lernkultur bei. Auswahlkriterien sind Lehrpläne bzw. gesellschaftlich qualifizierende Fähigkeiten und Fertigkeiten sowie die Bedürfnisse und Interessen der Lernenden. In diesem Zusammenhang möchten wir festhalten, daß Lernen ein niemals abgeschlossener Prozeß ist. Die Qualität von Lernprozessen und Lernergebnissen und nicht die Quantität von vermitteltem Stoff ist Zeichen dieser Lernkultur. Im Zentrum von Lernprozessen steht der direkte und intensive Umgang mit den Gegenständen des Lernens.

- **Demokratisierung der Schule**

  Die Weiterentwicklung von Demokratie in allen Bereichen des schulischen Lebens (Schüler, Lehrer, Schulaufsicht, Eltern) ist Wesensmerkmal dieser Lernkultur. Unter Demokratisierung verstehen wir

  - den respektvollen und verantwortungsvollen Umgang miteinander,
  - die Beteiligung aller Betroffenen an den Entscheidungsprozessen sowie
  - die Übernahme von Verantwortung für das eigene Lernen und Handeln.

  Wichtiges Zeichen eines solchen Demokratisierungsprozesses ist eine intensivere Form von Kommunikation/Gesprächskultur und Kooperation/Zusammenarbeit innerhalb der Schulgemeinschaft, mit anderen Schulen sowie mit außerschulischen Partnern.

- **Angemessene Unterrichtsformen – Öffnung des Unterrichts**

  Individualisierter Unterricht setzt die Verfügbarkeit von unterschiedlichen Methoden, flexible Zeitstrukturen sowie eine Vielfalt an Lernmaterialien voraus. Eine solche Lernkultur zeichnet sich durch angemessene Rahmenbedingungen des Lernens aus, wobei das Ziel die Entwicklung einer harmonischen Persönlichkeit ist. Dazu gehören unter anderem: Lernen mit allen Sinnen, handlungsorientiertes Lernen, selbstorganisiertes Lernen, projektartiges Lernen, ganzheitliches Lernen, fächerübergreifendes, vernetzendes Lernen, klassen- und schulübergreifendes Lernen, das Einbeziehen außerschulischer Lernorte, das Hereinholen von ExpertInnen.

  Zur Lernkultur gehört auch, daß sich die Schule für das gesamte Lernen verantwortlich fühlt. Diese Lernkultur wird bestimmt durch die Auffassung vom Menschen als ganzheitlichem sozialem Wesen, das humaner Bedingungen bedarf. Dazu gehören Vertrauen, Geborgenheit, Sicherheit sowie eine anregende Umgebung als Lebens- und Arbeitsraum.

- **Leistungsbeurteilung**

  Individuelles Lernen erfordert individuelle Rückmeldungen über den Lernfortschritt. Eine Beurteilung, die sich auf eine Norm bezieht, darf die Beurteilung individueller Lernfortschritte nicht ausschließen. Zwischen den beiden Formen ist eine Ausgewogenheit anzustreben. Ein wesentliches Ziel von Lernen soll die Entwicklung von Selbstbeurteilungskompetenz sein sowie die Fähigkeit, mit Fremdbeurteilung zumindest zurechtzukommen und sie womöglich als Lernchance zu nützen.

All diese Elemente sind nicht neu, sie sind von LehrerInnen in unterschiedlichen Kontexten innerhalb und außerhalb des staatlichen Schulsystems immer wieder eingesetzt worden, um die Monokultur schulischen Unterrichts zu durchbrechen, die sich in der üblichen Struktur des Unterrichtsdiskurses widerspiegelt: Die Lehrenden *initiieren* Aktivitäten, die Lernenden *reagieren* auf die gesetzten Impulse, und die LehrerInnen *bewerten* diese Reaktionen. Die Allgegenwart dieses Musters hat ForscherInnen dazu angeregt, Unterrichtsstunden als Endlosschleife von *Frage-Antwort-Bewertungs-Sequenzen* zu bezeichnen (vgl. Cazden 1988; Edwards/Mercer 1987; Mehan 1979; Sinclair/Coulthard 1975).

Es ist die Unterrichtskultur, die »automatisch« herrscht, wenn *nicht* der Lehrer/die Lehrerin besondere Entscheidungen trifft, um Sprachmuster anders zu verwenden und seinen/ihren Unterricht anders zu organisieren. Cazden (1986, 1988) nennt dies »*default condition*«, die Art, wie ein System funktioniert, wenn *nicht* etwas unternommen wird, um eine Veränderung herbeizuführen. Trotz unzähliger Versuche, diese *default condition* von Unterricht zugunsten der Entwicklung von Selbststeuerungsfähigkeiten in Unterricht und Ausbildung zu ändern (vgl. u.a. Wenzel 1987; Mayr/Schratz/Wieser 1989), ist diese Grundeinstellung nach wie vor das allgegenwärtige Muster des Unterrichtsdiskurses.

In einer Neubestimmung von Unterricht im Rahmen von Schulentwicklungsprozessen geht es darum, die *Zusammenhänge zwischen der Organisation von Schule und den Bedingungen von Unterricht* stärker in den Vordergrund zu rücken, um bei der Entwicklung einer »neuen« Lernkultur nicht nur isoliert an Aspekten des Lehrverhaltens, der Auswahl und der Vermittlung von Wissen usw. anzusetzen; vielmehr muß es gelingen, die zahlreichen Bausteine einer pädagogisch förderlichen Unterrichtssituation mit der Problemlösekapazität der einzelnen Schule und deren jeweiligen Voraussetzungen zu verknüpfen. Für die Unterrichtsforschung bedeutet dies, daß eine stärkere Vernetzung von empirischer Schulwirkungsforschung und praktischen Maßnahmen zwecks Verbesserung der Unterrichtsqualität not tut, was auch aus internationaler Sicht als Desiderat geortet wird (vgl. Reynolds 1990). Daher gilt es zunächst, die Rolle des Unterrichts als Vermittlungsprozeß im Spannungsfeld zwischen Bewahrung und Veränderung zu untersuchen.

1.3 Unterricht als Ort der Neubestimmung von Wissen, Lehren und Lernen

Eine wichtige Aufgabe von Schule besteht darin, das im jeweiligen soziokulturellen Kontext erworbene Wissen künftigen Generationen qualifikatorisch verfügbar zu machen. Damit übernimmt Schule über entsprechende Selektionsmaßnahmen eine bedeutende Rolle im *Reproduktions*prozeß einer Gesellschaft. Darüber hinaus soll sie Ort der Vermittlung von zukünftigem Verfügungswissen sein, sie hat also auch die Funktion der *Transformation* von Wissen. Autonome Schulentwicklung bedeutet deshalb nicht, daß eine bestimmte Personengruppe einfach Veränderungsschritte nach ihren Wünschen und Vorstellungen setzt, sondern daß die gegebenen Rahmenbedingungen in ihrer von individuellen Bedürfnissen und gesellschaftlichem Wandel geprägten Widersprüchlichkeit stets mitgedacht werden. Die folgende Darstellung veranschaulicht das (nach Schratz 1993b):

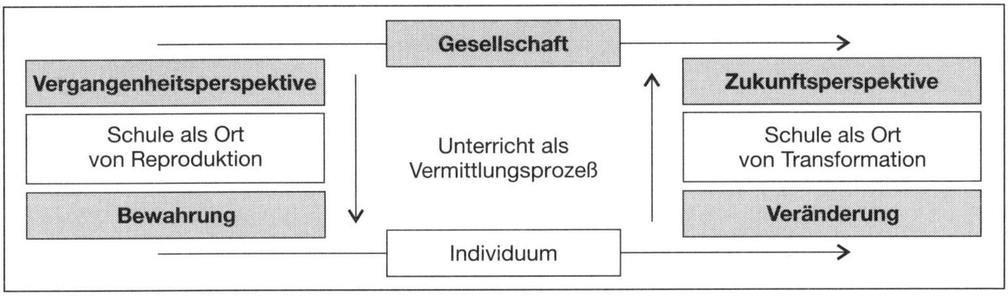

Abb. 3: Schule im Spannungsfeld zwischen Bewahrung und Veränderung

Diese Grafik erklärt in vereinfachter Form den wechselseitigen Bezug zwischen gesellschaftlicher und individueller Entwicklung. Das Individuum übernimmt über das soziale Bezugssystem (zunächst über das Elternhaus, dann vor allem über die Schule) die Wertvorstellungen und kulturellen Traditionen des jeweiligen Gesellschaftssystems, wodurch die Gesellschaft eine gewisse (Werte-)Stabilität produziert und sich so entsprechend reproduziert. Zugleich muß die Schule auch den geänderten Rahmenbedingungen gerecht werden und »jene Merkmale (Qualifikationen und Orientierungen) in Heranwachsenden erzeugen, ohne die das Individuum nicht handlungsfähig und die Gesellschaft in der bestehenden oder in veränderter Form nicht überlebensfähig wäre« (vgl. Fend 1980, 6). Daraus ergeben sich widersprüchliche Aufgaben für die Institution Schule, da sie auf der einen Seite Ort der *Bewahrung* (von Tradition) ist, auf der anderen auch der gesellschaftlichen *Veränderung* Rechnung tragen muß. Mit diesen einander im Grunde ausschließenden Forderungen sind LehrerInnen in ihrem Erziehungs- und Bildungsauftrag permanent konfrontiert, was das Unterrichten unter den vorherrschenden strukturellen Bedingungen so schwierig macht.

In diesem Zusammenhang tauchen Fragen auf wie: »Was soll im Zeitalter der Risikogesellschaft mit ihren Wertekonflikten noch als kultureller Wert tradiert werden?«, »Besteht Konsens darüber, welche gesellschaftlichen Werte es zu erhalten gilt?«, »Worauf sollen junge Menschen von heute denn vorbereitet werden?« und »Welche gesellschaftlichen Entwürfe bieten sich überhaupt an?« Fragen dieser Art können kaum über den Lehrplan als Steuerungsinstrument für den praktischen Unterricht umgesetzt werden. Daher hat das »Curriculum des Alltags« die LehrerInnen im Unterricht oft schon überholt, ehe ihre inhaltlichen Anliegen über die SchülerInnen in der nächsten Generation wirksam werden, wenn man etwa an die heutige gesellschaftliche Dynamik in den Bereichen Umwelt, Geopolitik, Technik etc. denkt (vgl. Schratz 1991). Demnach liegt die Voraussetzung für das Gelingen schulischer Entwicklungsarbeit »nicht mehr in bestimmten Merkmalen, sondern in der Fähigkeit, sich immer wieder auf neue Bedingungen einzustellen und dabei die eigene Identität zu bewahren und weiterzuentwickeln« (Boos 1991, 102).

Künzli und Hopmann haben in ihren Studien zum Entstehungs- und Begründungszusammenhang von Lehrplänen aufgewiesen, wie der historische Kern des Lehrplans die beiden Grundzwecke des Unterrichts (*tradieren* und *vorbereiten/qualifizieren*) miteinander zu verknüpfen versucht (hat). Für sie ist es »offenkundig, daß das zwei nicht einfach zu versöhnende, sondern sich mitunter widersprechende Aufgaben sind. Die Komplexität und existentielle Allgemeinheit der Frage bringt es mit sich, daß sie auf Dauer weder allein ganzheitlich und übergreifend, noch allein an einem spezialisierten Ort gelöst und behandelt werden kann, sondern Verhandlungsgegenstand auf verschiedenen Ebenen und Bereichen im öffentlichen Raum so gut wie in der Schule vor Ort ist und bleibt« (Hopmann/Künzli 1994, 162). Sie unterscheiden zwischen drei Ebenen, auf denen über diese widersprüchlichen Aufgaben verhandelt wird: die politische, programmatische und praktische. Die drei Ebenen repräsentieren die unterschiedlichen Funktionen von Lehrplänen, nämlich

- die öffentliche Rechtfertigung der Unterrichtsinhalte (*politische Funktion*),
- die Auswahl und Anordnung geeigneter Unterrichtsinhalte zu einem Lehrprogramm (*programmatische Funktion*) und
- die Unterstützung der Planung des aktuellen Unterrichts (*praktische Funktion*).

Auf allen drei Ebenen wird dieses Spannungsfeld zwischen Bewahrung (*Reproduktion*) und Veränderung (*Transformation*) deutlich, was folgende Übersicht (nach Hopmann/Künzli 1994) aufzeigt.

	Reproduktion *(bewahren)*	**Schule als Bildungsinstitution**	**Transformation** *(verändern)*
politisch	kulturelles Erbe	Bildungsauftrag	Kernprobleme
programmatisch	Lehrplanbindung	Lehrplanarbeit	Bildungsplanung
praktisch	Schulfach/disziplinäre Propädeutik	schulische Propädeutik	lebensweltliche Propädeutik

Abb. 4: Vom Bildungsauftrag zur schulischen Propädeutik (nach Hopmann/Künzli 1994)

Die Steuerung und Kontrolle von Unterricht findet demnach auf drei Ebenen statt: Die Politiker treffen unter Berücksichtigung der jeweiligen gesellschaftspolitischen Vorgaben Entscheidungen, indem sie den Bildungsauftrag formulieren bzw. über Interessengruppen vorbringen (*politische Ebene*). Dabei geht es zum einen um jene Werte und Wissensbestände, die für die Erhaltung des Staates (der Volksgruppe u.ä.) im Sinne der gesellschaftlichen Reproduktion von Bedeutung sind (z.B. die bekannten »Kulturtechniken«), zum anderen aber um jene Kern- bzw. Schlüsselanliegen, die für eine »gedeihliche Weiterentwicklung der Menschheit« wichtig sind (z.B. Freiheit, Friede, Gleichberechtigung, Selbständigkeit, Mündigkeit, Interkulturalität etc.). Die politische Einflußnahme erfolgt üblicherweise über Entsendung von Personen, die die Position der jeweils politisch machtausübenden Gruppierung einnehmen, in Lehrplankommissionen bzw. über Begutachtung durch Interessenvertretungen.

Auf der *programmatischen Ebene* bildet die Lehrplanarbeit das Steuerungsinstrument für das Aushandeln von Bildungszielen und -inhalten im Spannungsfeld von Reproduktion und Transformation: Einerseits werden alters- und entwicklungsgemäße Inhalte aus dem kulturellen Erbe ausgewählt und progressiv »gepaßt«, zum anderen soll die regionale oder lokale Bildungsplanung auf die örtlichen Voraussetzungen Rücksicht nehmen, d.h., basisnahe Planungsarbeiten (wie standortbezogene Curriculumentwicklung) müssen Lehrplanvorgaben situationsadäquat interpretieren. Auf dieser Ebene werden (Lehrplan-)Vorgaben nicht bloß übernommen, sondern die Beteiligten konzipieren und erproben Neues, wenn das Alte der Situation nicht mehr entspricht. Solche von der Basis initiierte Schulversuche müssen aber üblicherweise mit der übergeordneten politischen Ebene rückgekoppelt werden, um sicherzustellen, daß der gesellschaftliche Konsens über den Bildungsvertrag dadurch nicht verletzt wird.

Auf der *praktischen Ebene* geht es um die Umsetzung des Bildungsauftrags und der Lehrplanvorgaben in die Arbeit vor Ort, d.h. um die Übersetzung der Rahmenvorgaben in die schulische Propädeutik. Sie hat nach Hopmann und Künzli (1994, 170) immer ein »Doppelgesicht: Sie ist Propädeutik auf das Gesamtziel der Schule, den Bildungsauftrag, hin. Und sie ist Propädeutik für den nächsten Schulabschnitt, die nächste Unterrichtsetappe.« In der westlichen Tradition von Schule und Unterricht ist die Umsetzung des kulturellen Erbes in Form von Unterricht in bestimmten Disziplinen bzw. Fächern erfolgt, um die Komplexität des anzueignenden Wissens strukturell zu reduzieren. Allerdings nehmen die einzelnen Fächer im Rahmen des Gesamtcurriculums zumeist einen unterschiedlichen Stellenwert ein. Dazu im Widerspruch befindet sich die lebensweltliche Propädeutik, die darauf abzielt, einen Bezug der vermittelten Inhalte zum Lebens- und Berufsalltag herzustellen, um die SchülerInnen für die Bewältigung von Lebensaufgaben vorzubereiten. Dem steht oft das starre, disziplinär organisierte Stundensystem im Weg, zumal die Annäherung an die Alltagsrealität fächer- und stundenübergreifende Herangehensweisen erfordert (z.B. Projektunterricht); deshalb wird von LehrerInnen auch oft das Argument geäußert, daß sich alternative Unterrichtskonzepte unter den gegebenen Bedingungen nicht oder nur mit extremem Kraftaufwand umsetzen ließen (vgl. dazu Kapitel 1.1!).

Einen wesentlichen Anteil daran hat die hierarchische Struktur unseres Schulsystems, die sich hier am Beispiel Lehrplanentwicklung zeigt. Werden nämlich die inhaltlichen, räumlichen und zeitlichen Vorgaben stark »von oben«, d.h. zentralistisch gesteuert, bleibt »unten« wenig Spielraum für Veränderungen in der Auswahl des Wissens selbst und in dessen Vermittlung. Auf wissenschaftstheoretischer Ebene entspricht dem Konzept der hierarchischen Determinierung von Lernen durch zentrale Lehrpläne das Konzept der »technischen Rationalität« (vgl. Schön 1991). »Die Wissensgrundlage für die Problemlösung besteht nach dieser Vorstellung aus allgemeinem Wissen, das mit wissenschaftlichen Methoden gewonnen wurde, spezialisiert, disziplinär begrenzt und standardisiert ist und in Bildungsinstitutionen vermittelt wird. Im Mittelpunkt dieser Vorstellung steht der Begriff ›Anwendung‹, der eng mit einer Logik der Ableitung und Abhängigkeit verbunden ist. Seine konkrete Konsequenz ist die Hierarchie« (Posch/Altrichter 1992, 33). Dieser Sichtweise liegt ein bestimmtes epistemologisches Verständnis von Wissen zugrunde. Lerntheoretisch wird üblicherweise angenommen, daß Lernen vorwiegend ein Prozeß der *Erweiterung* des bereits vorhandenen Wissens ist. Wissensaneignung heißt in diesem Verständnis, sich weitere Ideen, Konzepte und Theorien anzueignen, die helfen, dasjenige Wissen zu reproduzieren, das dem jeweiligen gesellschaftlichen »Fort«-Schritt entspricht.

Wird Schule vorwiegend als gesellschaftliche Problemlösungsinstanz gesehen, in der Wissen nach dem Konzept der hierarchischen Determinierung von Lernen durch zentrale Lehrpläne weitergegeben wird, überschätzt man diese Institution nicht nur in ihren Einflußmöglichkeiten, sondern es werden vor allem die LehrerInnen in ihrem Bildungs- und Erziehungsauftrag überfordert, was sich in der oben beschriebenen didaktischen Monokultur niederschlägt. Erfahrungsorientiertes Lernen kann – trotz aller Bemühungen um Subjekt- und Lebensweltorientierung – im Rahmen der herkömmlichen Organisation von Unterricht nur begrenzt stattfinden, »weil das Erfahrungslernen im Alltag dem methodisch angeleiteten Lernen in der Schule diametral entgegengesetzt ist« (Duncker 1987, 27). Auf der praktischen Ebene von Abbildung 4 bedeutet dies, daß der Entwicklung lebensweltlicher Propädeutik im Sinne stärkerer Erfahrungsorientierung im Unterricht die disziplinäre Propädeutik im Weg steht. Daher werden offenere Lernformen lieber in eigens festgelegten Unterrichtsphasen wie Projektwochen durchgeführt, für welche man die üblichen Strukturen der schulischen Propädeutik (Fachunterricht, Klasse als Lernraum, Einteilung der Zeit in Unterrichtseinheiten) aufhebt (vgl. Hierdeis/Schratz 1992). Sicher nicht zufällig finden derartige Phasen oft in jenen Zeiträumen des Schuljahres statt, in denen die üblichen Notwendigkeiten der »Reproduktionsarbeit« bereits abgeschlossen sind (zum Beispiel zwischen Notenkonferenzen und Zeugnisverteilung).

Die Schaffung einer neuen Lernkultur sollte im Rahmen von Schulentwicklung allerdings nicht auf die »Auszeiten« des Schuljahres beschränkt bleiben, da sich dadurch keine strukturellen Veränderungen in der schulischen Propädeutik, d.h. in der Art, *wie* im täglichen Unterricht gelehrt und gelernt wird, erreichen lassen. Eine Neubestimmung der Kultur des Lehrens und Lernens ist im Sinne einer »reflexiven Rationalität« (Schön 1991) eher dadurch gekennzeichnet, daß sie das »gesicherte Wissen« in Frage stellt, als daß vorgegebene Fragen beantwortet werden. Eine solche Verhaltensänderung erfordert allerdings das Unterbrechen des vorherrschenden Grundmusters, das gleichsam wie ein »Autopilot« in jeder Unterrichtsstunde abläuft (vgl. Kapitel 1.2). Daran wird deutlich, daß ein derartiger Schritt nicht nur unterrichtlich-methodisches Know-how erfordert, sondern ein anderes Verständnis von Lehren und Lernen. Um diese theoretischen Überlegungen praktisch nachvollziehbar zu machen, stelle ich im Kapitel 2.1 ein Unterrichtsbeispiel vor, das von einem solchen Verständnis neuer Lernkultur geprägt ist. Wenn ich für den alternativen Zugang zum Unterricht gerade das Fach Mathematik wähle, so möchte ich damit zeigen, daß neue Lernkultur nicht auf jene Gegenstände beschränkt bleiben darf, die sich aufgrund ihres Inhalts oder ihrer Fachstruktur besonders dazu eignen, die alten Wege zu verlassen.

1.4 Leitbild »Lernende Schule«

Seit Schulen größere Freiräume zur autonomen Gestaltung gewährt werden, steht die Einzelschule vor neuen Aufgaben. Sie kann sich eigene Ziele setzen, sich an regionalen Gegebenheiten ausrichten und – in derzeit noch bescheidenem Rahmen – auch eigene Fächer(kombinationen) mit dazugehörigen Lehrplänen konzipieren. Diese Herausforderung öffnet den Blick von der *Unterrichts*gestaltung zur Gestaltung der *Schule*, was mehr als einen Perspektivenwechsel darstellt, es macht auch neue Formen der (Zusammen-)Arbeit notwendig. Schulentwicklung meint nicht Maximieren des Unterrichts in den einzelnen Klassen, sondern die LehrerInnen dazu zu bringen, *gemeinsam* über die *gemeinsame* Gestaltung von Schule und Unterricht nachzudenken, daraus entsprechende Konsequenzen für die (Unterrichts-)Praxis abzuleiten und umzusetzen.

Ich verwende dafür den Begriff »Lernende Schule«, der signalisiert, daß Schule keine starre Organisation darstellt, sondern einen lebendigen Organismus, der in seiner Einmaligkeit, geprägt durch die Menschen, die dort arbeiten, seine eigene Entwicklung organisiert. In der Literatur ist daher von »Selbstorganisation« die Rede (vgl. Probst 1987; Rolff 1993), d.h., die Steuerung des Geschehens an der Schule erfolgt »von innen«. Da Schulen, die für ihre eigene Entwicklung verantwortlich sind, sich intern immer wieder von neuem über die anzustrebenden Ziele verständigen müssen, sind idealerweise LehrerInnen und SchülerInnen, die Schulleitung, die Eltern und das nicht-lehrende Personal an der Gestaltung beteiligt. Dazu gehört die Fähigkeit, die eigene Praxis kritisch zu reflektieren, um aus der Analyse von Problemen zu lernen und neue Maßnahmen zu setzen.

Hinter dem Bild einer »Lernenden Schule« steht das Konzept der Organisationsentwicklung, das bislang eher im Bereich der Wirtschaft angewendet wurde. Da sich im Zuge der Autonomisierung des Bildungswesens auch Non-Profit-Organisationen selbständig Gedanken über ihre zukünftige Entwicklung machen müssen, kommen neuerdings immer mehr Schulen in die Situation, »Leitbilder« zu erstellen – etwa in Form eines Schulprofils bzw. -programms, um sich so etwas wie eine eigene »Corporate identity« zu schaffen. Damit werden für die Schulentwicklung Fragen der Organisationsentwicklung relevant, was ich in Abbildung 5 aufzeige.

Die Umsetzung dieses OE-Skeletts in eine längerfristige Schulentwicklungsarbeit hängt davon ab, wie die Schule sich auf ein von allen getragenes Ziel (»Leitbild«, *wohin?*) und auf einen Weg dahin (*wie?*) einigen kann. Einigungsprozesse über so komplexe Fragen stellen m. E. die größte Schwierigkeit dar, wenn sich Schulen »auf den Weg machen«. Daher gilt es, jene Mittel bzw. Instrumente (*womit?*) einzusetzen, die diesen Prozeß unterstützen. Sie erhalten vor allem in der gegenwärtigen Diskussion um die Evaluation schulischer Entwicklungsprozesse einen wichtigen Stellenwert, zumal die Qualitätssicherung in der Autonomisierung des Bildungswesens hohe Priorität einnehmen wird.

Eine »Lernende Schule« muß sensibel sein für das, was sich innen tut, aber auch Umweltsignale von außen wahrnehmen. Die *Öffnung nach innen* ist dadurch gekennzeichnet, daß es zu einer verstärkten Zusammenarbeit im Kollegium kommt und eine neue Lernkultur in den Mittelpunkt rückt, die »Lernfragen« (Lehrplanvorgaben) mit

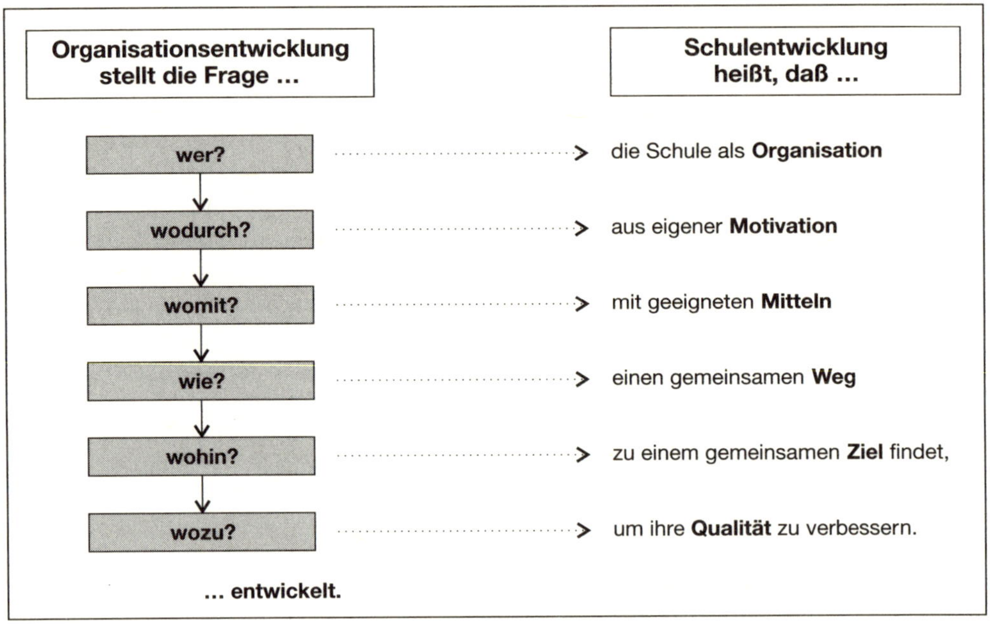

Abb. 5: Was Organisationsentwicklung (OE) für Schulentwicklung bedeutet

den »Lebensfragen« der SchülerInnen konfrontiert. Die *Öffnung nach außen* ist durch einen verstärkten Kontakt zu Eltern, Nachbarschulen und der außerschulischen Alltagswelt geprägt. Dies setzt voraus, daß die LehrerInnen Teams bilden, ihre Erfahrungen austauschen und gemeinsam an ihrer Professionalisierung arbeiten. Darüber hinaus kommt es zu einem Austausch mit außerschulischen Fachleuten, die helfen, die zunehmende Komplexität der Lebenswelt vermittelbar zu machen. Im Zusammenhang mit Projekten, an denen ich mitgearbeitet habe, sind mir bestimmte »Gestaltungsprinzipien« für autonome Schulentwicklung immer wieder begegnet, deren Zusammenwirken ich im folgenden darstellen möchte (vgl. Abb. 6).

Schulen, die im Rahmen autonomer Gestaltungsmöglichkeiten pädagogische Maßnahmen zu ihrer Weiterentwicklung setzen, sind durch zwei Bewegungen gekennzeichnet. Eine wirkt sich *nach innen* aus, wenn es zu internen Auseinandersetzungen über die Richtung des Weges kommt, in die sich die Schule bewegen soll. Hierfür spielen die Akteure innerhalb der Schule eine große Rolle: Das Beziehungsgefüge zwischen SchülerInnen, LehrerInnen und Schulleitung prägt die schulinterne soziale Architektur. Die Direktion ist aufgrund ihrer Funktion für das »*change management*« (vgl. Doppler/Lauterburg 1994) verantwortlich; zu dessen Unterstützung wird meist eine sogenannte »Steuergruppe« gebildet, in der neben der Schulleitung RepräsentantInnen der relevanten Gruppierungen an der Schule vertreten sein sollten (d.h. nicht nur diejenigen LehrerInnen, die innovationstragend sind, sondern auch jene, die Veränderungen skeptisch gegenüberstehen!).

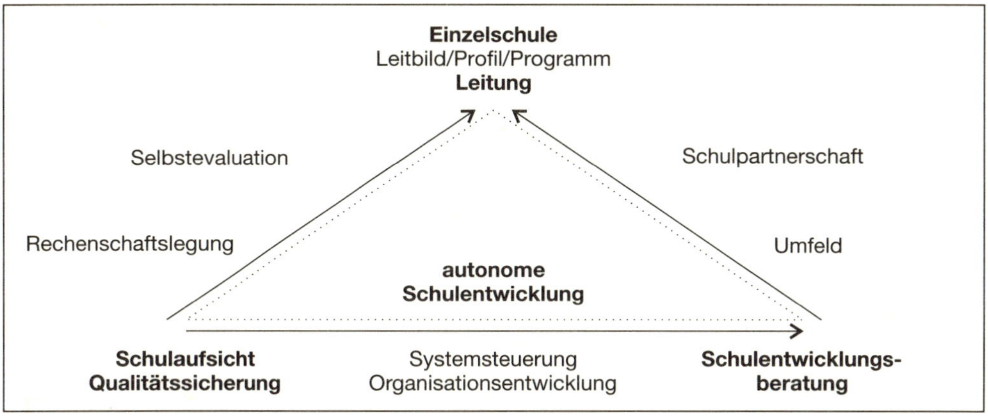

Abb. 6: Gestaltungsprinzipien für autonome Schulentwicklung

Die zweite Bewegung geht *nach außen*, indem einerseits die Schulpartner stärker in die Entscheidungsprozesse eingebunden sind, andererseits die Rolle der Schulaufsicht neu definiert wird, wodurch sich das Spannungsfeld zwischen »Kontrolle« und »Beratung« auftut (vgl. Schratz 1993c und 1996). In zahlreichen Fällen wird – vor allem in der Anfangssituation – von der Schule externe Beratung in Anspruch genommen, die den Entwicklungsprozeß unterstützend begleitet, ohne selbst Teil des inneren Systems Schule zu sein. Während die Schulpartner eher ihre Interessen und Bedürfnisse für mögliche Entwicklungsrichtungen einbringen (z.B. stärkere Berücksichtigung der Probleme ihrer Kinder bei der Schuleingangsphase, Bekämpfung der Vernachlässigung sozialer Lernprozesse, Unterricht in einer spezifischen Fremdsprache u.ä.), gewinnt im Rahmen der autonomen Schulentwicklung das Umfeld insgesamt an Bedeutung. Die Anpassung an lokale und regionale Voraussetzungen bewirkt eine stärkere *Gemeinwesenorientierung*. Beispielsweise erfordert die Integration von sogenannten behinderten Kindern oder von Jugendlichen, welche die deutsche Sprache nicht beherrschen, eine Vernetzung mit örtlichen Unterstützungseinrichtungen.

Schulentwicklung beginnt zumeist damit, daß sich das Kollegium Gedanken über den zukünftigen Weg der Schule macht. Während in den USA am Anfang dieses Prozesses vielfach die ganze Schule über die Vision einer wünschenswerten Schule phantasiert (vgl. Hopfenberg/Levin 1993), um daraus ihr Leitbild abzuleiten, wird im deutschsprachigen Raum pragmatischer vorgegangen: Üblicherweise erfolgt zunächst eine Ist-Analyse des gegenwärtigen (Entwicklungs-)Stands der Schule, aus der dann wünschenswerte Zielstellungen für die Zukunft abgeleitet werden. Die Soll-Perspektive wird meist in Form eines Schulprofils ausformuliert, das eher die Besonderheit des Standorts ausdrückt. Seltener finden sich *Schulprogramme*, die konkrete Angaben über die kurz-, mittel- und eventuell langfristigen Planungsziele und über die Wege zu deren Erreichung enthalten. Sie dienen vor allem auch den Schulpartnern als Unterstützung bei der Verwirklichung der Ziele einer (künftigen) Schule.

Mit der Freiheit zu autonomeren Entscheidungen an der Basis übernimmt die

Schule aber auch Verpflichtungen, etwa die Qualität der gesetzten Entwicklungsmaßnahmen zu evaluieren. Die (Selbst-)Evaluation einer Schule beginnt meist mit einer Analyse ihrer Stärken und Schwächen. Dazu ist es hilfreich, die einzelnen Ebenen, die dafür in Frage kommen, genauer herauszuarbeiten (vgl. Rolff 1993, 143). Die Steigerung der Kompetenz der SchülerInnen steht im Mittelpunkt der Bemühungen von Schulentwicklung. Die hierfür erforderliche Unterrichtsqualität hängt wesentlich von der Professionalität der Lehrenden ab, beschränkt sich allerdings nicht nur auf das Unterrichten im Klassenzimmer, sondern umfaßt die Arbeit im gesamten Handlungsfeld Schule. Für die Koordination der Unterrichtsqualität in den einzelnen Gegenständen ist die Berücksichtigung der Schulqualität von Bedeutung. Gute Schulqualität findet sich dort, wo SchülerInnen, LehrerInnen und Schulleitung beruflich und persönlich wachsen können, was natürlich auch die Beziehung zu den Eltern und anderen relevanten Personen außerhalb des unmittelbaren Schullebens mit einschließt. Darüber hinaus benötigen Schulen Problemlösungskapazität, d.h. das (bildungspolitische) Interesse, sich ernsthaft mit hauseigenen Problemen zu befassen und Ziele für die Weiterentwicklung zu setzen. Auf der Grundlage einer Analyse in den beschriebenen Teilgebieten kann sich das Kollegium für ein Entwicklungsprogramm in einem oder mehreren Bereichen entscheiden, seien es Maßnahmen in der Team-, Organisations- und Managemententwicklung, seien es die Einführung neuer Curricula, Personalentwicklung im Gesamtkollegium oder Supervision. Davon hängen auch die jeweiligen Schritte der (Selbst-)Evaluation ab.

Wichtig bei der internen Evaluation ist die gemeinsame Entscheidung – nach Möglichkeit aller Schulpartner – eine derartige Bestandsaufnahme durchzuführen. Für den Ablauf einer Selbstanalyse haben Dalin und Rolff in Anlehnung an Glasl ein Grundmuster entwickelt, mit dem das breite Meinungsspektrum einer Schule relativ rasch erfaßt werden kann (nach Dalin/Rolff/Buchen 1995, 107). Sie gliedert sich in die in Abbildung 7 dargestellten Phasen.

Am Beginn des gemeinsamen Weges eines Schulentwicklungsprozesses, der üblicherweise mit einer Problemsammlung beginnt, wird meist das Fehlen der nötigen Planungsinstrumente offenkundig. Selten finde ich beispielsweise an Schulen Flipchart oder Pinwand zur Strukturierung der Ideen und Vorstellungen. Ein Zeichen dafür, daß

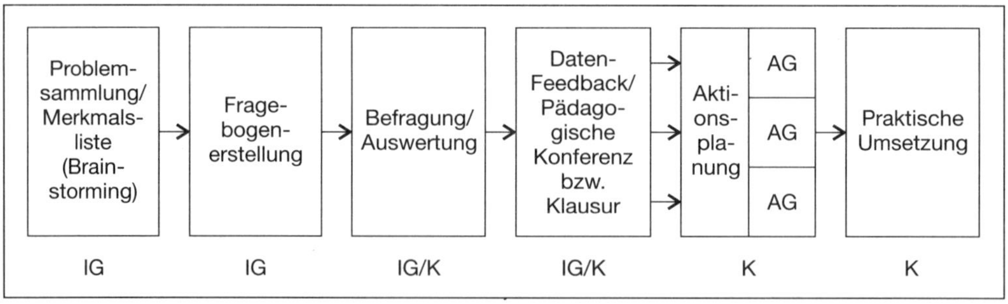

Abb. 7: Phasen der Selbstanalyse (nach Dalin/Rolff/Buchen 1995)
(K = Kollegium, IG = Initiativgruppe, AG = Arbeitsgruppe)

sich die Hauptaktivitäten in Bildungsinstitutionen auf den Unterricht in Klassen oder Unterrichtsräumen bzw. Werkstätten beziehen: Das üblicherweise vorfindbare Planungsinstrument ist die Stundentafel für die LehrerInnen bzw. der Stundenplan für die SchülerInnen. Schulentwicklung, die den Schritt vom »*Ich und meine Klasse*« zum »*Wir und unsere Schule*« machen will, beginnt mit *gemeinsamen* Planungsaktivitäten. Wenn keine passenden Instrumente zur Verfügung stehen, gilt es zu improvisieren, etwa durch das Strukturieren mittels Metaplantechnik an der Wand.

Hilfreiche Unterstützung zur Behebung dieses Defizits erhielt ich im Rahmen eines Schulentwicklungsprojekts an einer berufsbildenden Schule, als für die Durchführung eines Pädagogischen Tages am Tagungsort keine Flipchart-Ständer zur Verfügung standen: Ein Lehrer produzierte, meinem Wunsch nach geeigneten Planungsinstrumenten Rechnung tragend, mit den SchülerInnen im Werkstättenunterricht passende Ständer aus Holz, so daß bei der Klausurtagung alle Arbeitsgruppen mit diesem wichtigen Planungswerkzeug arbeiten konnten. Das Schaffen des eigenen (Planungs-) Werkzeugs wird für eine Schule, die es sich zum Ziel gesetzt hat, an ihrer Entwicklung zu arbeiten, zur symbolischen Handlung, sie nimmt ihre Zukunft damit selbst in die Hand: »Die Fertigung des eigenen ›Werkzeugs‹ ist eines der wirkungsvollsten Mittel, die Beteiligten zu motivieren, sie sich mit dem Prozeß identifizieren zu lassen und bei ihnen die Fähigkeiten zu entwickeln, die benötigt werden, um die geplanten Änderungen zu realisieren und in Eigenregie fortzuführen« (Dalin/Rolff/Buchen 1995, 106).

Allein schon dazu gehört Mut, denn Organisationsentwicklung beginnt immer mit einer Analyse der Ist-Situation, die nicht zuletzt auch aufdeckt, daß es an jeder Institution Problembereiche gibt, wo es manches zu verbessern gilt. Gerade in der Institution Schule, die durch eine Kultur des Aufzeigens von Fehlern (bei den SchülerInnen) geprägt ist, bedarf es großer Sensibilität dafür, wie mit vorhandenen Konflikten umgegangen wird. Dieser Umstand fällt mir immer besonders auf, wenn ich die Arbeit an Schulen mit der in der Wirtschaft vergleiche. In der Wirtschaftspraxis beispielsweise ist oft vom Nutzen des Stolperns in der Planung die Rede, was mit der Überzeugung konform geht, daß Planung als Experiment gesehen werden muß (vgl. Beratergruppe Neuwaldegg 1994). Sich auf die damit verbundene Unsicherheit einzulassen, auf etwas Unbekanntes, dessen Konsequenzen noch nicht absehbar sind, wenn man sich gemeinsam auf den Weg macht, das ist eine wichtige Voraussetzung für die Anbahnung einer gemeinsamen Entwicklungsarbeit; für die Praxis bedeutet dies u.a.: »*Zupacken statt jammern*« und »*Zusammensitzen statt beschuldigen*«!

Ich mache immer wieder die Erfahrung, daß die ersten Aktivitäten bei Schulentwicklungsprojekten der Schaffung einer entwicklungsfördernden sozialen Architektur von Schule dienen (müssen). Meist ist es eine Gruppe Engagierter, die darum ringt, der organisationsatypischen Struktur von Schule als solcher (z.B. fehlende Binnenstrukturen, schwerfälliges Reagieren auf unvorhergesehene Ereignisse, fehlende funktionale Teilsysteme zur flexiblen Weiterentwicklung von Schule) entgegenzuwirken. Dazu kommt, daß man sich immer wieder auf unterschiedlichen Ebenen bewegen muß, die alle für die Entwicklung von Schulen konstitutiv sind: Einerseits sind es *einzelne* (oder Gruppierungen), die durch die Entwicklungsarbeit mit neuen, nicht ohne weiteres zu lösenden Herausforderungen konfrontiert werden. Sie reichen vom zusätzlichen Zeitaufwand bis zur nötigen Offenheit im Umgang miteinander. Andererseits ist es das

Kollegium, das in der Planungsarbeit nur durch einzelne RepräsentantInnen bei den Sitzungen vertreten werden kann.

Es ist daher wichtig, an der Schule jene soziale Architektur zu schaffen, über die möglichst alle Beteiligten und Betroffenen in den gemeinsamen Entwicklungsprozeß eingebunden werden können. Dazu sind in den letzten Jahren zahlreiche Maßnahmen und Instrumente veröffentlicht worden, welche von *der strukturierten Ideensammlung* (z.B. Nominelle Gruppentechnik, schriftliches Brainstorming durch Methode 6-3-5, Rubrikenbildung mittels Aktionskarten) über *Fragebogen* und *Checklisten* (Kraftfelddiagramm, Stärke-Schwäche-Profil, SOFT-Situationsanalyse) bis zur Erstellung von *Werteprofilen* reichen (vgl. dazu etwa Altrichter/Posch 1991; Dalin/Rolff/Buchen 1995; Doppler/Lauterburg 1994; Fischer/Schratz 1993; Harrison 1994; Moore 1994; Osswald 1990; Philipp 1992). Zum Teil bietet der *Computer* bereits Unterstützung in der Datenerfassung, so daß möglichst rasch in die gemeinsame Diskussion eingestiegen werden kann (vgl. Schratz 1996). Da der Einsatz von Analyseinstrumenten vor allem dann gerechtfertigt ist, wenn er im Sinne einer *formativen Evaluation* der weiteren Entwicklung von Schule und Unterricht dient, gilt es, das Instrumentarium im Zusammenhang mit der Anwendung von Konzepten der Organisationsentwicklung zu verstehen.

Nach Rolff läßt sich Organisationsentwicklung als »ein reflexives Verfahren zur Veränderung des Sozialverhaltens von Organisationsmitgliedern, bei gleichzeitiger oder vorhergehender Veränderung der Organisationsstrukturen, zum Zwecke der Verbesserung der Aufgabenerfüllung, auf der Grundlage der angewandten Sozialwissenschaften« definieren (Rolff 1993, 152). Da sich das Sozialverhalten der mit Schule Befaßten sowie die Organisationsstrukturen einer Bildungsinstitution bewußt erst über entsprechende Reflexionsprozesse verändern, hängt der Erfolg des Einsatzes von Evaluationsinstrumenten stark davon ab, unter welchen Bedingungen sie in der Schule angewendet werden. Werden sie von Schulleitung oder Schulaufsicht »verordnet« (vgl. Schratz 1993c), ergeben sich nur geringe Chancen auf weiterführende Prozesse, da die Reflexion der aus der Analyse gewonnenen Erkenntnisse und die Identifikation der Betroffenen mit den gesetzten Maßnahmen ausbleiben. Je mehr Mitglieder Interesse an der Entwicklung ihrer Schule haben und die Evaluationsmaßnahmen mittragen, um so größer ist die Chance auf eine nachhaltige Wirkung!

Bei der Beantwortung der Frage nach den *Bedingungen* ist zu klären, ob die Schule die Unterstützung einer externen Beratung in Anspruch nimmt. Letztere hat den Vorteil, daß »neutrale« Personen als ModeratorInnen oder BetreuerInnen den Prozeß begleiten, wodurch der Verlauf der Evaluation nicht zu stark von der Eigendynamik interner Beziehungen (z.B. Dominanz bestimmter Gruppen, rivalisierende Teams, Hierarchie in der Wertigkeit von Unterrichtsfächern) geprägt wird. Beim Einbeziehen externer Begleitung ist es allerdings dringend zu empfehlen, die Bedingungen der Zusammenarbeit zu klären, was üblicherweise in Form eines *Kontrakts* (Vertrags) erfolgt. Viele Schulen haben keine Möglichkeit oder kein Interesse, externe Beratung in Anspruch zu nehmen. Sie analysieren ihre Schule statt dessen selbst, was hohe Anforderungen an die Motivation und Selbstdisziplin stellt, insbesondere wenn es darum geht, den Schritt von der Ist-Analyse zum Soll-Ziel zu tun. Man spricht in dieser Hinsicht von einer *internen Evaluation*, die dadurch gekennzeichnet ist, daß die Entscheidungen für die Durchführung sowie die Planung und Durchführung der einzelnen

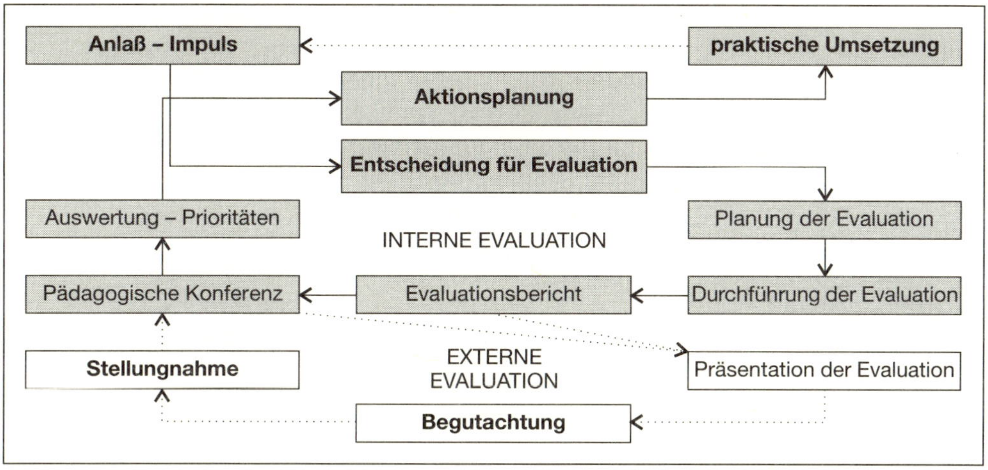

Abb. 8: Schulentwicklung durch interne Evaluation (und Rechenschaftslegung nach außen)

Schritte an der Schule selbst erfolgen (unabhängig davon, ob eine externe Betreuung beigezogen wird). Der übliche Ablauf ist in Abbildung 8 im Bereich »interne Evaluation« dargestellt.

Die Anlässe für die Durchführung einer internen Evaluation sind sehr unterschiedlich. Sie können aus der Schule selbst stammen oder von außen an sie herangetragen werden. Die folgende Grafik gibt einen Überblick über mögliche Anlässe bzw. Impulse für die Durchführung von Evaluationsmaßnahmen und in der Folge für weitere Schritte zur Entwicklung der Schule (vgl. Abb. 9).

Die Anlässe für die Durchführung einer internen Evaluation mögen, wie die Auswahl in Abbildung 9 zeigt, sehr vielfältig sein, die Signale müssen aber auch aufgenommen werden! Eine »Lernende Schule« muß sensibel sein für das, was sich innen tut,

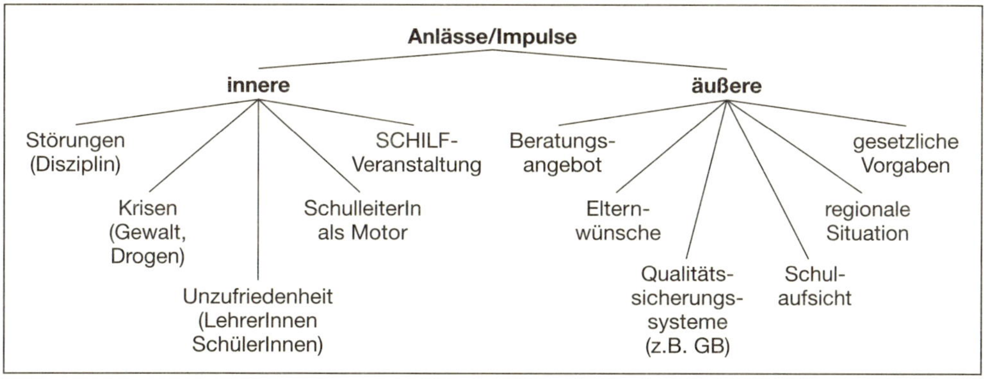

Abb. 9: Impulsgeber für Evaluationsmaßnahmen

aber auch für Umweltsignale von außen. Daher ist es wichtig, daß die Schule diese Impulse überhaupt wahrnimmt und für Schulentwicklungsarbeit verfügbar macht. Ich zeige dies beispielhaft anhand der Vorbereitung einer pädagogischen Klausur auf. Dazu wurden die SchülerInnen über ihre Einschätzung der Schulsituation befragt. Daß sie das Schulleben sehr differenziert analysieren können, weisen folgende Antworten auf die Frage »Was will ich am Klausurtag von den Lehrerinnen und Lehrern behandelt wissen?« aus:

»Der Bürokratismus und das Herrschaftsdenken ist an der Schule fehl am Platz.«
»Organisation und Kommunikation innerhalb der Schule sind teilweise chaotisch.«
»Die Klärung des Problems ›AUTOCAD‹ Öffnung der EDV-Räume für AUTOCAD-begeisterte Schüler (natürlich Selbstverantwortung des Betreffenden)! Verhältnis zwischen Schüler – Lehrer muß dadurch ein offeneres werden.«

»Freistunden und Verschiebungen mindestens einen Tag früher ankündigen, z.B. anhand einer Anschlagtafel beim Eingangsbereich oder in der Nähe der Direktion.«

»Der Schüler ist auch ein Mensch!«
»Lehrer sollten in manchen Fällen persönliche Probleme von Schülern berücksichtigen und mit den Schülern reden.«

»Für nächstes Jahr: fächerübergreifendes Projekt.«
»Bessere Möglichkeiten zur Abfallentsorgung.«
»Platz im Garten mit Bänken für schöne Tage während der Mittagspause.«
»Bessere Koordination zwischen den Lehrern in bezug auf die Schulaufgaben- und Testverteilung.«
»Schulbücher am Unterricht ausrichten, nicht Unterricht an Büchern.«
»Bessere Information über Rechte und Pflichten von Lehrern und Schülern.«

Die Ergebnisse der Schülerbefragungen enthalten also im Sinne einer *Ist-Analyse* oft zahlreiche Ansätze für durchführbare Veränderungen an der Schule und sollten daher beim Daten-Feedback etwa anläßlich der Pädagogischen Konferenz denselben Stellenwert erhalten wie die Resultate der LehrerInnenbefragung. Ansonsten sehen die SchülerInnen ihre Anliegen nicht ernst genommen und sind für künftige Aktivitäten im Rahmen von Schulentwicklung nicht mehr zu gewinnen! Dies drückten einige SchülerInnen auch in ihren Rückmeldungen zur oben zitierten Befragung aus:

»Hoffentlich ändert sich etwas!«
»Sinnlos.«
»Die jetzt geforderten Probleme der Schüler auch durchdenken und behandeln (sonst Papierverschwendung → Umweltbelastung).«

Daher sind die SchülerInnen nach Möglichkeit auch in der Phase der Aktionsplanung in die Diskussionen der Arbeitsgruppen einzubinden, zumindest aber über den Verlauf der Entwicklung zu informieren. Insgesamt ist es in der Daten-Feedback-Phase (Pädagogische Konferenz bzw. Klausur) wichtig, sich an bestimmte »Regeln« zu halten, damit das Kollegium die rückgemeldeten Daten akzeptiert und sie für die weitere Arbeit handlungsrelevant werden. Harrison nennt folgende Kriterien, deren Beachtung die Betroffenen Feedback aus einer Situationsanalyse eher annehmen läßt und wünschenswerte Aktivitäten fördert (nach Harrison 1994, 76):

- Rückmeldungen müssen für die Betroffenen verständlich und relevant sein.
- Formulierungen eher beschreibend als bewertend halten.
- Klare und spezifische Hinweise – sie sollten sich auf konkretes Verhalten und praktische Situationen beziehen und allgemeine Probleme illustrieren.
- Sie sollten einen Vergleich mit anderen (Schul-)Standorten ermöglichen.
- Die Rückmeldung sollte möglichst bald nach der Befragung erfolgen.
- Die Daten müssen glaubwürdig sein (Transparenz bzgl. Datenerfassung und Auswertung).
- Sensibilität gegenüber den Gefühlen und der Motivation der Betroffenen zeigen (keine Rückmeldungen, die Ärger, Verteidigungshaltung oder Gefühle der Hilflosigkeit auslösen).
- Das Feedback eingrenzen, damit die »Daten« nicht überwältigend wirken.
- Eine Form wählen, die eine Umsetzung möglich macht (etwa Hinweis auf jene Aspekte, die beeinflußbar sind).
- Die Auswertung nicht in abgeschlossener Form präsentieren, damit noch Platz für eigene Interpretationen und Entscheidungen zur Aktion bleibt.

Auch wenn sich diese Kriterien nicht immer in allen Punkten erfüllen lassen, sollte an ihrer Umsetzung gearbeitet werden, um eine möglichst breite Akzeptanz und die Identifikation mit den Evaluationsergebnissen zu gewährleisten; dies wird die Weiterarbeit an den aufgezeigten Problemen stimulieren.

Da sich Schulen oft unsicher fühlen, wie sich die Befunde der Selbstanalyse im Hinblick auf überschulische Entwicklungen verhalten, können die Ergebnisse auch »extern« präsentiert werden, um zusätzliche Meinungen und Stellungnahmen einzuholen, etwa über die Präsentation des Evaluationsberichts, der Eltern zur Verfügung gestellt wird, um ihre Sichtweise zu den Ergebnissen der Befragung einzuholen und sie damit über den Ist-Stand der Schule zu informieren. Man spricht hierbei oft von »Rechenschaftslegung«, wobei es sich dabei nicht um sensible Daten handeln darf, die nur einzelne betreffen bzw. bloßstellen, sondern die einen generellen Einblick in den Entwicklungsstand (Defizite, Notwendigkeiten, Schwerpunktsetzungen etc.) geben sollen. Eine solche Präsentation erfolgt daher meist erst nach der Durchführung einer Pädagogischen Konferenz, in der die Schritte für eine Rechenschaftslegung abgesprochen werden. Hierzu wird oft auch die Schulaufsicht begutachtend und beratend eingeschaltet, um einerseits eine Abstimmung mit übergeordneten Entwicklungen zu gewährleisten, aber auch um ihr Know-how für Schulentwicklungsmaßnahmen zu nutzen. Die Schritte zur Rechenschaftslegung nach außen sind in Abbildung 8 in einer zusätzlichen Schleife unten aufgezeigt.

1.5 Zweifel am Konzept der »Machbarkeit«

An perfekt gestalteten Übersichten, brauchbaren Instrumentarien, guten Tips und abrufbarem Hintergrundwissen mangelt es also nicht; dennoch ist Schulentwicklung in der Praxis meiner Erfahrung nach meist ein steiniger Weg: Gipfelsiege sind selten, mit Hindernissen ist zu rechnen, und alle Beteiligten sind wohlberaten, wenn sie sich keine allzu weiten Etappenziele vornehmen. Theorie kann man gerade in der Schule nicht so einfach in die Praxis umsetzen – eine besonders für bildungspolitisch Engagierte schmerzliche Erkenntnis, die in den letzten Jahren zunehmend Zweifel an der Brauchbarkeit des Konzepts technischer Rationalität hat aufkommen lassen.

Zeugnis davon legen nicht nur die zahlreichen Fehlschläge von Reformansätzen im Bildungswesen ab, die »von oben« an die Schule herangetragen wurden (Stichwort: »verordnete Schulreform«), sondern auch die immer geringer werdende Steuerungsfähigkeit komplexer Systeme über hierarchische Lenk- und Kontrollmechanismen. In dem Buch »Tatort Schule: Wenn Kinder überfordert, Eltern verunsichert und Lehrer frustriert sind« (Weiss 1992), in dessen Titel schon die Wechselwirkung zwischen der Befindlichkeit aller drei Schulpartner anklingt, zeigt Weiss auf, wie überaus komplex die Position der Schule in der heutigen Gesellschaft gesehen werden muß. Dies stellt auch die Schulentwicklung vor ganz neue Aufgaben, zu deren schwierigsten wohl die adäquate Einbindung *aller* Schulpartner in Entscheidungsfindungsprozesse gehört. Dazu eine Szene aus Elternsicht anläßlich eines Elternabends zum Thema Schullaufbahnentscheidung am Ende der Grundschule.

Wo geht's hier zur demokratischen Schule?
Schul(nicht)entwicklung aus der Sicht eines Hinterbänklers

Nach und nach kommen Leute im Schulhaus an. Ein paar jüngere Burschen verschwinden im Kellergeschoß, andere, allerdings ältere Menschen heften sich an ihre Fersen, bis sie drauf kommen, daß sie im Musiksaal im Kellergeschoß der Schule falsch sein müssen, da es hier offensichtlich um eine Musikprobe zu gehen scheint. Vorbei an zwei Männern, die noch eine Kiste mit Getränken ins Kellergeschoß transportieren (offensichtlich wird bei der Musikprobe auch an das Soziale gedacht), arbeiten sie sich wieder nach oben in die verlassene Eingangshalle, die aufgrund von Bauarbeiten zur Erweiterung der Schule nicht sehr einladend aussieht. Den einzigen freundlichen Blickfang liefern einige Schülerarbeiten aus Ton, die, auf einem Tisch arrangiert, die Sterilität der Halle durchbrechen. »Wo geht's hier zur Schulveranstaltung?« fragen die vom Keller zurückkehrenden Eltern der Schülerinnen und Schüler aus der dritten und vierten Klasse: Man ist gekommen, um sich über die Übertrittsmöglichkeiten in weiterführende Schulen nach der Grundschule beraten zu lassen. Allerdings ist niemand da, der die Frage beantwortet. Daher folgen sie den weiblichen Beinen, die gerade auf der in das Obergeschoß führenden Treppe verschwinden. Diesmal stimmt die Fährte, und sie folgen den Vorausgehenden, vorbei am Konferenzzimmer, in dem sich die Direktorin und die Lehrerinnen mit den geladenen Referenten unterhalten, in die letzte Klasse auf dem Gang, die üblicherweise von den ViertkläßlerInnen beansprucht wird.

Die Klasse ist ziemlich angefüllt, was man an der bereits angereicherten Luft merkt. Auch die Sitzplätze sind schon fast alle belegt. Nur mehr in der ersten Reihe sind noch Sessel frei. Hier setzt sich allerdings niemand hin. Wer will denn so nahe am Geschehen sein? Das war schon zur eigenen Schulzeit ein verpönter Platz. Er war für die sogenannten »Streber« reserviert, und wer will sich heute noch mit derartigen Schulerfahrungen identifizieren? Also werden die Sessel hochgehoben und über die Köpfe der dahinter Sitzenden in die letzte Reihe befördert, nicht ohne hie und da beinahe einen der Köpfe der bereits Sitzenden zu »rasieren«, wie man im Schülerjargon zu sagen pflegte. Ganz hinten nimmt auch eine Gruppe von Frauen mittleren Alters Platz, die aus der Unterkunft für Flüchtlinge im Dorf stammen und die Einladung der Direktorin, bei diesem wichtigen Ereignis dabeizusein, ernst genommen haben. Da ihre Zukunft in der ehemaligen Heimat Bosnien alles andere als gewiß ist, ist es auch für sie wichtig, die Zukunft ihrer Kinder im Rahmen des differenzierten österreichischen Schulsystems planend mitzugestalten, wobei ihnen aufgrund der Selektion nach der vierten Grundschulklasse ohnehin nicht viele Türen offenstehen.

Den Beginn macht – aus nicht recht einsichtigem Grund – der Herr Hofrat, seines Zeichens Direktor des Akademischen Gymnasiums in der nahe gelegenen Landeshauptstadt. Vielleicht liegt es daran, daß das Gymnasium in unserem Schulsystem den höheren Stellenwert einnimmt und die Eltern vielleicht deswegen das ultimative Ziel des Schultyps, die Matura, auch als erstes vorgelegt bekommen sollen, eröffnet sie doch immerhin den Zugang zur höchsten Bildungsstätte im Staat, zur Universität! Diese staatstragende Bedeutung läßt sich übrigens nicht nur am Hofratstitel des Schulleiters des Akademischen Gymnasiums ablesen, sondern auch am sogenannten »Dress Code«, nämlich Anzug und Krawatte, während der Vertreter der Hauptschule eher lässig gekleidet in Hemd und Sakko auftritt. Nachdem der erste Referent des Abends sich von der Frau Direktor den Overheadprojektor am Lehrerpult hat aufstellen und einrichten lassen, hebt er zu seiner Begrüßung an, muß sich allerdings gleich am Beginn dafür entschuldigen, daß ihm die Folien im Auto beim Suchen der Schule im Ort, die er diesmal aufgrund der starken Schneefälle nur mit Hilfe einer Mutter, die ihm den Weg wies, habe finden können, aus der Mappe herausgerutscht sein müßten. Also kehrt er zur »traditionellen Form« des Tafelanschriebs mit Kreide zurück. An der Tafel entwickelt er in Spaltenform die beiden Typen »Gymnasium« und »Realgymnasium« von der ersten bis zur achten Klasse, wobei er die unterschiedlichen Fremdsprachen zum eigentlichen Thema des Abends macht, was man ihm als Vertreter eines humanistischen Schultyps nicht verübeln kann. Dabei spielt der Hinweis auf das Griechische, das an seiner Schule noch als einziger im Bundesland vermittelt wird, eine zumindest für ihn wichtige Rolle, was er mit der Schlüsselfunktion des Griechischen als »Grundlage der abendländischen Kultur« begründet. Neben der Aufzeichnung der beiden Langformen entsteht an der Tafel noch die Kurzform des Oberstufenrealgymnasiums, die vor allem für die Abgänger von Hauptschulen gedacht sei. Daher bleibt der Platz darunter für die Altersstufen der Zehn- bis Vierzehnjährigen frei. Er ist sozusagen für den zweiten Referenten vorgesehen.

Nach der Erläuterung der Organisationsformen von allgemeinbildenden höheren Schultypen, die für die Kinder der anwesenden Eltern in Frage kommen, gibt Direktor X einen kurzen Einblick in die Auswahlmodalitäten für die Aufnahme ins Gymnasium.

Dabei erklärt er die rechtlichen Voraussetzungen – für die Eltern eine wichtige erste Entscheidungsgrundlage. Allerdings ist ihm auch das gesellschaftspolitische Problem der frühen Selektion bewußt: »Man kann bei Zehnjährigen noch nicht sagen, wo ihre Begabungen liegen. Die Volksschullehrerinnen wissen aber, wo ihre Fähigkeiten liegen. Da würde ich mich ganz auf ihr Urteil verlassen.« Daß der Übergang aber nicht friktionslos ist, wird in der anschließenden Diskussion deutlich, in der Herr Hofrat X eine von einem Deutschprofessor des Gymnasiums erstellte Liste vorlegt, was die allgemeinbildende Schule bei den Abgängern der Volksschulen als gekonnt voraussetzt. Das Problem der »Zulieferschulen« zeigt sich auch in einem Hinweis auf die Gestaltung des Unterrichts in der ersten Klasse, denn »wenn die Schüler aus den etwa 40 Volksschulen aus der Umgebung kommen, müssen wir sie zunächst auf einen gemeinsamen Nenner bringen«. Das Problem des Übertritts wird in der dem zweiten Referat folgenden Diskussion noch ausführlich besprochen.

Fachlehrer Y von der Übungshauptschule an der Pädagogischen Akademie des Bundes in derselben Stadt beginnt die Vorstellung »seines« Schultyps mit einem Zitat aus dem Schulorganisationsgesetz, aus dem er den Zielparagraphen für die Hauptschule vorliest. Da sich das für die Elten aus dem Dorf eher nüchtern und abstrakt anhört, geht er anschließend gleich auf die Gefühlsebene über: »Die Hauptschule hat etwas, was sie unbeliebt macht, das sind die Leistungsgruppen«, wobei er mögliche diesbezügliche Ängste auch gleich thematisiert. »Eltern haben schon die Angst, wie das gehen soll«, berichtet er offensichtlich aus einschlägiger Erfahrung. Er bringt aber auch andere Erfahrungen ins Spiel, die die Zuhörenden wieder beruhigen sollen, indem er darauf hinweist, daß das frühere System der Klassenzüge viel inhumaner gewesen sei. Daraufhin legt er eine Kopie der Stundentafel für die Hauptschule als Folie auf, die allerdings aufgrund der kleinen (Original-)Schrifttype von hinten kaum zu lesen ist und eher Verwirrung stiftet, weshalb der Vortragende nun mündlich auf die Besonderheiten der Hauptschule eingeht. Dabei versucht er nochmals, die Leistungsgruppen als abschrekkendes Element zu entschärfen, indem er Zahlen für die Einstufung der SchülerInnen in die einzelnen Gruppen nennt, die Möglichkeiten des Stützens und Förderns erklärt und das sensible Vorgehen während der ersten Phase nach dem Schuleintritt, während des sogenannten Beobachtungszeitraums, erläutert. »Insgesamt hat der Schüler in der Hauptschule mehr Zeit«, resümiert Fachlehrer Y, und »ist die Elternmitbestimmung größer«, ohne daß diese Möglichkeiten weiter erläutert werden. Als wichtige Information übermittelt er dann noch, welche Alternativen man nach der Hauptschule hat, worauf er sich vor allem auf die Oberstufenform des Gymnasiums und die verschiedenen Typen der berufsbildenden Schulen bezieht. Es fällt auf, daß der Polytechnische Lehrgang hier nicht erwähnt wird. Offensichtlich stellt er für den Referenten im Rahmen der Vorstellung der Hauptschule keinen nennenswerten Faktor dar.

In der anschließenden Diskussion geht es vor allem um die Möglichkeit der Beeinflussung der Schulwahl durch die Eltern. Ein Gymnasium hatte im letzten Jahr solch starken Zulauf, daß nicht alle InteressentInnen aufgenommen werden konnten. Hofrat X führt das auf das neue Schulgebäude und die damit zusammenhängende Präsenz in der Öffentlichkeit durch die Medien zurück. »Das wird sicherlich dieses Jahr nicht mehr der Fall sein«, meint er zur Beruhigung der Eltern. Wie hoch die Ausfallsquote im Gymnasium sei, fragt eine Mutter besorgt. Der Direktor des Aka-

demischen Gymnasiums kann auch hier beruhigen. An seiner Schule sei sie nur fünf Prozent, denn die anderen würden nicht ausfallen, sondern nach der Unterstufe in andere Schultypen überwechseln. Dafür sei die Zahl der »ausgezeichneten« SchülerInnen und derer mit »gutem Erfolg« sehr hoch (bis zu fünfzig Prozent). Warum denn dann soviel Nachhilfeunterricht gegeben werden müsse, fragt ein anderer Elternteil. Hier verweist der Direktor an die Eltern zurück: »Das Nachhilfeunwesen geht auch auf die Eltern zurück.« Wenn ein Schüler einmal einen Dreier in der Schularbeit habe, würde gleich Nachhilfeunterricht eingesetzt werden, obwohl das gar nicht nötig sei. Wenn das viele Eltern machten, würde sich das Niveau erhöhen und der Lehrer den Unterricht entsprechend darauf abstimmen. Das würde dann die überfordern, die keinen Nachhilfeunterricht nähmen. Ein Vater bedankt sich sehr für diesen Hinweis, denn so hätte er das Problem noch nie gesehen.

Die Frau Direktor beharrt allerdings darauf, moralisch durch Nicken unterstützt von den anwesenden Lehrerinnen der Volksschule, daß einfach zuwenig Rücksicht auf die Situation der SchülerInnen genommen werde, wenn sie aus der Grundschule in die Unterstufe kämen. Zu dieser Thematik meldet sich auch Herr Fachlehrer Y, indem er aus einer Studie, in der die Notenverläufe festgehalten worden waren, zahlreiche statistische Daten vorliest. Allerdings scheint diese Information nicht viel zur Klärung beizutragen. Einen Grund für die Übertrittsprobleme in die AHS vermuten anschließend Eltern in der unterschiedlichen Lehrerausbildung: An der Pädagogischen Akademie, die die Volks- und HauptschullehrerInnen ausbildet, werde mehr über das Kind und das Unterrichten vermittelt, während in der universitären Lehrerausbildung die künftigen GymnasiallehrerInnen stärker für das Fach und weniger für das Unterrichten ausgebildet würden. Diese Begründung findet zwar allgemeine Zustimmung, trägt aber nichts zur Lösung der angeschnittenen Problematik bei.

Daher ein weiterer Vorschlag aus der Elternschaft, warum denn nicht im Rahmen der gesetzlich verankerten Autonomie für die Hauptschulen und AHS eine Möglichkeit geschaffen werde, hier etwas Besonderes anzubieten und dadurch den Einstieg in die Unterstufe zu erleichtern. Vor allem würden damit auch die Eltern die Möglichkeit erhalten, in der speziellen Ausrichtung des schulischen Angebots zumindest teilweise mitzubestimmen. Dieser Hinweis weckt das Interesse der ZuhörerInnen, doch wendet der Gymnasialdirektor ein: »Das ist sehr schwer umzusetzen, denn es wird ja jemandem etwas weggenommen.« – »Das muß nicht sein«, kommt es zurück, die LehrerInnen könnten ja im Team arbeiten, doch das wäre wohl noch schwerer, meint jemand gleich darauf. Auf die Frage, welche Hauptschulen und Gymnasien überhaupt die gesetzlichen Möglichkeiten der Autonomie wahrnehmen, geben beide Referenten an, daß sie keine Schule kennen würden, die das mache.

Eine Mutter, selbst Lehrerin an einer mittleren Schule, fragt, ob es am Gymnasium die Unterrichtsform des Projektunterrichts gäbe. Hier kann Direktor X aber nur verneinen, da es an der AHS keinen fächerübergreifenden Unterricht gäbe. Nur bei der Matura sei das vorgesehen. Ein Vater, noch immer besorgt ob des Hinweises der Direktorin, daß der Übergang in die Unterstufe der AHS zu abrupt sei, fragt Herrn Hofrat X, was er Eltern empfehlen würde, die ihre Kinder in das Gymnasium schicken, um den Übergang leichter bewältigbar zu machen. »Mit den Lehrern öfters reden«, »dem Klassenvorstand die Arbeit abnehmen« und »etwa zweimal im Semester einen Elternabend organisieren, bei dem ein Erfahrungsaustausch stattfindet«, schlägt er vor. Langsam aber haben die Eltern Mut zum Reden gefaßt, allerdings vorwiegend in kleinen Gruppen bzw. mit den unmittelbaren Sitznachbarn. Die weiteren Erläuterungen der Referenten gehen eher unter, sie scheinen ohnehin das Wichtigste gesagt zu haben. Das merkt auch die Schulleiterin und bedankt sich bei den beiden Referenten für ihre informativen Beiträge. Unter Applaus endet der Elternabend. Einige Eltern nehmen die Gelegenheit wahr, noch persönlich mit den Referenten zu reden, um sich zusätzliche Informationen zu holen. Die meisten aber verlassen das Klassenzimmer, das darauf wieder bereit ist, am folgenden Tag um 7.55 Uhr die SchülerInnen der vierten Klasse aufzunehmen.

Dieser Erfahrungsbericht macht das gestörte Verhältnis zwischen den einzelnen Subsystemen des Gesamtsystems Schule anschaulich: Einerseits zeigen sich deutlich die Bruchstellen zwischen den einzelnen Schultypen (Grundschule und Hauptschule bzw. Gymnasium), die immer mehr zum Verhandlungsort für die Steuerung von Schülerströmen werden, anstatt daß Maßnahmen gesetzt würden, welche den Übertritt für die SchülerInnen von der Primarstufe in die Sekundarstufe erleichtern. Andererseits erleben sich die Eltern als »Adressaten« einer Informations- bzw. Werbeveranstaltung, in der sie nicht als mündige Konsumenten auftreten (können). Sie haben lediglich die Wahl zwischen (zwei) Angeboten, aber wenig Möglichkeiten, gestaltend in die Schulentwicklung einzugreifen. Eine solche »Öffnung der Schule« ist also bloß eine scheinbare! In welcher Richtung soll aber dann der Hinterbänkler »die demokratische Schule« suchen? Soll er seine Hoffnung auf Schulentwicklung und Partizipation nicht lieber gleich begraben?

1.6 Change doesn't come easy ...

Die ersten Schritte zur Schulentwicklung erfolgen selten von selbst. Ein autonomes Schulsystem bedarf besonderer Voraussetzungen, um sich auf eine (unbekannte) Zukunft vorbereiten zu können. Dazu gibt es bestimmte Gestaltungsprinzipien, die sich aus einem entwicklungsorientierten Management ergeben und zu neuen Formen der Organisationsentwicklung führen. Aspekte wie teambildende Maßnahmen, neue Lernkultur, Kommunikation und Kooperation im Kollegium gehören genauso dazu wie adäquate Formen der Ideenfindung und -umsetzung in die Praxis. Wichtig ist mir dabei auch die Art und Weise, wie mit Veränderung und dem Problem von Widerstand gegenüber Veränderungen umgegangen wird. Die erste – und meist auch folgenreichste – Form des Widerstands gegenüber Schulentwicklung begegnet mir immer wieder in Gestalt des Arguments: *»Dafür haben wir keine Zeit!«*

Die größte Ressource im Alltag einer Schule stellt offenbar die Zeit dar, auf die in der bisherigen Struktur das reibungslose Organisieren von Unterricht ausgerichtet ist, so daß die »Organisation« der Schulentwicklung den »dringlicheren« und »wichtigeren« Aktivitäten weichen muß, also dem, was oft als Alltagsdruck bezeichnet wird. Demnach ergibt sich für den Stellenwert von Wichtigkeit und Dringlichkeit in der Schule meist folgende Aufteilung (vgl. Fischer/Schratz 1993, 76):

	DRINGLICH	NICHT DRINGLICH
WICHTIG	❶ Unterricht, Supplierungen aktuelle Probleme: Drogenmißbrauch bei Schulveranstaltungen psychische Krisen von LehrerInnen und SchülerInnen Rechtsradikalismus in der Schule, Gewalt gegen Mädchen	❷ Teambildung Kommunikationsstrukturen schaffen und pflegen Aktivitäten zur Schulentwicklung Pädagogische Klausur Werteklärung, Leitbild, Profil Qualitätssicherung, Evaluation Krisenprävention
NICHT WICHTIG	❸ bestimmte Telefonate Pausenaufsicht Listen abgeben Anmeldungen einsammeln Unterschriften kontrollieren Klassenbuch auf dem laufenden halten Ansuchen rechtzeitig abliefern	❹ Plauderei und Plausch Geschäftigkeit unnütze Besprechungen manche Telefonate und Korrespondenzen Intrigenspiele sich »Zeitdieben« widmen ...

Abb. 10: Wichtigkeit und Dringlichkeit schulischer Aktivitäten

LehrerInnen verbringen ihre Zeit in unterschiedlicher Gewichtung in einem der vier Quadranten, die exemplarisch in der Skizze im Hinblick auf mögliche Aktivitäten ausdifferenziert werden. Die meisten agieren vorrangig in den Quadranten ❶ und ❸ (Bereich Dringlichkeit) und flüchten manchmal zu den nicht wichtigen und nicht dringlichen Aktivitäten des Quadranten ❹ (»Zeitfresser«). Dringliche Dinge stellen eine unmittelbare Belastung dar, weshalb auf sie gewöhnlich sensibel reagiert wird. Für die erfolgreiche Entwicklung einer Schule ist es wichtig, sich auch mit jenen Aktivitäten zu befassen, die keinem unmittelbaren Handlungsdruck folgen. Weil sie nicht dringlich sind, werden sie oft nicht getan. Eine aktive Schule muß früh genug Vorsorge treffen und die wichtigen Dinge tun, nicht (nur) die dringlichen. Das läßt sich am Beispiel »Krisen« aufzeigen. Wird die »Prävention gegen Krisen« aus Quadrant ❷ vernachlässigt, dann werden ständig »Krisen« in Quadrant ❶ das institutionelle Leben bestimmen. Aus den Erfahrungen mit dem Berufsalltag von SchulleiterInnen ergibt sich immer wieder ein unverhältnismäßig hoher Anteil an dringlichen, aber nicht wichtigen Aufgaben, die weitgehend das Tagesgeschäft ausmachen. Die langfristigen wichtigen Dinge kommen dabei zu kurz (vgl. Fischer/Schratz 1993).

Klärungshilfen als Wegweiser

In vielen Kollegien hat sich im Laufe der Jahre eine bestimmende Konstellation entwickelt, die das Beziehungssystem in hohem Maße beeinflußt. Oft sind es gegensätzliche Positionen, die unvereinbar erscheinen und dadurch zu Beziehungskämpfen in der Mikropolitik von Schule führen. Dahinter stehen bestimmte *Werthaltungen* und *Meinungen*, die einer gemeinsamen Entwicklung der Schule im Wege stehen.

Da ist zum Beispiel eine Junglehrerin, die, motiviert durch die Anregungen der Ausbildung, alles anders machen will. Sie findet noch ein paar KollegInnen, die sich von ihrem Engagement angesteckt fühlen und die Schule »weiterbringen« möchten. Ihnen gegenüber haben sich die »gestandenen« LehrerInnen positioniert, die ihre

Ruhe haben und nicht schon wieder etwas Neues beginnen wollen. Ihre Argumente *»Das haben wir alles schon einmal gehabt!«* oder *»An uns sind schon mehrere Reformen vorbeigegangen!«* wirken wie »Killerphrasen« und machen jede weitere Auseinandersetzung zu einem Glaubenskrieg.

Daneben gibt es im Kollegium auch unterschiedliche *Persönlichkeitstypen*, die in Entwicklungssituationen zum Beziehungskampf führen können. Da ist zum Beispiel die Lehrerin, die sich in jeder Konferenz emotional verausgabt, wenn es um die Situation der SchülerInnen oder das Klima an der Schule geht. Ihr gegenüber argumentieren Kollegen emotionslos über die anstehenden Inhalte und finden diese »Gefühlsduselei« fehl am Platz. Ihrem Verständnis nach geht es vor allem darum, rasche Entscheidungen zu treffen, und meist setzen sie sich auch durch, denn die Schule wird gewöhnlich über jene Aktivitäten gesteuert, die im Quadranten ❶ (Abb. 10) angesiedelt sind.

Wenn sich die Schule entscheidet, im Quadranten ❷ an ihrer Entwicklung zu arbeiten, müssen die Voraussetzungen geschaffen werden, daß die zum Teil erstarrten Positionen im Kollegium diesem Vorhaben nicht im Weg stehen. Dazu bietet sich als Klärungshilfe ein theoretisches Bezugssystem an, das Christoph Thomann und Friedemann Schulz von Thun (1988) auf der Grundlage der Persönlichkeitstheorie von Fritz Riemann (1974) erstellt haben. Ihr Modell unterscheidet vier Grundstrebungen, die für die meisten Menschen mehr oder weniger zutreffen. Sie lassen sich in Form von jeweils zwei Gegenpolen darstellen, die auf einer Raum- und Zeitachse liegen.

Die vier Grundtendenzen treffen für den einzelnen in einem unterschiedlichen Verhältnis zu: Je extremer das Grundbedürfnis ausgeprägt ist, desto weiter ist es vom Nullpunkt (Mitte des Fadenkreuzes) entfernt. Menschen, die sich nach *Nähe* sehnen, haben »das Bedürfnis nach Zwischenmenschlichem, sozialen Interessen, Geborgenheit, Zärtlichkeit, ebenso nach Bestätigung und Harmonie, Mitgefühl und Mitleid,

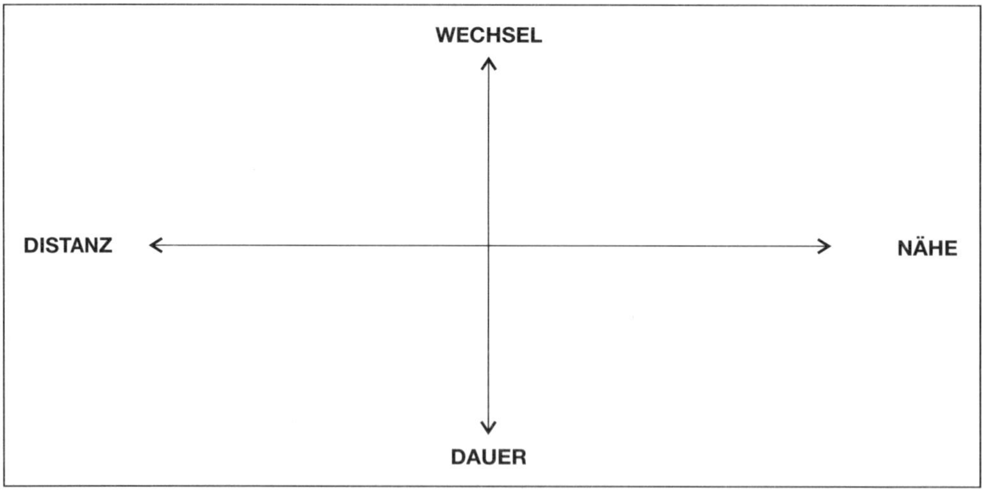

Abb. 11: Die vier Grundtendenzen nach Thomann/Schulz von Thun (1988)

Selbstaufgabe« (Thomann/Schulz von Thun 1988, 149). Bedürfnisse nach *Distanz* sind vom Wunsch nach Abgrenzung, Freiheit und Unabhängigkeit geprägt.

Dem Pol, der die Dauer markiert, liegt der Wunsch nach dem Überdauernden zugrunde. »Die Sehnsucht nach Dauer und der Wunsch nach Verläßlichkeit und Ordnung aktivieren im Menschen Grundtendenzen, die mit folgenden Begriffen umrissen werden können: Planung, Vorsicht, Voraussicht, Ziel, Gesetz, Theorie, System, Macht, Wille und Kontrolle« (Thomann/Schulz von Thun 1988, 149). Der Tendenz zum Wechsel entspricht demgegenüber das Bedürfnis nach Abwechslung, Spontaneität, Eroberung von Unbekanntem, Abenteuer und Wagnis.

Wilfried Schley (1994) hat diese »Persönlichkeitslandkarte« auf die Ebene der Organisation umgelegt, die als lebendiger Organismus durch dieselben Grundbedürfnisse geprägt ist. Dabei ordnet er den einzelnen Quadranten, die sich im Sinne eines Koordinatensystems ergeben, die in Abbildung 12 dargestellten Bedürfnisse zu.

Schley geht davon aus, daß eine funktionierende Organisation durch eine dynamische Balance der vier Grundorientierungen gekennzeichnet ist. Ist ein Quadrant im Kollegium einer Schule überrepräsentiert, kann es zu einer Blockierung (Abwehr der »Gegenqualität«) kommen. Thomann und Schulz von Thun (1988, 170) gehen in ihrer (therapeutisch motivierten) Klärungshilfe davon aus, daß die Annäherung der gegensätzlichen Rolle über sogenannte »Umwegschlaufen« erfolgt, d.h., daß eine befriedigende Begegnung der unterschiedlichen Bedürfnisse selten vom »Stammgebiet« zur Mitte erfolgt, sondern zuerst vom anderen weg, »bis von sich aus das Bedürfnis besteht, sich dem Nullpunkt und damit dem anderen anzunähern«.

Für die Schule bedeutet dies, die Standpunkte der einzelnen Positionen ernst zu nehmen und als notwendige Qualität einer Organisation anzusehen. Sie sollen im Rahmen des Entwicklungsprozesses die Möglichkeit der Entfaltung haben, was durch entsprechendes *Change Management* erfolgen kann. Dieses stützt sich nicht nur auf

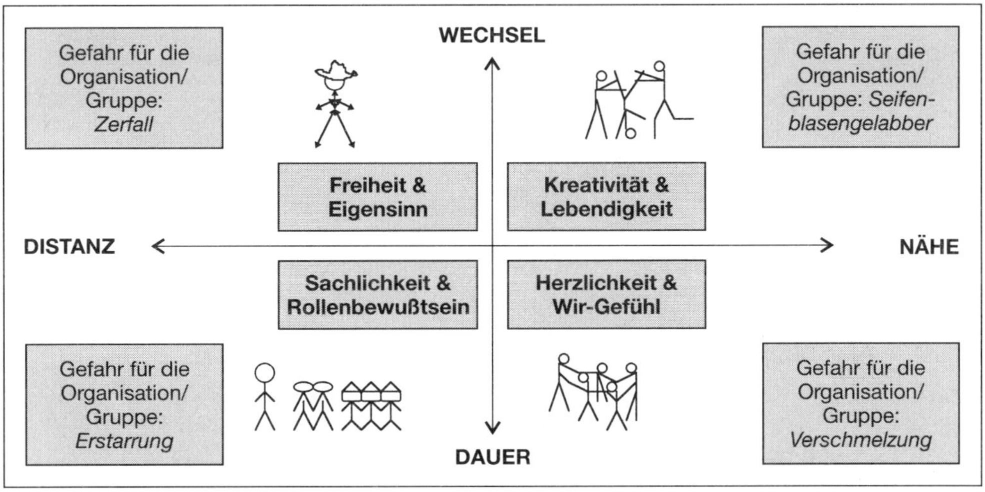

Abb. 12: Die vier Grundqualitäten in Organisationen (nach Steiner-Löffler 1996)

Persönlichkeitsmomente wie *Glaubwürdigkeit* und *Vertrauen*, sondern setzt auch entsprechende Fähigkeiten im Bereich *strategischer Kompetenz* (komplexe Zusammenhänge als dynamische Vorgänge verstehen und daraus praktisch wirksame Konsequenzen ableiten) und *sozialer Kompetenz* voraus. Doppler und Lauterburg (1994, 59) erachten im Zusammenhang mit letzterer zwei Begriffe als besonders wichtig:

> »Zum einen die sogenannte *Prozeß-Kompetenz* – die Fähigkeit, Informationsprozesse, Entscheidungsvorgänge und Arbeitsschritte sorgfältig auf das Aufnahmevermögen und die Lernkurve von Menschen und Gruppen abzustimmen. Zum andern die sogenannte *Chaos-Kompetenz* – die Fähigkeit, in akuten Konflikt- und Krisensituationen, wenn alles drunter und drüber geht, ruhig Blut zu bewahren und handlungsfähig zu bleiben. Chaos-Kompetenz ist nicht lediglich eine Frage der Belastbarkeit. Sie hat wesentlich mit der Fähigkeit zu tun, gut zuzuhören und auf Menschen einzugehen. Und sie hat zu tun mit ›Urvertrauen‹ in die Selbststeuerungsfähigkeit von Menschen und Gruppen – oder, anders ausgedrückt, dem intuitiven Wissen, daß die ›chaotische‹ Situation nicht ein sinn- und heilloses Durcheinander darstellt, sondern lediglich einen Grad der Komplexität aufweist, der sich im Moment unserer Bewältigung entzieht.«

Derartige Kompetenzen lassen sich allerdings nicht von heute auf morgen erreichen. Schulentwicklung braucht eine langfristige Perspektive! Sie beginnt dort, wo wir mit Widerstand gegen Veränderung konfrontiert sind (*Dauer*) und diesen ernst nehmen. Dahinter stehen individuelle und kollektive Glaubenssätze, die sich nicht durch Druck verändern lassen, sondern als Eigenwert einmal akzeptiert werden müssen. Wie sich dafür ein neuer Bezugsrahmen zur positiven Bewertung finden läßt, kann nicht allgemein formuliert werden. Hier verlieren sich die Wege am jeweiligen Schulstandort. Einen davon habe ich anläßlich eines Schulbesuchs an der Joseph-DuMont-Schule in Köln gefunden, die – in Abänderung einer aktuellen Werbeeinschaltung in den Medien – mit folgendem »Reframing« für Innovation wirbt[1]:

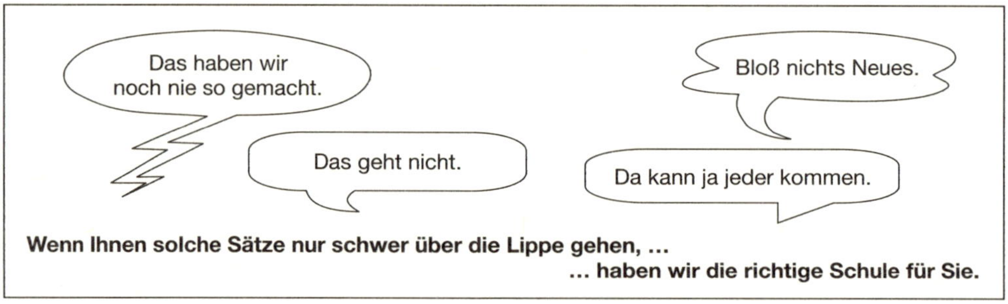

Aussagen dieser Art sollten aber nicht einfach als »Killerphrasen« abgetan werden, sondern – im Sinne des Metamodells von Sprache (vgl. Fischer/Schratz 1993, 44ff.) – als Impulsgeber für Schulentwicklung aufgegriffen werden. Diese Auseinandersetzung kann dazu beitragen, Veränderung als aktiven Prozeß zu verstehen, der aus *»Rezipienten«* von Unterrichtswissen aktive Träger der Gestaltung einer neuen Lernkultur

1 Ich danke Wolfgang Hardenacke, daß er mir seinen »Werbetext« zur Verfügung gestellt hat.

macht. Im Schulsystem ist der Schritt zur Selbstentwicklung nicht einfach, da das Abweichen von »sicheren« Unterrichtsvorgaben vielfach bedrohlich wirkt, zumal die Reaktionen der SchülerInnen oft nicht kalkulierbar sind. Daher ist es hilfreich, sich mit der Dynamik von Veränderungsprozessen auseinanderzusetzen, um die Möglichkeiten und Grenzen der eigenen Einflußnahme realistisch einschätzen zu können. Doppler und Lauterburg (1994, 55f.) gehen von folgenden Erkenntnissen aus:

1. Es ist *immer alles in Bewegung*: Veränderung stellt den Normalzustand dar, d.h., Wandel ist das einzige, das Bestand hat.
2. *Veränderungen sind Auswirkungen von Kraftfeldern.* Es sind immer entsprechende Kräfte oder Energiefelder wirksam, welche die (Nicht-)Veränderung eines Zustands bewirken. Nur wer die Kraftfelder in der Mikropolitik der Schule kennt und die Energieströme versteht, kann steuernd eingreifen.
3. *Veränderungen in einem sozialen Gefüge sind das Resultat divergierender Interessen und Bedürfnisse.* »Emotionen – Ausdruck individueller und kollektiver Interessen und Bedürfnisse – sind es, die in menschlichen Organisationen etwas bewegen. Liebe oder Haß, Geld oder Macht, Anerkennung oder Selbstverwirklichung. Sie sind die eigentlichen Drahtzieher hinter dem Geschehen auf der Bühne« (Doppler/Lauterburg 1994, 56).
4. *Notwendige Veränderungen finden immer statt – die Frage ist lediglich, auf welchem Wege.* Veränderungen lassen sich nicht verhindern. Verhinderungen führen lediglich zu Verzögerungen, wenn eine Entwicklung fällig ist.
5. *Sinnvolle Einflußnahme bedeutet, notwendige Entwicklungen rechtzeitig zu erkennen, konsequent zu fördern und sozial verträglich zu gestalten.* Diese wichtige Funktion des »change agent« soll dazu beitragen, daß notwendige Entwicklungen wie in einem lebendigen Organismus für alle Beteiligten spürbar werden (vgl. Pechtl 1991).

Zur Umsetzung dieser Überlegungen im Rahmen von Schulentwicklung ist es notwendig, unter den Betroffenen ein gemeinsames Verständnis von neuer Lernkultur zu schaffen und den Prozeß der Auseinandersetzung selbst als unverzichtbare Grundlage für die geplanten Maßnahmen zu sehen. Denn ein wichtiges Merkmal von Schulkultur ist Kommunikation und Reflexion. Doch eines ist zu bedenken: Stets gilt es, die (in Kapitel 1.3 beschriebenen) widersprüchlichen Anforderungen an das System Schule und die daraus erwachsenden Dilemmata zu berücksichtigen, die sich nicht ein für allemal kommunikativ lösen lassen, sondern im Veränderungsprozeß immer wieder strukturell wirksam werden. Sie stellen hohe Ansprüche an die Problemlösungskapazität einer Schule, für die das schulinterne Management eine Schlüsselrolle innehat (vgl. Fischer/Schratz 1993). Darüber hinaus können externe BeraterInnen für Schulentwicklung als Partner wertvolle Unterstützung bei der Anbahnung einer neuen Schul- und Lernkultur bieten. Daß ein solche Kulturerneuerung durchaus eine reizvolle Herausforderung sein kann, sollen die Beispiele im zweiten Kapitel belegen.

Kapitel 2
Beispiele für eine neue Kultur des Lehrens und Lernens

2.1 Gullivers Reise in den Mathematikunterricht: Lehren und Lernen auf alternativen Wegen

Gemeinsam mit Hugh Mehan.[1]

2.1.1 Interaktionsmuster im Unterricht

Was in traditionellen Unterrichtsstunden vorgeht, läßt sich anhand einiger altbekannter Merkmale charakterisieren: Als ein Agent des Staates und Repräsentant der Gesellschaft ist der Lehrer/die Lehrerin primär dafür zuständig, seine/ihre Lehr- und Bildungsaufgabe zu erfüllen, Unterrichtsstunden zu leiten und die Schülerströme zu lenken. Diese Funktion wird auch in der Struktur des Unterrichtsdiskurses sichtbar: LehrerInnen initiieren Aktivitäten, die SchülerInnen reagieren auf die Lehrerimpulse, und die LehrerInnen bewerten die Reaktionen. Die Allgegenwart eines solchen Musters, von dem als »default condition« bereits die Rede war (vgl. Kapitel 1.2!), hat ForscherInnen dazu angeregt, Unterrichtsstunden als Endlosschleife von Frage-Antwort-Bewertungs(I-R-E[2])-Sequenzen zu bezeichnen (Cazden 1988; Edwards/Mercer 1987; Mehan 1979; Sinclair/Coulthard 1975).

Elizitationen, die vorherrschenden Sprechakte in den Unterrichtsstunden, sind oft Fragen, deren Antworten bereits bekannt sind (Cazden 1988; Labov/Fanschel 1977; Mehan 1979; Searle 1969). LehrerInnen weisen den SchülerInnen abwechselnd die Möglichkeit zu, sich zu melden, und erfragen von ihnen Informationen über Inhalte, die sie, die Lehrenden, bereits wissen. Wenn eine solche »typische Lehrerfrage« gestellt wird, weiß die Person, die fragt, bereits die Antwort und überprüft lediglich das Wissen des/der Respondierenden – ganz im Gegensatz zu einer authentischen Frage, in der die fragende Person die Information nicht kennt, diese aber von dem/der Gefragten erwartet.

Die kognitive Leistung, die durch Fragen, deren Antwort bereits bekannt ist, erreicht wird, ist meist sehr gering. Erinnerung und Wiederholung sind die modal-ko-

1 Dieser Abschnitt entstand anläßlich eines einjährigen Aufenthalts an der University of California, San Diego, in Zusammenarbeit mit Hugh Mehan, dem Leiter des Teacher Education Program an der UCSD. Eine erste Version erschien in *International Journal of Educational Research*, 1993, in englischer Sprache.

2 I-R-E: Initiation – Response – Evaluation.

gnitiven Prozesse, die in dieser Art von Diskurs involviert sind. Darüber hinaus bewertet der Lehrer/die Lehrerin die Antworten von SchülerInnen auf derartige Fragen, was den pädagogischen Diskurs von dem im »tatsächlichen« Leben zu führenden abhebt. Die heimliche »Transfertheorie«, die dem herkömmlichen Unterrichtsdiskurs zugrunde liegt, geht davon aus, daß das Inhaltsproblem genügend Kontext für pädagogische Aufgaben bietet. Lave (1988) charakterisiert diesen Lerntransfer folgendermaßen:

> »Extraction of knowledge from the particulars of experience, of activity from its context, is the condition for making knowledge available for general application in all situations. Schooling reflects these ideas at a broad organizational level, as it separates children from the contexts of their own and their families' daily lives. At a more specific level, classroom tests put the principle to work: they serve as the measure of individual, ›out of context‹ success, for the test-taker must rely on memory alone and may not use books, classmates, or other ressources for information. Arguably examinations are also condensed, symbolic, ritual ordeals which inculate the essence of the theory« (Lave 1988, 8f.).

Da SchülerInnen in (fast) allen Fächern über derartige pädagogische Muster, nämlich über die Beantwortung bereits bekannter Informationsfragen, sozialisiert werden, sind sie gezwungen, sich bald nach dieser Art von entkontextualisiertem Lernen auszurichten, um gute Noten für ihr institutionelles Fortkommen zu erhalten. Daher müssen die SchülerInnen die Konventionen von Fragen, deren Antworten bekannt sind, von solchen Fragen, die nach einem tatsächlichen Informationszuwachs streben, unterscheiden und die übliche Form der Bewertung adaptieren, um im herkömmlichen Unterricht erfolgreich interagieren zu können. Dies hat vor allem für SchülerInnen aus unterschiedlichen ethnischen Gruppen und mit niedrigem sozialen Status zu pädagogischen Schwierigkeiten geführt (Erickson/Mohatt 1982; Phillips 1982; Barnhart 1982; Heath 1983).

Der Unterrichtsdiskurs, den wir gerade beschrieben haben, beherrscht die Kultur der meisten Klassenzimmer. Er ist quer durch die Vereinigten Staaten erforscht (Collins 1986; Green/Harker 1982; Mehan 1979; McDermott 1976), in England (Edwards/Mercer 1987; Sinclair/Coulthard 1975; Barnes 1976; Stubbs/Delamont 1976), Australien (Malcolm 1980), Frankreich (Anderson/Levit 1981, 1987), den früheren Kolonien von Frankreich (Levin 1977), Österreich (Schratz u.a. 1983) und sogar in den westlich beeinflußten Schulen in Papua-Neuguinea (Miller-Souviney 1981). Welche unterschiedlichen Einflüsse sind es nun, die diese Grundeinstellung zum allgegenwärtigen Muster von Klassendiskurs machen und den LehrerInnen die Entscheidung für die Verwendung alternativer Sprachmuster und anderer Formen der Unterrichtsorganisation so sehr erschweren?

- Der Einfluß der Tradition und der früheren Schulerfahrungen von LehrerInnen und SchülerInnen;
- der Druck von Schulleitung und Schulaufsicht, die Ruhe und Ordnung erwarten und angesichts der Stoff(über)fülle eine knappe Kalkulation der Zeit, die für bestimmte Aufgaben verwendet wird, fordern;
- der Wunsch der Öffentlichkeit nach Resultaten, die leicht vergleichbar sind und das quantitative Abprüfen von Leistungen unterstützen (vgl. Schratz 1994).

Allerdings können LehrerInnen einzeln oder besser gemeinsam alternative Wege gehen. Unterschiedliche pädagogische Zielsetzungen erfordern unterschiedliche Interaktionsmuster. Beispielsweise erfordert eine schülerorientierte Diskussion – im Kontrast zum Wiederholen zwecks Überprüfung des Erinnerten –, daß sich die Kontrolle des Gesprächsverlaufs durch den Lehrer/die Lehrerin in der Geschwindigkeit einer solchen (vergleichsweise langsameren) Kommunikationsform anpaßt (Kurtz 1988)! Der Einsatz derartiger Alternativen erleichtert es dem Lehrer/der Lehrerin, dabei unterschiedliche soziokulturelle Voraussetzungen der SchülerInnen zu berücksichtigen (Au 1980; Heath 1982, 1983; Erickson/Mohatt 1982; Phillips 1982; Barnhart 1982; Foster 1989; Tharp/Gallimore 1989; Puchta/Schratz 1992). Die genannten Studien legen Zeugnis davon ab, daß selbst die allgegenwärtige *default condition* verändert werden kann, und das ist auch das Anliegen dieses Kapitels. Darin wollen wir beschreiben, wie ein Lehrer in seinem Unterricht einen alternativen Diskurs einschlägt. Daß wir uns hier auf eine einzelne Unterrichtsstunde konzentrieren, ermöglicht es uns, genauer auf die tatsächlichen Interaktionen zu schauen, die zwischen dem Lehrer und seinen SchülerInnen und zwischen den SchülerInnen untereinander ablaufen. Diese interaktiven Prozesse zeigen nicht nur die Wirkung von interpersonal verwendetem Wissen in einem institutionellen Rahmen, sondern sie machen auch die Probleme deutlich, auf die ein Lehrer stoßen kann, wenn er versucht, die Kluft zwischen tatsächlichen Lebenserfahrungen und der Wissensanwendung und dem Wissenstransfer im Unterricht zu überbrücken.

Indem wir hier einen alternativen Zugang zum Mathematikunterricht präsentieren, versuchen wir mehreren Zielen gerecht zu werden: Einerseits wollen wir die politischen Stimmen zufriedenstellen, die höhere Standards in den technischen und mathematischen Kenntnissen der SchülerInnen fordern und zugleich für deren Erziehung zu kritischem und unabhängigem Denken auch im mathematisch-naturwissenschaftlichen Bereich plädieren. Andererseits wollen wir all jene herausfordern, die in Theorie und Praxis der Pädagogik argumentieren, kooperative Lernarrangements seien eher nur in den »Nebenfächern« möglich und nicht für die »harten« Gegenstände geeignet.

2.1.2 Gulliver im Mathematikunterricht[3]*: Dokumentation einer ungewöhnlichen Mathematikstunde*

Der institutionelle Kontext

Die Ausschnitte der hier vorgestellten Mathematikstunde haben wir einem Videoband von fünfzig Minuten Länge entnommen, das in Innsbruck, einer mittelgroßen österreichischen Stadt, hergestellt wurde. Es handelt sich um SchülerInnen der 1. Klasse eines Gymnasiums (5. Schulstufe) aus großteils Mittelschichtmilieu. 36 SchülerInnen waren in der Klasse anwesend, als diese Stunde aufgenommen wurde. Wir haben sie unter

3 Wir danken Peter Awecker dafür, daß er uns über die Videoaufzeichnung hinaus mit wichtigen Informationen über den Hintergrund seiner Stunde versorgt hat. Die Grafiken in diesem Abschnitt stammen von Petra Happacher.

anderem deshalb dokumentiert, weil der Lehrer dafür bekannt ist, einen unkonventionellen Mathematikunterricht zu praktizieren, der dem im Kapitel 2.1.1 beschriebenen Muster entgegenläuft. Wie er selber ausführte, hatte er die aufgezeichnete Stunde nicht anders vorbereitet und unterrichtet, als er es üblicherweise tut.

Ursprünglich sollte diese Videoaufzeichnung neben einer Reihe von Stundenmitschnitten aus anderen Gegenständen einem sehr unbefriedigenden Zustand zu Leibe rücken, der den Lehramtsstudierenden – das sind jene Studierenden, die sich auf eine Lehrtätigkeit an österreichischen Gymnasien vorbereiten – an der Universität Innsbruck große Probleme bereitete: Es herrschte akuter Mangel an zeitgemäßem Anschauungsmaterial, das den Studierenden das Kennenlernen und Reflektieren authentischer Unterrichtssituationen und damit die behutsame Annäherung an die eigene Lehrtätigkeit hätte ermöglichen können. Die übergeordnete Zielsetzung dieses Videoprojekts bestand also darin, für Lehramtsstudierende ein Fenster in die Unterrichtspraxis zu öffnen, bevor sie selbst ihre ersten Schritte in der Praxis taten. Zu diesem Zweck wurde der Unterricht mehrerer Klassen in unterschiedlichen Schulen und Schulstufen auf Video aufgezeichnet und das Ergebnis zu kurzen Sequenzen von jeweils einer halben Stunde zusammengeschnitten. Im Lehrerausbildungskurs werden diese Videoaufzeichnungen hauptsächlich für die Schulung der Unterrichtsbeobachtung verwendet, wobei dem Aufbau der Stunde weniger Gewicht beigemessen wird als dem Lehrer- und Schülerverhalten.

Um eine genauere Kenntnis der Mathematikstunde, die hier vorgestellt wird, zu erhalten, griffen wir auf die nicht edierten Videobänder zurück, die zunächst transkribiert wurden. Unvollständige Sätze, Wiederholungen u.ä. wurden in der Transkription berücksichtigt, lokale oder persönliche Akzente in der Aussprache allerdings ins Hochdeutsche übertragen.

Die Gesamtorganisation

Die Mathematikstunde, die hier vorgestellt wird, ist Teil einer Reihe von Unterrichtsstunden, die auf *Gullivers Reisen* von Jonathan Swift basieren, einer der populärsten Erzählungen aus der ersten Hälfte des 18. Jahrhunderts. Swift, der große englische Satiriker, hat das Buch 1726 anonym veröffentlicht; es war sehr kritisch gegenüber Großbritannien, insbesondere was die Whigs und deren Politik betraf, aber auch gegenüber der für die damalige Zeit neuen Naturwissenschaft. *Gullivers Reisen*, vor allem die erste Geschichte, *Eine Reise nach Liliput*, ist gegen die Intention des Autors zu einem klassischen Kinderbuch geworden, das Stoff für schriftliche Bearbeitungen und Fernsehsendungen liefert. Es ist wohl nicht so sehr wegen seiner Sozialkritik populär, sondern wegen der unsterblichen Geschichte, die es erzählt und die dem Motiv der »verkehrten Welt« verwandt ist. Die darin vorkommenden extremen Größenrelationen und andere handlungstragende mathematische Aspekte regten den Mathematiklehrer dazu an, den Text in seiner Stunde zu verwenden.

Die Unterrichtsstunde hat vier Teile: Teil 1 und 3 finden in der Gesamtklasse statt, Teil 2 und 4 werden im Kleingruppenunterricht durchgeführt. Im ersten Teil läßt der Lehrer die SchülerInnen die wichtigsten von ihnen bisher gesammelten Informationen über Gulliver rekapitulieren, nachdem sie die erste Geschichte von *Gullivers Reisen* im Deutschunterricht gelesen und als Hausaufgabe in der ersten Person zusammengefaßt hatten, und zwar in der Gegenwart, aus Gullivers Perspektive. Dieser Wechsel von der indirekten zur direkten Rede war ein Versuch der Deutschlehrerin, die SchülerInnen und den Text näher zusammenzuführen. Als Vorbereitung auf den Mathematikunterricht hatte der Lehrer zwei kopierte Seiten mit Zitaten aus dem Originaltext, in denen mathematische Inhalte vorkamen, an die SchülerInnen ausgeteilt und sie gebeten, diese für die Mathematikstunde vorzubereiten (vgl. beispielsweise das Zitat auf Seite 52, »Gegen Abend ...«).

Im zweiten Teil arbeiteten die SchülerInnen in Kleingruppen. In diesem sozialen Arrangement hatten sie Fragen zu formulieren, die sich inhaltlich auf die *Gulliver*-Zitate bezogen. Nachdem die SchülerInnen in den Gruppen eine Liste von interessanten Fragen zu den ausgeteilten Textpassagen formuliert hatten, bat er sie, wieder in die Plenarsituation der Klasse zurückzukehren und die Ergebnisse zu präsentieren. In dieser Plenarphase (Teil 3) wurden die Fragen in der Klasse laut vorgelesen und nach kurzer Diskussion vom Lehrer an der Tafel gesammelt. Sie bildeten die Grundlage für die nächste Phase der Gruppenarbeit (Teil 4): Mit Hilfe von Swifts Text mußten die SchülerInnen die richtigen Antworten auf die aufgelisteten Fragen finden.

In der Folgestunde, die hier nicht weiter behandelt wird, wurden die einzelnen Gruppenergebnisse verglichen und in einem Schlußplenum gemeinsam diskutiert. Der Lehrer faßte die mathematischen Erkenntnisse zusammen und stellte die Beziehung zu den entsprechenden Mathematikaufgaben im Schulbuch her, das in der Klasse verwendet wird.

Im weiteren Verlauf seines Unterrichts hat der Lehrer übrigens noch öfter auf die Erfahrungen und Erkenntnisse aus der Geschichte von Gulliver zurückgegriffen, und Teile davon flossen selbstverständlich auch in die Aufgabenstellungen der Schularbeiten ein. Im Laufe des Schuljahres wurden außerdem weitere Geschichten aus *Gullivers Reisen* im Mathematikunterricht behandelt, insbesondere Gullivers Besuch bei den Riesen, wo sich bekanntlich die aus dem Liliputkapitel vertrauten Relationen für Gulliver umkehren.

Realitätsbezüge aufspüren

Die besondere Qualität dieser Stunde liegt in ihrer Vielschichtigkeit, Alltagsbezüge finden sich gleich auf mehreren Ebenen, ebenso Verbindungen zur fiktiven Welt Swifts, und auch die Einbindung in die Unterrichtssphäre ist eine mehrfache:

- Da ist zunächst die Verbindung zum täglichen Leben, zu den gelebten Erfahrungen der Kinder. In ihrem Alltag haben die SchülerInnen eher ein praktisches, weniger ein analytisches Interesse (Schutz 1962). Sie kennen zwar Informationen über Maße, Vergleiche, Relationen und ähnliches aus ihrer Alltagserfahrung, allerdings werden sie dort nicht unbedingt Analysen durchführen.
- Der zweite Bereich ist Jonathan Swifts Welt, die Welt, die der Autor geschaffen hat, als er *Gullivers Reisen* schrieb, und diese Welt hat auch mehrere Ebenen. Vorder-

gründig erfahren wir die erstaunliche Geschichte einer Person, die ein einzigartiges fremdes Volk trifft; unter der Oberfläche ist es eine Satire auf England und seine politischen Institutionen wie auch auf die neue Naturwissenschaft der damaligen Zeit.

- Wieder andere Ebenen lassen sich innerhalb der Unterrichtssphäre entdecken: Erinnern wir uns, die Geschichte ist in einer Deutschstunde eingeführt worden; im Fach Deutsch muß die Lehrerin bestimmte pädagogische Lehrziele erreichen, die hauptsächlich mit der Kenntnis von Grammatik, Aussprache und mit Fertigkeiten im Zuhören, Reden, Lesen und Schreiben zusammenhängen. Die Implikationen von Gullivers Geschichte für den Mathematikunterricht sind für die Zielsetzung der Sprachlehrerin zwar nicht relevant, haben allerdings auf der Makroebene von Unterricht für die SchülerInnen eine Bedeutung. Der Umkehrschluß vom sprachlichen Bereich zur Welt der Mathematik ist hingegen nicht zulässig: Der Mathematiklehrer hat für seine Zwecke eine Welt konstruiert, in der mathematische Probleme gelöst werden müssen; in diese Sphäre gehört »unsere« Stunde, und ein besonderer Aspekt davon ist, daß ein literarischer Text, »*Gullivers Reisen*«, in einen mathematischen Kontext transformiert wird.

Um die Stundenziele zu erreichen, müssen die SchülerInnen sich zwischen all diesen Ebenen hin- und herbewegen. Nur indem sie Informationen aus ihrer eigenen Welt einbringen, können sie das Problem innerhalb der mathematischen Welt lösen. Dies inkludiert ihre »wirkliche Welt«, d.h. ihre Erfahrung und ihr Wissen, daneben aber auch Informationen, die in Swifts Geschichte enthalten sind. Sie haben den Text zwar gelesen, aber nicht vor dem Hintergrund einer mathematischen Aufgabenstellung. Die Verwendung von Swifts Geschichte stellt besondere Ansprüche an die SchülerInnen. Sie müssen mathematische Größen umwandeln, etwa von Zoll in Meter, und weitere Operationen durchführen, um von einem System des 18. Jahrhunderts in das des 20. zu gelangen, das ihrem Erfahrungshorizont entspricht. Diese Transformationen bringen den SchülerInnen wertvolle Erkenntnisse, etwa daß die Mathematik nicht ein völlig konstantes oder statisches System ist. Sie lernen, daß sich auch das System im Laufe der Zeit über den Bruch von Konventionen verändert hat und daß selbst mathematische Kenntnisse nicht unbedingt ewiggültige Konstanten darstellen.

Sobald die SchülerInnen aus ihrer Deutschstunde in den Mathematikunterricht (erster Teil) überwechseln, treten bestimmte Fragestellungen vom Hintergrund in den Vordergrund. In der Deutschstunde liegen mathematische Probleme im Hintergrund, wenn nicht überhaupt außerhalb des Aufmerksamkeitsbereichs der SchülerInnen. Derartige Textdimensionen kommen erst in der Mathematikstunde zum Vorschein, wenn der Lehrer den SchülerInnen Fragen stellt, die mathematische Aspekte der Geschichte betreffen. Um darauf antworten zu können, müssen sie allerdings auf den Hintergrund des Textes zurückgreifen. Der Erfolg dieses Bemühens hängt davon ab, wie ihnen die entsprechenden Passagen zum Aushandeln mehrerer Interpretationen zugänglich gemacht werden. Der folgende Ausschnitt illustriert exemplarisch, wie mathematische Probleme in Swifts literarischem Text enthalten sind:

»Gegen Abend gelangte ich mit einiger Schwierigkeit in mein Haus, und legte mich dort auf den Boden nieder. Dies mußte ich ungefähr vierzehn Tage lang thun, während welcher Zeit auf Befehl des Kaisers ein Bett für mich zugerichtet wurde. Sechshundert Betten von gewöhnlichem Maß wurden in mein Haus gebracht und dort bearbeitet; hundertundfünfzig Betten, zusammengenäht, bildeten die Länge und Breite einer Matratze; vier davon wurden übereinander gelegt, waren mir aber noch immer nicht bequem genug, wegen der Härte des Fußbodens von poliertem Stein. In demselben Verhältnis wurde ich mit Kissen, Betttüchern und Decken versehen, die mir so ziemlich erträglich schienen, da ich so lange an Strapazen jeder Art gewöhnt gewesen war« (Swift 1721 [1980], 20).

Im zweiten Teil der Stunde versucht jede Gruppe, für sie bedeutsame Fragen aus der Passage herauszuarbeiten. Die folgende Transkription zeigt, wie die SchülerInnen einer Gruppe sich bemühen, Übereinstimmung in der Formulierung der relevanten Frage zu erreichen.

Sabine:	Jetzt sind wir ja bei fünf. Also. Da steht ja …
Caroline:	Richtige Breite und Länge.
Sabine:	… und vierfach aufeinandergelegt. Da steht, vierfach aufeinandergelegt, Breite und Länge …
Caroline:	Wart einen Moment …
Sabine:	Da schau, (zeigt) Länge und Breite.
Caroline:	100 Matratzen ergaben zusammen die Länge und Breite, genäht und vierfach aufeinandergelegt, die richtige Breite und Länge.
Birgit:	600.
Caroline:	Wieviel, na, die Länge und Breite, wie groß ist das Bett, oder?
Bettina:	Wie groß ist dann das Bett?
Sabine:	Ja, genau, wie groß ist das Bett?
Caroline:	Wie groß ist dann das Bett?
Bettina:	Ja.
Caroline:	Dennoch genügte es nicht. Was genügte nicht?
Bettina:	Ja, das Bett, oder, ich meine, die Leintücher, so aufeinandergelegt.
Sabine:	Ja, mmh … Also, nachher …
Birgit:	Schau'n wir mal auf der nächsten Seite?
Caroline:	Nein.

Die SchülerInnen bedienen sich ihres Alltagswissens, um die Form des Bettes (267–271), die Breite und Länge als Referenzpunkt in ihrem Verhandlungsprozeß verwenden zu können (272ff.). Die einzelnen SchülerInnen greifen unterschiedliche Formen der Evidenz aus dem Text (267–269, 272–275) heraus, um ihr lebensweltliches Wissen und das zugrundeliegende Problem zur Deckung zu bringen. Auf die tatsächliche Größe von Gullivers Bett ist nur implizit in den Zahlen, die sich auf den Text beziehen, verwiesen (268f., 274f.), sie muß über den Hinweis auf die Referenz des »common measure« (im Originaltext) erarbeitet werden.

Daher kommen die SchülerInnen bald zu einer Übereinstimmung bei der Frage, »… wie groß ist das Bett?« (276–280). Diese Frage bezieht sich allerdings lediglich auf die Oberfläche des Bettes, nicht jedoch auf seine Stärke. Die scheint nämlich dem Gulliver Probleme geschaffen zu haben, weil er sich darüber beschwert, daß er durch den harten Boden leiden würde. Deshalb glaubt Bettina, daß das Oberflächenmaß noch nicht ge-

nug sei (281–283). Die SchülerInnen beginnen mehr darüber herauszufinden, als bloß – wie in der Aufgabenstellung von ihnen gefordert – eine Frage zu formulieren. Sie scheinen in der Dynamik des Gesprächs eher davon getrieben zu sein, eine unmittelbare Antwort zu finden, was die übliche Aufgabe im herkömmlichen Klassendiskurs ist.

Dieser Prozeß des Aushandelns von Bedeutung(en) zwischen den unterschiedlichen Ebenen der Realität, die in jeder Unterrichtssituation existieren, benötigt einen offenen Rahmen, der SchülerInnen die Möglichkeit gibt, Aufgaben im Hinblick auf den Wissenstransfer zwischen Alltagswissen und schulischem Wissen zu lösen. Aufgrund seiner »praktischen Theorie« setzt der Lehrer den Schwerpunkt im Unterricht so, daß die SchülerInnen mathematisches Denken in alltagsrelevanten Bezügen praktizieren können. Damit erfüllt unser »Gulliver-Reiseleiter« übrigens bereits die Forderung der Poststrukturalisten nach einem permanenten Prozeß des Überdenkens der pädagogischen Diskurspraxis (vgl. Cherryholmes 1988; Wexler 1987)! Da Diskurse immer relativ zu Zeit und Ort sind, ist es für die weitere Analyse erforderlich, genauer herauszuarbeiten, was die Individuen im Unterricht sagen und tun. In den folgenden Abschnitten werden spezielle Aspekte dieses alternativen Diskurses eingehender behandelt, sowohl aus der Perspektive der SchülerInnen als auch aus der des Lehrers.

2.1.3 Die Schülerperspektive: Vom Rezipieren zum Gestalten

Obwohl es Unterschiede in den Schüleraktivitäten während der Stunde gibt, haben die dahinter liegenden Interaktionen etwas gemeinsam, das man beinahe als Teil eines gemeinsamen Kampfes bezeichnen könnte. Würde ein Ethnograph die Interaktionen in einer solchen Unterrichtseinheit beobachten, würde er Ähnlichkeiten mit einem Forschungsprozeß feststellen, in dem SchülerInnen einen literarischen Text erkunden, auf eine naturwissenschaftliche Fragestellung hin untersuchen. Alltägliches Folgern wird genauso wichtig wie akademisches Wissen und Heranziehen von entsprechenden Ressourcen. Die hier zum Tragen kommende Forschungsorientierung ist in der folgenden Übersicht wiedergegeben, welche die herkömmlichen Sichtweisen von Lehr- und Lernsituationen Alternativen gegenüberstellt.

	technische Rationalität[4]	**reflexive Rationalität**
Lernaktivitäten	rekonstruierend	konstruierend, forschend
Schüllerrolle	passive Rezipienten	gestaltende Akteure
pädagogische Agenda	vorgefertigten Formeln folgen	aktuelle Probleme lösen
Unterrichtsaktivitäten	ausformulierte Fragen beantworten	(Forschungs-)Fragen selbst erarbeiten: das Identifizieren von Problemen → Suchen nach Ressourcen → Lösen von Problemen
Sozialform	individuelles Arbeiten	kooperatives Arbeiten

Abb. 13: Von der technischen zur reflexiven Rationalität

Während im herkömmlichen Mathematikunterricht die SchülerInnen oft passive EmpfängerInnen des Lehrerimpulses sind, werden sie im Zuge einer solchen alternativen Herangehensweise aktive PartnerInnen – sie übernehmen gleichsam die Rolle des/der Forschenden in einem Forschungsprozeß. Die pädagogischen Agenden bestehen nicht mehr aus dem Exekutieren von vorgegebenen Formen aus didaktisierten Lehrbüchern, sondern aus der Begegnung mit »wirklichen« Problemen in einem soziohistorischen Kontext, aus dem bestimmte Forschungsfragen erwachsen. Die Aktivitäten der SchülerInnen sind nicht mehr darauf beschränkt, vorgefertigte Fragen zu beantworten, sondern sie umfassen das ganze Spektrum von der Identifikation bestimmter Probleme über das Finden von Ressourcen bis zum Lösen von Problemen. Dies läßt sich aber nicht durch individuelles Herangehen einzelner SchülerInnen erreichen, sondern nur über kooperatives Bemühen der Akteure! Im folgenden wird das Konzept der reflexiven Rationalität und seine Umsetzung im Unterricht genauer beleuchtet.

Aktives Involviertsein

Ein Beispiel für die aktive Rolle, die SchülerInnen in dieser Stunde spielen, tritt zu einem frühen Zeitpunkt im ersten Teil der Stunde auf.

Lehrer: ... das war'n wir schon, ja (lacht), da habt ihr völlig
recht. Nun, ah, jemand hat mir in der Pause jetzt schon

4 Vgl. Kapitel 1.3.

gesagt, so merkwürdig die Stellen waren so untereinander, was glaubt ihr, welche Stellen hab' ich da ausgesucht? ... Ich hab' aus dem Buch ganz bestimmte Stellen herauskopiert, also nicht einfach so wahllos, sondern ich hab' mir dabei schon etwas gedacht. Was glaubt ihr? Caroline.

Caroline: Ja, da wo man was rechnen kann, was ausrechnen kann, zum Beispiel da haben Sie ja irgendwie was durchgestrichen, wie der Gulliver zu den Liliputanern steht.

Lehrer: Das war ganz gemein, ja, das hab' ich durchgestrichen. Du hast mich also schon durchschaut, ja.

SchülerIn[5]: Ich hab' keinen Zettel.

Lehrer: Du hast keinen Zettel, weil du das letzte Mal gefehlt hast, ja, du wirst ihn schon noch bekommen. ... Wer glaubt noch etwas anderes, welche Stellen das sind? ... Ja, Birgit.

Birgit: Wo am meisten Zahlen sind.

Lehrer: Wo am meisten Zahlen sind, ja. Dann, Roland.

Roland: Ah, mit die Zoll und des ...

Lehrer: Ja, mit die Zoll und des r... a bißl schöner sagen, ..

Roland: Die Größe von ...

Lehrer: Ja die Größe, ja ..... Einer von den Martins, nach der Reihe, ist mir gleich, welcher Martin anfängt.

Martin 1: Zoll und Fuß.

Lehrer: Zoll und Fuß kommt vor, ja.

Martin 2: Ja, die verschiedenen Maße.

Lehrer: Die verschiedenen Maße, ganz richtig. Nina.

Der Mathematiklehrer hat Arbeitsblätter mit Passagen aus *Gullivers Reisen* ausgeteilt. Er bittet die SchülerInnen zu erklären, warum er diese Passagen ausgewählt habe (77–84). Eine Schülerin antwortet, daß die Passagen mit mathematischen Berechnungen zu tun hätten (85–88). Andere erklären, daß diese Passagen »Ziffern« (96), »Zoll und Fuß« (98–104) aufwiesen. Der Lehrer akzeptiert diese Angaben, ohne sie zu bewerten. Als Martin 2 hinzufügt, »die verschiedenen Maße« (105), nimmt der Lehrer diese Antwort nicht auf, reagiert aber in einer positiven Art: »Die verschiedenen Maße, ganz richtig« (106). So wird von ihm ein breites Spektrum von Antworten der SchülerInnen angenommen. Jene Antworten, die sich auf das Unterrichtsziel des Lehrers beziehen, werden entsprechend argumentiert. Unmittelbar danach formuliert der Lehrer die Aufgabenstellung für die weitere Arbeit (112–119):

Lehrer: ... und mich würde nun interessieren, wenn ihr diesen Zettel anschaut, die einzelnen Stellen betrachtet, welche Fragen ergeben sich denn aus diesem Zettel? ... Fragen, die euch interessieren, und das sollt ihr aber in Gruppenarbeit zusammenstellen.

5 »SchülerIn« steht jeweils für jene SchülerInnen, die auf dem Videotranskript nicht namentlich identifiziert werden konnten.

Die SchülerInnen sollen also sie interessierende Fragen aufschreiben, welche sich auf die Passagen aus der Geschichte, die sie gerade gelesen haben, beziehen. Er fordert sie auf, miteinander zu arbeiten. Indem er sie dazu anregt, das Grundprinzip für sein Handeln zu finden, anstatt ihnen einfach zu sagen, was er getan habe, sind die SchülerInnen aktiver in den Ablauf der Stunde involviert. Der offene Horizont der Lehrvorgaben wird in dieser Passage deutlich. Zunächst formuliert der Lehrer die Aufgabe im Hinblick auf jene Fragestellungen, die für die SchülerInnen aufgrund ihrer Äußerungen von Interesse sind. Später zeigt sich, daß sich diese Aufgabe im Lichte neuer Informationen, die die SchülerInnen einbringen, ändern wird. Etwa zu dem Zeitpunkt, als der Lehrer herausfindet, daß die SchülerInnen ganze Passagen vorlesen, spezifiziert er seine allgemein gehaltene Angabe: »Durchgelesen habt ihr's schon ... Versucht gleich Fragen zu formulieren« (172–174).

Ein weiteres Beispiel für die aktive Rolle der SchülerInnen in dieser Stunde findet sich im dritten Teil, in dem der Lehrer die Fragen der SchülerInnen an der Tafel sammelt. Nachdem er eine Liste von Fragen aufgeschrieben, manche der Fragevorschläge aber nicht festgehalten hat, fragt der Lehrer die SchülerInnen nach deren Vermutungen über seine Auswahlkriterien.

Lehrer: Gut, ja, euch ist viel eingefallen. Gute Fragen. Ah, was glaubt ihr, warum laß ich gewisse Fragen fort, und welche Fragen werde ich denn fortlassen? Natalie.
Natalie: Da, wo man nicht rechnen kann, was nicht mit Mathematik zu tun hat.
Lehrer: Ja. Gut, im weitesten Sinn hast du recht, ja, ganz richtig, ja. Wolfgang.
Wolfgang: Die Fragen, die was relativ unsinnig sein
Lehrer: Na, na, da muß ich protestieren. Also nicht deshalb, weil, die Frage ist ja interessant, warum soviel Räder, nicht? Also das ist nicht der Grund gewesen, warum ich da jetzt einige weggelassen hab. Aber ...
Wolfgang: ... weil es was Logisches, weil der Gulliver ja recht schwer ist, die Räder ja relativ klein sind, oder?
Lehrer: Ja, gut, ja. Dann die nächste Gruppe. Ja. Wer will von euch?

Natalie identifiziert die mathematischen Dimensionen der Aufgabe (495), während Wolfgang (499) darauf besteht, daß unsinnige Fragen ausgelassen worden seien. Der Lehrer protestiert (500–503), indem er auf das Kriterium »interessante Frage« hinweist, das er vorher eingeführt hat. Wieder gilt: Anstatt daß Information passiv aufgenommen wird, werden die SchülerInnen durch die angewandte Strategie aktiv beteiligt.

An eigentliche Probleme herangehen

Um die Lernziele der Stunde zu erreichen, müssen die SchülerInnen Probleme lösen, für die sie noch keine Antworten bereit haben. Sie müssen dazu Textstellen aus »*Gullivers Reisen*« verwenden. Dabei handelt es sich nicht um einen mathematischen

Text, zumindest nicht im üblichen Sinn. Der Lehrer hat die SchülerInnen zunächst motiviert, als ForscherInnen Textanalyse zu betreiben. Eine der Konsequenzen dieser Untersuchung: Sie finden heraus, daß Swifts mathematische Argumentation ihre Grenzen hat. Im Laufe des Bemühens, die anstehenden Probleme zu lösen, treten andere, unvorhergesehene auf, z.B. Maße von Meter in Zoll und umgekehrt zu transferieren. Um solche während der Arbeit auftretenden Hindernisse zu überwinden, müssen die SchülerInnen ihr alltagsweltliches Wissen zu Hilfe nehmen.

In herkömmlichen Mathematikstunden werden die Aufgaben im vorhinein von der Lehrperson gestellt. Sie sind üblicherweise in einem bestimmten didaktischen Format aufbereitet, zumeist werden sie als didaktisierter Lehrbuchtext vorgegeben. Nicht so in dieser Stunde. Hier müssen bereits im Vorfeld Probleme gelöst werden, wenn die SchülerInnen mit einem (literarischen) Text konfrontiert werden. Sie müssen zunächst einmal das Problem identifizieren, die Materialien bestimmen, die sie zur Problemlösung benötigen. In konventionellen Unterrichtsstunden genügt es gewöhnlich, nur eine dieser drei Operationen zu leisten, nämlich das (vorgegebene) Problem zu lösen. Das Problem und die dazu benötigten Unterlagen sind bereits vorgegeben, was den Diskurs auf das eingangs vorgestellte Muster von I-R-E-Sequenzen reduziert.

Im herkömmlichen Unterricht ist der oder die Lehrende die endgültige Autorität; er bzw. sie beurteilt die korrekte Antwort auf bestimmte Fragestellungen. Einem solchen Beziehungsmuster entspricht oft der Diskurs jener Stunden, in denen Fragen aus Lehrbüchern gestellt werden, auf die SchülerInnen antworten und die LehrerInnen dann entweder positiv oder negativ bewerten. In »Gullivers Stunde« sind dagegen der literarische Text und die Erfahrungen aus dem Lebensalltag die Autoritäten im Hinblick auf die Problemlösung! Die SchülerInnen müssen aus dem Text bestimmte Probleme erarbeiten und sowohl ihre Lösungsansätze als auch die aus dem Text eruierten Lösungen mit dem vergleichen, was sie aus ihrem eigenen Lebensalltag mitbringen. Hier sind die SchülerInnen also mit Lebensproblemen ohne vorgefertigte Antworten konfrontiert, mit Problemen, an denen zwar gearbeitet werden kann, für die die Lehrkraft aber nicht die richtige Antwort bei der Hand hat. Den Kontrast zwischen jenen Fragen, die tatsächlich zwecks Informationsgewinn gestellt werden (»wirkliche Fragen«), und Fragen, bei denen die Information bereits bekannt ist (»Testfragen«), illustriert am besten die folgende Sequenz:

Wolfgang: Wie groß ist der Speisesaal des Palastes?
Christof: Schrei nicht so.
Andreas: Der muß ganz groß sein, weil ...
Lehrer: Ein bißl sollt ihr natürlich drandenken, ob ihr diese Fragen dann aus diesem Text heraus beantworten könnt.
Andreas: Des kann i net ...
Lehrer: Ja ...
Andreas: ... und wie groß dann
Lehrer: Also das soll schon ein bißl der Hintergedanke sein.
Andreas: Wie groß ein Zoll ist, das weiß ich.
Christof: Wie lange können die Haare eines ...?
Lehrer: Ja, das weißt du nicht, das ist also eine echte Frage, ja.
Wolfgang: Wie groß ist ein Zoll?
Lehrer: Ich kann dich beruhigen, ich weiß es zum Beispiel auch

nicht, wie groß damals ein Zoll war.
Wolfgang: Da steht …
Lehrer: Es muß ja nicht …
Wolfgang: … wie groß ist ein Zoll?
Lehrer: Ja, eben, es ist ja nicht gesagt, daß damals ein Zoll dasselbe war wie heute.
Christof: Wie lange können die Haare der Liliputaner werden?
Wolfgang: Na wieviel?
Lehrer: Das kann sich ja geändert haben.
Christof: Das schreib ich jetzt einmal auf. Wie lange … (schreibt).

Nachdem der Lehrer einen interpersonalen Konflikt zwischen Christof und Wolfgang bearbeitet hat, fügt er eine Dimension zum auftretenden Problem dazu: Die SchülerInnen müssen in der Lage sein, die Fragen, die sie aus dem Text entnommen haben, zu beantworten (387f.; 392). Diese zusätzliche Instruktion scheint Andreas anzuspornen, weitere Fragen über Zoll zu formulieren. Christof (394) baut auf seine Einsicht, indem er eine Frage über die Haarlänge formuliert. Der Lehrer schaltet sich nur mit der Bemerkung ein, daß es sich hier um eine »wirkliche« Frage handle (395), eine, für die er selbst keine Antwort habe (397f.), weil ein Zoll zur Zeit von Swift nicht dieselbe Länge haben müsse wie ein heutiger Zoll. Die zahlreichen Ebenen dieser Unterrichtseinheit werden uns hier wiederum vor Augen geführt: Die SchülerInnen müssen nicht nur Maße von Zoll in Zentimeter übersetzen, sondern sie müssen auch die historischen Veränderungen des Maßsystems in ihre Überlegungen einbeziehen. Der Prozeß, wie Probleme im Mathematikunterricht gelöst werden, ist sehr oft davon abgehoben, wie Mathematik von Mathematikern betrieben wird: In der »wirklichen Welt« der Mathematik haben Probleme keine vorgefertigten Antworten, in den meisten Mathematikstunden schon …

Relevante Fragen identifizieren

Herkömmlicher Unterricht *präsentiert* den Lernenden relevante Fragen, die von bestimmten Lehrplanvorgaben abgeleitet werden, und zwar entsprechend der spezifischen Unterteilung des Gegenstandes (wie Algebra, Geometrie usw.) und gemäß der Schulstufe. Diese Lehrplanvorgaben sind gewöhnlich aus der Wissensstruktur der jeweiligen akademischen Disziplin entstanden und zu mehr oder weniger »verdaulichen Bissen« in Curriculummaterialien verarbeitet worden. Von der Lehrkraft wird erwartet, die SchülerInnen mit geeigneten Methoden dazu zu bringen, daß sie die vorgeschlagenen mathematischen Probleme »verdauen« können.

In unserem Fall müssen die SchülerInnen dagegen relevante Fragen *selbst herausfinden*, bevor sie sie überhaupt beantworten können. Der Lehrer, der das zu erforschende Material vorgesichtet hat, gibt den SchülerInnen genügend Zeit und Platz, um diese Fragestellungen zu formulieren. Die Gruppenarbeit im zweiten Teil zeigt mehrere Beispiele, wie die SchülerInnen gemeinsam die Aufgabe bewältigen, entsprechende Fragen zu finden. Es gibt im Videoprotokoll zahlreiche Beispiele, wie sie an die Sache herangehen, etwa das folgende:

179	Birgit:	Wie alt ist er?
180	Caroline:	Na. Na, der der Mann da, wo steht der Mann, woher
181		kommt der Mann? Ein Mann in den besten Jahren …
182	Sabine:	Ja.
183	Bettina:	Soll ich aufschreiben?
184	Caroline:	Was schreiben wir da?
185	Sabine:	Ja.
186	SchülerIn:	Also.
187	SchülerIn:	Welcher Mann, oder wie?
188	Birgit:	Mathematiker.

Bei 179 fragt Birgit »Wie alt ist er?«, eine Frage, die sie interessiert und die sich mit dem Thema Maße beschäftigt (soweit Gullivers Alter überhaupt von mathematischer Relevanz ist). Wie interessant die Frage für Birgit auch ist, sie wird dennoch von der Gruppe nicht als eine für die Dimensionen der Aufgabenstellung passende Formulierung akzeptiert. Daher weist Caroline den Vorschlag zurück (180) und gibt einige Hinweise zum Typ der Fragen, wie sie vom Lehrer und den SchülerInnen zugleich gesucht werden. Schließlich gibt sich die Gruppe damit zufrieden, die Formulierung des Mathematikers zu nehmen. Dieses Ausformulieren der Frage einer Schülerin mit Hilfe einer anderen Schülerin führt zu einer gemeinsam fixierten Frage:

191	Caroline:	He, aber wir können ja schreiben, er ist ja länger
192		als mein Mittelfinger, oder?
193	Sabine:	Nachher, Mittelfinger kann man sagen, wie groß ist der
194		Mittelfinger?
195	Caroline:	Das wird wohl klar sein?
196	Sabine:	Mei, wieviel Zentimeter?
197	SchülerIn:	(…)
198	Bettina:	Mei, fünfe ..
199	SchülerIn:	Ja.
200	Caroline:	… Mizzi mal fünfe ..
201	Birgit:	Ja, aber …
202	Caroline:	Das ist der Zeigefinger
203	Sabine:	He, Caroline, wir können ja, aber … Ja, schreibt's
204		halt einmal, oder …
205	Caroline:	Und wieviel ist der Mittelfinger oder wer ist der
206		…?
207	Sabine:	Wie groß ist der Mittelfinger? Wieviel Zoll ist der
208		Mittelfinger?
209	Birgit:	Genau
210	Caroline:	Genau.
211	Sabine:	Genau.
212	Bettina:	Wieviel Zoll hat der Mittelfinger? (schreibt)
213	Caroline:	Also, das nächste …
214	Natalie:	… einen kleinen Fuß lang, einen kleinen Fuß lang.
215	Caroline:	… kommt jetzt. Na, wer ist der Mann?
216	Birgit:	Wer ist der Mann? Mittelfinger, schreib Mittelfinger.

Zuerst versuchen die SchülerInnen eine Frage zu formulieren, die sich auf Maße bezieht. Caroline bietet an: »Wir können einfach schreiben, er ist länger als mein Mittelfinger«, eine Idee, die vom Rest der Gruppe nicht angenommen wird. Sabine fügt hinzu »Wieviel Zentimeter?«, und Bettina übersetzt das Maß von Zentimeter in

Zoll, was einmal aufzeigt, wie die SchülerInnen ihre eigene Erfahrungswelt und die Lernwelt in dieser Stunde zu transformieren und verbinden versuchen. Diese Transformation ist nötig, weil zur Zeit Swifts in Zoll gemessen wurde, während die Welt der SchülerInnen in Innsbruck zum Zeitpunkt des Geschehens in Zentimetern gemessen wird. Sobald Caroline eine neue Frage, »Wieviel Zoll ist der Mittelfinger?«, stellt (207f.), hat sie bereits alle Teile der vorigen Fragen mit einbezogen: Alle SchülerInnen antworten mit »Genau« (209–211). Zusätzlich zu dem Umstand, daß sie alle die Stimmigkeit dieser Frage akzeptieren, deuten ihre Antworten an, daß sie auch eine Aufgabe der Lehrerrolle übernommen haben, und zwar die Äußerungen bzw. die Leistung der Schülerin zu bewerten. Es zeigt sich sehr oft im Laufe der Stunde, daß der Schülerdiskurs in unterschiedlichen Sequenzen die Lehrermeinung, die Lehrersicht und die Lehrerfunktion beinhaltet.

Diese Sequenz sagt auch etwas darüber aus, wie lange SchülerInnen brauchen, um Fragestellungen korrekt formulieren zu können, wenn sie von wirklichen Problemen handeln. Im Mathematikunterricht und in Mathematikbüchern wird das Problematisieren und Auswählen von Fragen nicht von den SchülerInnen erwartet, sondern sie werden nur mit klaren und »gesäuberten« Präsentationen des Problems auf einer Seite des Lehrbuchs oder an der Tafel konfrontiert. So erreicht man »antiseptische« Qualität, vermeidet allerdings gerade die Aufgabe, die Mathematiker ihrem eigenen Selbstverständnis nach zu lösen haben, nämlich Probleme überhaupt erst als solche wahrzunehmen, was eine bedeutsame Dimension des authentischen Lernens beim Problemlösen beinhaltet. Indem SchülerInnen jedoch in die Situation versetzt werden, daß sie für sich selbst erst das Problem definieren müssen, bevor sie es zu lösen beginnen, werden sie mit einer neuen Qualität von Aufgabenstellung konfrontiert. Die Abwesenheit dieser Dimension im herkömmlichen Unterricht mag ein Grund dafür sein, warum Mathematik von so vielen SchülerInnen als langweilig empfunden und lediglich als ein Unterrichtsfach erlebt wird, in dem Regeln auswendig zu lernen sind.

Eine ähnliche Abfolge von Aktivitäten zeigt sich in der zweiten Gruppe. Die SchülerInnen haben das Weinvolumen und die Größe der Insel ausgewählt, um die Maße zu berechnen: »Wie groß ist die Insel von Liliput? Wie viele Quadratfuß hat die Insel von Liliput?« In dieser Sequenz entwickeln die Kinder eine Spezifizierung des Problems vom eher Allgemeinen zum Speziellen. Sie bewegen sich von Quadratmeter zu Quadratfuß und reformulieren die Frage so lange, bis sie sie alle akzeptieren können: »Wie breit ist der Palast?« Wie in der anderen Gruppe nehmen die SchülerInnen die Lehrerrolle mit dem Chor des »Genau« wahr (209–211).

Arbeiten in Kooperation

Während der Zeit, in der sie die Probleme lösen, benötigen die SchülerInnen einander gegenseitig als InformantInnen. Sie arbeiten nicht für sich selbst oder unabhängig von ihrer Umgebung. (Ein Beispiel dafür ist die Diskussion über »Batist« im folgenden Abschnitt.) Eine solche Verwendung verfügbarer sozialer Ressourcen spielt sich ganz analog auch in wissenschaftlichen Labors ab (vgl. Latour/Woolgar 1986), und indem diese Zusammenarbeit gefördert wird, ist ein derartiges Unterrichtskonzept im Gegensatz zu herkömmlichen Stunden einem kooperativen Forschungsdesign sehr ähnlich. Der folgende Ausschnitt zeigt, daß es nur durch die gemeinsame Anstrengung der einzelnen Gruppenmitglieder möglich ist, der Lösung des Problems im vierten Teil der Stunde näherzukommen, nämlich die korrekte Beziehung zwischen den Objekten und Menschen herauszufinden:

Marcus: Susi, aber schau, 12 cm sind ja nur so groß, und das untere mußt auch wegrechnen, das ist dann nur so lang, schau.
Stefan: Ja, und das Pferd ist ein bißchen größer als ein Mann ...
Susi: Na.
Daniela: Na. Der Rücken ist genau 12 cm.
Susi: Na. Das Pferd ist ein bißchen kleiner.
Andreas: Der Mann sieht ja drüber.
Susi: Ja, der Mann sieht drüber.
Stefan: Ja, ich mein, vom Hals aus gesehen.
Daniela: Mir tun ja vom Rücken aus.
Susi: Na, vom Hals aus gesehen. Ein Pferd mißt man immer am Kreuz wie die anderen Viecher. No, schau einmal.
Marcus: 13 Zentimeter sind es.
Susi: 2 – 4 – 6 – 8 – 10 – 12. Dann ist so groß ein Mandl (zeigt am Lineal).
Daniela: Vielleicht 5 Millimeter.
Stefan: Ein Erwachsener hat die Mittelfinger schon so groß?
Andreas: Wenn alles so lang ist wie ein Mittelfinger, das wär nicht einmal ...
Susi: Dann hat er der Mittelfinger 1, 2, 3, 4, 5, 6 Zentimeter.
Daniela: Na, sicher nicht.
Susi: 6 Zentimeter hat ein Mann locker am Mittelfinger.
Stefan: Schau meinigen an.
Susi: Zur Probe, sssst (deutet auf Bub).
Stefan: Meiner ist vom 10 weg.
Daniela: Ah ja, da haben wir ja einen Mann.
Stefan: Hahaha.
Susi: Plus 3. 1, 2, 3, 4, 5, 6, 7.
Daniela: 7 Zentimeter.
Marcus: Ein Erwachsener hat noch einen längeren um ein bißchen.
Daniela: Verstehst mich nit, wenn das Mandl 12 cm ist, dann kann nicht 7 pfff (bewegt Hand rasch nach unten) cm Mittelfinger sein.
Marcus: Ja, eben.

1032 Susi: Deiner ist zwei Zentimeter länger wie meiner.
1033 Daniela: Schau.
1034 Susi: Und der Mann ist 2 Zentimeter länger wie seiner, weil er
1035 …
1036 Stefan: 3 Zentimeter kannst sagen.
1037 Susi (steht auf): Ja, 3 Zentimeter. Und du hast jetzt, wart
1038 einmal, 1, 2, 3.
1039 Marcus: 10, 10 cm (zeigt am Finger) – ein Mittelfinger und 3
1040 …
1041 Susi:

Das gemeinsame Bemühen der SchülerInnen um Konsens hält den Diskurs in Gang. Obwohl nicht alle gleichzeitig in die Diskussion involviert sind, folgen sie alle den Argumenten, was man in der Videoaufzeichnung vor allem an ihrer nonverbalen Anteilnahme wahrnehmen kann. Darüber hinaus verwenden die SchülerInnen verschiedene Körperteile, um ihre Argumente zu unterstützen, wenn es um die Darstellung und das Aushandeln der Maße im Prozeß der mathematischen Berechnung geht. Im Laufe dieses Prozesses lernen sie, daß die Aneignung von Wissen nicht nur bedeutet, die Meinung eines anderen mit einzubeziehen, sondern daß Bedeutung auch ausgehandelt werden muß, was wiederum eine wichtige Brücke zu ihrer Alltagserfahrung schlägt.

Aber mehr noch, die SchülerInnen erleben »Lernen« als etwas Dynamisches, das mit kulturell vermitteltem Wissen zu tun hat. Das sieht man beispielsweise an jener Stelle, wo die Gruppe über die Frage entscheidet »Mißt man bei ›Wie lang ist ein Fuß?‹ einen Kinderfuß oder einen Erwachsenenfuß?« (548f.). Solche Fragen signalisieren den SchülerInnen den Entwicklungsaspekt von mathematischem Wissen. Der Lehrer, der darüber Auskunft geben soll, was denn die richtige Lösung sei, gibt an, daß sich das Maß im Laufe der Zeit geändert haben könnte. Sie verwenden demnach den Lehrer als Informanten, nicht nur als Autorität (wie in Sequenz 394–407). Der Lehrer wird konsultiert, um zusätzliche Informationen zu erfragen, nicht aber um die geleistete Arbeit zu bewerten.

2.1.4 Die Lehrerperspektive: Vom Erklären zum Teilhaben

Anhand des beschriebenen Unterrichtsbeispiels läßt sich die Vision von einer alternativen Lehrerrolle miterleben, insbesondere wenn der Mathematiklehrer die Schülerberichte aus der ersten Gruppenarbeit zusammenfaßt: Er steht an der Tafel und leitet die Plenarphase mit einer Übersicht über seine Vorstellungen ein. Diese Sequenz, die in der Transkription etwa zehn Zeilen einnimmt, ist die längste »typische Lehrersequenz« der ganzen Stunde. In allen anderen Phasen wird er jeweils nur wahrgenommen, wenn er Kommentare einbringt, Informationen gibt oder Schüleraktivitäten einleitet. Den SchülerInnen teilt er mit, daß er nur einige ihrer Fragen auf der Tafel aufschreiben wird. Implizit in seiner Anweisung ist die Vorstellung enthalten, daß er nur mathematisch relevante Fragen auf der Tafel sammeln will. Diese Anweisung bringt ihn aber in unvorhergesehene Schwierigkeiten: Die SchülerInnen bringen Probleme ein, die der Lehrer als nicht passend einstuft. Trotzdem muß er sich mit ihnen auseinandersetzen, um das Interesse und die Motivation der SchülerInnen nicht zu zerstören. Wenn er zu »Susannes Gruppe« überwechselt, erhält er eine Liste von Fragen, die er an die Tafel schreibt, u.a. die Berechnung von Größen (Zoll, Fuß und Elle und ein Geviert) und Mengen (Quart) sowie ein Vergleichsproblem: »Um wieviel größer ist Gulliver als die Liliputaner?« (705f.). Zu diesem Zeitpunkt erhält er eine Frage über »Schwadronen«. Da dies keine Frage ist, bei der es um eine Rechenoperation geht, setzt er sich sofort damit auseinander:

484	Susanne:	Was sind Schwadronen?
485	Lehrer:	Ja. Kann das jemand gleich beantworten? Was sind
486		Schwadronen? … Ja …?
487	Susanne:	Ein Reiterheer.
488	Lehrer:	Ja, eine Gruppe von Reitern.

Die Erklärung der Frage durch den Lehrer hat alle Fallen eines typischen Lehrer-SchülerInnen-Diskurses: Der Lehrer initiiert eine Frage (485), eine Schülerin antwortet (487), und der Lehrer bewertet die SchülerInnenantwort positiv, indem er sie neu formuliert (488). Dies ist eines der wenigen Male, daß die I-R-E-Sequenz des herkömmlichen Unterrichts in dieser Stunde auftaucht. Es ist bemerkenswert, daß sie gerade dann auftritt, wenn der Lehrer an Themen arbeitet, die er nicht an der Tafel sammelt. Sogar während er darum bemüht ist, die SchülerInnen bei den mathematischen Dimensionen seines Unterrichtsplans zu halten, haben innovative Antworten der SchülerInnen Platz.

511	Elisabeth:	Was ist ein Batist?
512	Lehrer:	Wart noch einen Moment. Gibt's was Wichtiges? Daniela und
513		Susi, … horcht bitte auch zu!.
514	Elisabeth:	Was ist ein Batist?
515	Lehrer:	Ein?
516	Elisabeth:	Batist, steht da drin.
517	Lehrer:	Ich glaube, das ist ein Batist-Tuch, oder so etwas. Ich kann
518		mich nicht …
519	Elisabeth:	… da steht nur Batist drin …
520	Lehrer:	Wißt ihr die Stelle? Was steht da noch dabei?
521	(Schüler suchen im Text.)	
522	SchülerIn	: … Batist steht …
523	Lehrer:	Weißt du die Stelle?
524	SchülerIn:	(…)
525	Lehrer:	Dann suchen wir sie nachher. … Dann, was habt ihr noch
526		für Fragen?
527	(Schüler durcheinander):	Da, da
528	Lehrer:	Ja, hast du's? Ja (liest). Denn selbst ihr dickes Leinen ist
529		immer noch feiner als Batist. Was ist Batist, Susi?

Susi: Das ist einer der feinsten Stoffe, was es bei uns gibt. Feiner wie Seide.

Lehrer: Aha. Ich hätte gesagt, sowas ähnliches wie Seide, aber mehr hätte ich nicht gewußt. Also noch feiner als Seide, sagst du.

Susi: Meine Mutter hat das gesagt.

Lehrer: Gut, ja. Dann, was habt ihr noch für eine Frage? Ich meine, siehst, es ist eine Frage, die sicher nichts mit Mathematik zu tun hat, aber sie ist nicht unsinnig. Das ist sehr sinnvoll. Ja, Elisabeth.

Elisabeth fragt einige Male, was Batist sei (511, 514), und lokalisiert die Stelle im Text, wo das Wort erwähnt wird (516). Der Lehrer versucht dieses Anliegen zugunsten eher mathematisch orientierter Fragen zur Seite zu schieben (517, 525). Die Schülerin besteht allerdings darauf (527) und bringt den Lehrer dazu, die relevante Textstelle zu lesen (528f.). Susis Definition übersteigt sogar sein eigenes Wissen (532–534), wofür er sie auch beglückwünscht (536). Hier ist es zu einer völligen Umkehr gekommen: SchülerInnen – nicht der Lehrer – stellen die Aufgaben, die tatsächlichen Informationsfragen entsprechen. An dieser Stelle – wie auch bei der »Mittelstock«-Sequenz (553–561) – gesteht der Lehrer ein, daß er selbst nicht alle Antworten wisse. An einer anderen Stelle nimmt der Lehrer eine Schülerfrage auf, um einen Aspekt weiter zu behandeln, der im mathematischen Kontext selten behandelt wird, nämlich die Frage, wie Proportionen menschliche Gefühle beeinflussen:

Marcus: Wie fühlen sich die Liliputaner gegenüber Riesen als bei uns normale Menschen.

Lehrer: Ja, da kommt also etwas sehr Wichtiges heraus, nämlich das Verhältnis Gulliver – Liliputaner (schreibt) in der einen Richtung und umgekehrt Liliputaner in der anderen Richtung zum Gulliver, ja. Für die Liliputaner ist Gulliver ja ein Riese. Und noch etwas steckt in der Frage drinnen, ah, wie wohl fühlt man sich, wenn man so klein ist, ja …

Obwohl die Frage von Markus (615) offensichtlich nicht in die Liste der mathematischen Fragen hineinpaßt, betont der Lehrer ihre Bedeutung (617) und schreibt sie sogar an die Tafel. Dadurch lenkt er die Aufmerksamkeit darauf, daß die Arbeit mit Proportionen im Kontext von menschlichen Beziehungen (618) die Gefühle beeinflußt, die Menschen gegenüber anderen haben (617). Diese Situation bietet den SchülerInnen eine weitere Gelegenheit, um zu erkennen, daß mathematische Berechnungen in Alltagsbezügen nicht bloß Rechenoperationen sind, die aus dem soziokulturellen Kontext herausgenommen werden können.

2.1.5 Auf der Suche nach neuen Vermittlungsformen

Fassen wir die Präsentation der Unterrichtsstunde zusammen: Da hat ein Lehrer die Lebenserfahrungen seiner SchülerInnen ernst genommen und sie mit den vielschichtigen Aspekten konfrontiert, wie sie sich in der klassischen literarischen Welt Gullivers darstellen. Der Vermittlungsdiskurs in der Stunde steht in vieler Hinsicht im starken Kontrast zum herkömmlichen Mathematikunterricht. Die SchülerInnen in dieser Klasse waren nicht bloße RezipientInnen von zu vermittelnden Inhalten, über die der Lehrer oder der »dahinter liegende« Lehrplan bestimmen, sie waren stärker in die Entscheidungsprozesse und in ihren eigenen Lernprozeß einbezogen. Sie wurden darüber hinaus vom Lehrer motiviert, selbst Verantwortung für das Erreichen der Ziele zu übernehmen.

Derartige »alternative« Herangehensweisen haben in der Geschichte der erziehungswissenschaftlichen Forschung unterschiedliche Namen erhalten. Dewey (1944) hat die lange Tradition der autonomen Lernbewegung begründet, die jedoch niemals die Unterrichtspraxis auf breiterer Basis erfaßt hat. Oft wurden die vorgegebenen Lehrpläne dafür verantwortlich gemacht, die LehrerInnen daran hindern würden, offenere Lernformen in ihren Unterricht aufzunehmen. Als Ergebnis aktueller Bemühungen sind Materialien entstanden, mittels derer die SchülerInnen in offene Lernsituationen involviert werden sollen. Darüber hinaus haben sich kritische Stimmen zur Lehrerausbildung erhoben (vgl. Haycock/Navarro 1989; Turner 1989), ja, andere stellen das Schulsystem als Lern-Lehr-Institution überhaupt in Frage (vgl. Becker 1972; Klemm u. a. 1986; Sarason 1971); sie deuten an, daß die meisten Versuche, Unterricht zu reformieren, gescheitert sind. Es scheint sogar eine bestimmte Korrelation zwischen einer inneren Krise im Klassenzimmer und einer äußeren Krise der ökonomischen und technologischen Entwicklung in der Gesellschaft zu geben (vgl. Dauber 1988; Schratz 1989). Der folgende Zeitungsausschnitt scheint uns dafür symptomatisch zu sein:

> »Money is needed to solve today's problems, of course, along with better teacher training and new curriculums [sic]. But what is most needed is for the average citizen to become convinced that this country is in big trouble – and to start demanding that America's leaders do something about it, fast« (*Chicago Tribune*, 5. März 1989, S. 4).

Die Politiker (nicht nur in den USA) fordern oft, wie hier angedeutet, eine »Fastfood«-Herangehensweise, die mit rasch verfügbaren, in jeder Situation umsetzbaren Konzepten den jeweiligen Zustand gleich verbessert. Wir haben dagegen in diesem Beitrag versucht, einen alternativen Diskurs im Unterricht genauer im Hinblick auf Veränderung zu analysieren. Damit wollten wir einen Zugang »von unten« aufzeigen, um die unterschiedlichen Stimmen »von oben« damit zu konfrontieren, die so argumentieren: »We need to make fundamental changes in how we teach mathematics at the elementary and secondary level« (Cavazos 1989). Der Bericht des amerikanischen Nationalen Forschungsrats und der Nationalen Amerikanischen Vereinigung der Mathematiklehrer, die eigene nationale Standards entwickelt haben (NCTM 1989), unterstützen die zitierte Sichtweise des damaligen amerikanischen Bildungsministers.

Die Erkenntnisse aus unserer Analyse dieses alternativen Mathematikunterrichtes legen nahe, daß pädagogische Reform nicht nur daraus bestehen kann, neue akademische Standards einzuführen, die eine verhandelte Wissensbasis in ein durchstrukturiertes Curriculum umsetzen – in der Annahme, daß es in jeder Schulsituation angewendet werden könne. Neue Herangehensweisen fordern insbesondere von uns, daß wir unsere eher herkömmlichen Vorstellungen über die Natur von Wissen selbst und wie es angeeignet wird, verändern. Die Analyse der Mathematikstunde hat ergeben, daß es mehrere Ebenen der Realität gibt, zwischen denen sich die »Konstruktionszone« aufspannt (Newman u.a. 1989). In ihr kann der Prozeß des Aushandelns von Bedeutung zwischen SchülerInnen und LehrerInnen ablaufen.

Je mehr eine Lehrkraft den SchülerInnen im Lernprozeß interpretativen Raum läßt, um so eher werden sie die Möglichkeit haben, ihre eigenen Lebenserfahrungen und das Know-how aus ihren alltäglichen Auseinandersetzungen mit der Realität zu nutzen, um Unterrichtsprobleme zu lösen. Es hängt allerdings auch davon ab, wieweit Materialien für einen derart anspruchsvollen Aushandlungsprozeß offen sind und mehrfache Interpretationsmöglichkeiten anbieten. Gleichzeitig ist für das Aushandeln von Bedeutung ein kooperatives Arrangement nötig, in dem die SchülerInnen nicht lediglich Mitspielende in einer Serie von I-R-E-Sequenzen sind, sondern Akteure mit den ihnen eigenen Problemen in einem soziohistorischen Kontext. Daher ähneln ihre Aktivitäten denen eines Forschungsprozesses, der alle beschriebenen Dimensionen beinhaltet, das Identifizieren von entsprechenden Problemen, das Finden von brauchbaren Ressourcen und das Erreichen von Lösungen.

Folgen SchülerInnen einem solchen alternativen Weg im Unterricht, werden sie nicht nur Verständnis für ihr alltägliches Argumentieren und bedeutungsvolles Herangehen an den jeweiligen Unterrichtsgegenstand, sondern auch Vertrauen und Glauben in das, was sie tun, entwickeln. Gemäß unserem pädagogischen Verständnis haben wir versucht, Mikroprozesse im Unterricht genauer zu untersuchen, um die Erkenntnisse auf die Makroebene zu transformieren, in der etwa die Mathematik als ein Wert des Nachdenkens, Argumentierens und Verstehens der Phänomene in der Welt gesehen wird. Wir sehen deshalb die wissenschaftliche Bedeutung der Untersuchung vor allem in der praktischen Analyse des Lehrens und Lernens auf der Mikroebene erziehungswissenschaftlicher Forschung – unsere Befunde »von unten« versuchen die politischen und curricularen Versuche »von oben« herauszufordern und die Unterrichtspraxis qualitativ zu verbessern.

Darüber hinaus will diese Schilderung der Lehrerbildung Impulse im Hinblick auf die Veränderung herkömmlicher Unterrichtsmuster geben: Die Lehrerrolle erschöpft sich nicht darin, lediglich einen Unterrichtsgegenstand zu vermitteln, in dem die richtigen Fragen gestellt und die Lernergebnisse bewertet werden. Visionen von alternativem Unterricht benötigen entsprechende Reflexion, die die Lehrkraft zum *Facilitator* des Lernprozesses und zu einer Ressource für fachliche und persönliche Probleme, die SchülerInnen haben, macht.

In diesem Sinn sehen wir die hier diskutierte Unterrichtsstunde nicht als das letzte Wort für alternativen Mathematikunterricht, die kurzerhand übernommen werden kann, ohne die epistemologischen Grundlagen zu berücksichtigen, und daher wollen wir nicht andere LehrerInnen dazu überreden, »*Gullivers Reisen*« einfach »nachzuspielen« (auch wenn es sich lohnen dürfte!); wir wollen eher die Aufmerksamkeit auf relevante Sachverhalte lenken, um bestimmte Aspekte eines solchen Unterrichts kennenzulernen. Wenn LehrerInnen ihren eigenen Unterricht als Forschungsprozeß so wahrnehmen, wie die SchülerInnen ihren Lernprozeß sehen, dann werden sie sicher auch die relevanten (Forschungs-)Fragen stellen, um ihre eigene Praxis als Form von Befähigung zur Bewältigung von Lebensfragen zu erleben (vgl. Smyth 1987; Altrichter/Posch 1991; Schratz 1992).

So betrachtet hat diese Analyse explorativen Charakter, sie will ähnliche Forschungsansätze im Hinblick auf alternative Unterrichtsdiskurse anregen, in denen es darum geht, die Natur unterrichtlichen Wissens im Mikrobereich der Klasse für eine qualitative Veränderung im Makrobereich der Schule zu nutzen.

2.2 Im Dschungel der Gefühle[6]: Fotografie als Medium der (Selbst-)Reflexion

Gemeinsam mit Ulrike Steiner-Löffler.[7]

»Wieso interessiert Sie das, wo wir uns hier wohl fühlen?« fragt mich Schüler E. erstaunt, nachdem ich meiner 2. Klasse gerade vorgeschlagen habe, in den verbleibenden vier Deutschstunden dieses Schuljahres anhand von selbstgemachten Fotos über uns angenehme und unangenehme Orte in der Schule zu reden.

Die Verblüffung des Schülers macht mich im ersten Moment betroffen: Warum findet er den Vorschlag so unpassend? Bin ich für ihn etwa das, was ich selbst auf keinen Fall sein will, lediglich Stoffvermittlungs- und Abprüfmaschine, die sich nicht auch um das Wohlbefinden innerhalb und außerhalb der Klasse kümmert? Nach der ersten Schrecksekunde finde ich die Reaktion von E. aber durchaus verständlich: Ist die Hinwendung zum Subjekt nicht tatsächlich die Ausnahme im Schulalltag?! Wann werden schon Bereiche wie subjektive Befindlichkeit oder Kategorien wie Sich-wohl-Fühlen/Sich-nicht-wohl-Fühlen im Unterricht thematisiert?

Genau mit dieser Sinnen- und Wirklichkeitsfeindlichkeit des Schulalltags setzt sich unser Projekt »Im Dschungel der Gefühle« auseinander, also mit einem Phänomen, das im wissenschaftlichen Diskurs oft zur Sprache kommt, in der Praxis aber noch öfter resigniert hingenommen wird – und das beschränkt sich keineswegs auf das »typisch gymnasiale« (also theoretisch-abstrakt dominierte) Schulleben:

So meinte neulich der Schüler einer Höheren Technischen Lehranstalt, Abteilung Hochbau, »*Die Schule ist ja nur für euch Lehrer da*«, was im Lehrkörper ähnliche

6 Dieser Titel wurde von den SchülerInnen selbst erfunden!

7 Dieser Abschnitt entstand aus dem Bemühen von Ulrike Steiner-Löffler und mir, das Werkzeug der »Aktionsforschung« in Schülerhand zu geben. Sie unterrichtet an einem Gymnasium in Wien Deutsch, Psychologie und Philosophie. Die unterrichtsbezogenen Passagen beziehen sich auf ihre 2. Klasse (6. Schuljahr). Teile dieses Texts sind in den Zeitschriften Medienimpulse und Pädagogik erschienen.

Abb. 14: Ein Ort zum Wohlfühlen

Betroffenheit hervorrief wie die eingangs zitierte Frage des Gymnasiasten aus der 2. Klasse bei seiner Lehrerin. Die vernichtende Einschätzung der Institution Schule durch den HTL-Schüler hat uns um so mehr erstaunt, als im Bereich Architektur ja gerade die Ästhetik und immer stärker auch psychosoziale Aspekte neben der technischen Ausfertigung von (Wohn-)Räumen eine große Rolle spielen und deshalb doch auch in der Ausbildung von Bedeutung sein sollten. Offensichtlich hat also auch dort, wo das handwerkliche, »sinnliche« Arbeiten in der Werkstatt im Rahmen des Unterrichts noch einen wichtigen offiziellen Stellenwert einnimmt, die »künstliche Welt« der Schule Einzug gehalten, von der Horst Rumpf (1986a, 20) schreibt, sie sei »organisatorisch als Zivilisierungsinstrument gebaut, so wird sie verwaltet und beherrscht«. Um so mehr schreibt er ihr die Aufgabe zu, »etwas von den spontanen, neugierigen, ungebärdigen Weltberührungen und Selbsterfahrungen zu retten, die der technische und ökonomische Kalkül als zeitraubend, unnütz und kindisch abdrängt. ... sie muß heute, im Gegenzug, auch versuchen, die ihr Anbefohlenen vor dem Anpassungsdruck zivilisatorischer Abgrenzungen und Einschränkungen jedenfalls bis zu einem gewissen Grad zu schützen. Und zwar nicht aus Wehleidigkeit, aus Schwäche, aus Angst vor hartem Durchgreifen ..., sondern aus Sorge um die humane Substanz« (19f.).

Wie ungewohnt es sogar für die SchülerInnen ist, die übergangene Sinnlichkeit im Widerpart von »künstlicher Schule« und »wirklichem Leben« im Rahmen institutionalisierter Bildungsarbeit (Rumpf 1981) zum Thema zu machen, legen die zitierten Schüleraussagen nahe. Daran schließt sich daher die Frage, welche Chancen LehrerInnen in der Schule überhaupt (noch) haben, die »Mauern zwischen Schulkünstlichkeit und Lebensernst« (vgl. ebenfalls Rumpf 1981) abzubauen. Von einem solchen Annäherungsversuch zwischen der sinnlich erlebten Welt der SchülerInnen und der künstlichen Welt der Symbolkonstruktion Schule mittels Fotografieren handelt dieser Abschnitt. Er verbindet Bericht und Reflexion über einen Versuch, SchülerInnen zum genaueren Hinschauen auf ihren »Arbeitsplatz Schule« zu motivieren, dazu, nach Orten Ausschau zu halten, wo sie sich *wohl fühlen*, und jene aufzuspüren, die ihnen *nicht zusagen*.

Damit verfolgen wir zumindest zweierlei Absichten: einerseits auszuloten, wo sich SchülerInnen unter den derzeitigen Bedingungen von Schule und Unterricht »zu Hause« fühlen (oder auch nicht); andererseits den SchülerInnen eine Möglichkeit zu bieten, selbst als ForscherInnen aktiv zu sein und für sie relevante Erkenntnisse am Arbeitsplatz Schule zu gewinnen. Aus dieser Studie, die für uns explorativen Charakter hat, wollen wir zudem auf mehreren Ebenen Anregungen für weitere Erkundungen als Anstoß für Schulentwicklung erhalten:

- die stärkere Berücksichtigung des Umfelds von Lehren und Lernen im Hinblick auf die Schule als Lebensraum, in dem Schülerinnen und Schüler einen Großteil ihrer schulpflichtigen Zeit verbringen (müssen);
- die Einbeziehung der unmittelbar vom Unterricht Betroffenen in die (Selbst-) Evaluation von Schule, die im Rahmen der autonomen Schulentwicklung eine immer wichtigere Rolle spielt (vgl. Schratz 1994);
- die Verwendung von Fotos als Mittel der Evaluation in der qualitativen Forschung, zumal dieses Medium in der Praxis selten zum Einsatz kommt (vgl. Walker 1993).

2.2.1 Aufblenden

Ein turbulentes, für die Kinder und für mich sehr arbeitsintensives Schuljahr neigt sich dem Ende zu, der Wunsch, in dem Trubel einmal innezuhalten und über die eigene Befindlichkeit nachzudenken, »liegt in der Luft«, und Fotos als Evaluations- und Reflexionsmedium einzusetzen erscheint mir als Idee ebenso naheliegend wie deren Ausführung lustvoll, die Kinder sind bald Feuer und Flamme, und so stürzen wir uns in die Detailplanung, ohne in dieser Phase allzuviel Gedanken an den theoretischen Hintergrund unseres Vorhabens zu verschwenden.

Wovon hängt es ab, überlege ich, ob man sich an einem Ort wohl fühlt oder nicht? Von den baulichen Voraussetzungen, der Wohnqualität sozusagen? Gewiß nicht nur *davon, aber die äußeren Rahmenbedingungen stellen eine nicht zu vernachlässigende Größe dar: Es prägt die Situation ganz bestimmt,*

- *wenn in den* alten *Wiener Gymnasien die Schülerinnen und Schüler mancherorts froh sein müssen, wenn ihnen, überspitzt formuliert, kein Mauerwerk auf den Kopf rieselt,*

- *wenn in den* neuerbauten *Wiener Bundesschulen gut ausgestattete, im Sinne fortschrittlicher Psychohygiene am Arbeitsplatz errichtete Refugien wie etwa Räume für die SchülerInnenvertretung schleunigst in Miniklassenzimmer umfunktioniert werden, weil man des Schüleransturms und damit des Raummangels anders nicht Herr wird,*
- *wenn sich die* Nachmittagsgestaltung, *die sogenannte »Freizeit« im Tagesschulheim, an vielen Standorten in denselben, zumindest in den gleichen zu engen, kahlen Schulklassen abspielt, in denen die Kinder schon fünf bis sechs Stunden Vormittagsunterricht abgesessen haben.*

Das Problem ist zudem ein wahrhaft »schulpartnerschaftliches«, denn unter der Raumnot bzw. unter der Inadäquatheit der Räumlichkeiten leiden LehrerInnen mindestens ebenso wie die SchülerInnen, wobei innerhalb des Lehrkörpers zusätzlich eine gewisse Abstufung des Arbeits(platz)leides nach Hierarchie festzustellen ist:

Für die Newcomer, natürlich ganz besonders für UnterrichtspraktikantInnen[8]*, gilt die Regel: Leider kein eigener Platz im Konferenzzimmer, kein Heimatort also; Fernziel daher, nach soundso vielen Semestern einen Sessel an der Schmalseite eines ohnehin zum Bersten vollen Tisches im Konferenzzimmer zu erobern, indem man das Revier der anderen, Alteingesessenen, beschneidet; ganz zu schweigen von Bedürfnissen nach entspannter Kommunikation, vielleicht gar nach damit verbundenem Kaffeegenuß: Solcher Luxus muß oft mit intensivem Passivrauchen erkauft werden, denn die »Raucherinsel« ist an vielen Schulen der einzige Sozialraum für LehrerInnen; weshalb das so ist, läßt sich wahrscheinlich sozialpsychologisch griffig erklären, am Frust der nichtrauchenden Lehrerinnen und Lehrer ändert das aber nichts …*[9]

Fazit: Mühsam ruhiggestellte Kinder, eingezwängte, frustrierte LehrerInnen, alles grau in grau? Ist es unter diesen Umständen nicht aufdringlich, eruieren zu wollen, wer sich wo am Arbeitsplatz Schule wohl fühlt? Oder hängt das Wohlbefinden an einem Ort eben doch nicht in erster Linie von der baulichen Qualität und den pro Person zur Verfügung stehenden Quadratmetern ab? Vielleicht empfinden die Schülerinnen und Schüler die Situation ganz anders, als wir das vermuten, schließlich unterscheiden sich unsere Geschmäcker ja auch in anderen Bereichen, etwa was Musik oder Kleidung angeht, sehr stark voneinander. Lassen wir es auf den Versuch ankommen.

8 UnterrichtspraktikantInnen sind AbsolventInnen eines Lehramtsstudiums; sie müssen ihre Ausbildung mit einem Unterrichtspraktikum abschließen, das beinhaltet u.a. das selbständige Unterrichten zweier Klassen kontinuierlich für die Dauer eines Schuljahres, unterstützt und beraten von BetreuungslehrerInnen.

9 Der Problemkreis Arbeitsplatzgestaltung bietet sich zwar für erste gemeinsame Schritte auf dem Weg zu einem *teambezogenen, autonomeren Verständnis von Schule und Lehrkörper* an, aber es bedarf dazu neuer Formen der Kommunikation und Kreativität im Bearbeiten von Konflikten und Interessengegensätzen, und das Verlassen vertrauter Pfade löst immer auch Ängste der Betroffenen aus, um so mehr, wenn sie aufgrund ihrer Sozialisation als LehrerInnen auf Einzelkämpfer »programmiert« sind!

2.2.2 Achtung, Aufnahme! Planung und Durchführung

Ich erkläre der Klasse, wie ich mir die Durchführung vorstelle, skizziere den zur Verfügung stehenden Zeitrahmen und die Ressourcen, die SchülerInnen sind interessiert, bringen eigene Ideen ein, machen Vorschläge, schließlich einigen wir uns auf acht Schritte:

Ablaufphase

1. Es werden Fünfergruppen gebildet; als Kriterium wünschen sich die Kinder »Gleichgesinnte bezüglich Stunden- und Pausengestaltung zusammen in eine Gruppe«.
2. Die SchülerInnen suchen *gemeinsam* etwa vier Orte, an denen sich die Gruppenmitglieder in der Schule wohl fühlen, und etwa vier Orte, an denen sie sich nicht wohl fühlen.
3. Planen, in welcher Reihenfolge diese Orte fotografiert werden sollen und welches Arrangement die beabsichtigte Aussage am besten verdeutlicht (*nur* die Örtlichkeit oder auch *Personen* im Bild festhalten).
4. Fotografieren – dafür etwa dreißig Minuten Zeit pro Gruppe zur Verfügung stellen, etwa zehn Fotos dürfen »verschossen« werden; es muß vorher ausgehandelt werden, wer was fotografiert und wer posiert.
5. Parallel dazu wird eine exakte Liste der aufgenommenen Motive angefertigt, um nach dem Entwickeln der Filme die Fotos den einzelnen Teams zuordnen zu können.
6. Herstellen von Plakaten, auf denen die Fotos mit Motiven, wo sich die SchülerInnen wohl fühlen, denen, wo sie sich nicht wohl fühlen, gegenübergestellt und von der Gruppe schriftlich kommentiert werden.
7. Präsentation der Plakate vor der Klasse als Einstieg in die Diskussion über die Situation.
8. Gemeinsame Auswertung des Projekts.

Was dann weiter mit den Plakaten passieren soll, werden wir später entscheiden, und was uns während der Arbeit noch alles einfallen wird, das wollen wir flexibel ins Konzept einbauen.

Ich überlege, welche positiven Motive die Teams wohl aussuchen werden: den Vorraum zu den Toiletten, weil sie dort für gewöhnlich der direkten professoralen Kontrolle entzogen sind?, den Turnsaal und den Pausenhof, der immerhin von einem alten Kastanienbaum veredelt wird? – und als Negativbeispiele vielleicht das Klassenzimmer als den Ort des größten Lern- und Prüfungsstresses oder die Direktion?

Bald werde ich es genau wissen …

Die Vorbereitungsarbeiten (Phase 1 bis 3) sind in einer *Unterrichtseinheit erledigt, in der nächsten Deutschstunde, einer Doppelstunde, wird fotografiert (Phase 4–5). Das funktioniert perfekt, exakt nach Plan wird die Kamera weitergegeben. Trotz gelegentlicher Kicheranfälle und Schimpfereien wird deutlich, wie ernst die SchülerInnen die Aufgabenstellung und die ihnen zugeschriebene Rolle nehmen (Phase 4–5). Vier Tage später, die Fotos sind entwickelt, endlich der sehnlich erwartete Augenblick: Ich verteile die Bilder unter großem Hallo unter die Produzenten, sie stürzen sich darauf und sind sofort in heiße Diskussionen verwickelt – denn die nächste Arbeitsaufgabe lautet: Jede Gruppe gestaltet ein Plakat mit den gegenübergestellten Fotos (wo fühlen wir uns wohl, wo nicht?) und entsprechenden Kommentaren dazu (Phase 6).*

Während der folgenden, sehr intensiven Arbeitsphase bedaure ich es, kein Tonband-

»In unserem Gang kommt man sich wie im Urwald vor … Dort fühlen wir uns wohl.«

»Wir haben den Ausgang gewählt, weil er die Freiheit hinter sich birgt!«

»Hier spielt selbst der kleinste Wicht und erholt sich vom Unterricht.«

»Hier kommt der Stoff für eine langweilige Stunde her.«

»Die Hinternparade …«

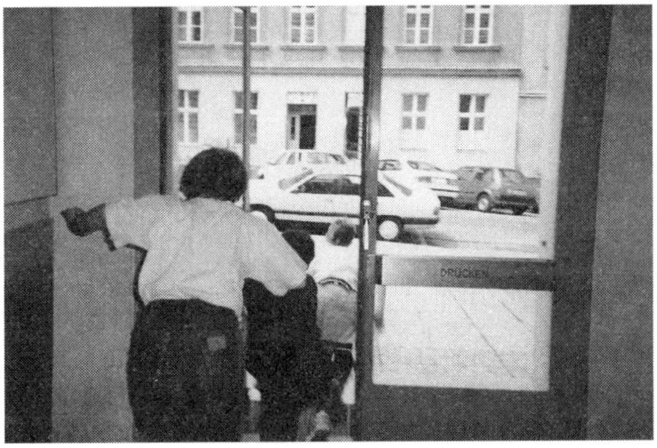

»Schnell raus hier!«

Abb. 15: Schülerfotos mit Kommentaren der SchülerInnen

gerät mitgenommen zu haben. Die Gespräche, die sich in den Gruppen entwickeln, sind es wert, festgehalten zu werden! Da geht es um ästhetische Probleme (»Wie schaffen wir es, daß der Gegensatz zwischen unseren positiven und unseren negativen Bildern möglichst deutlich herauskommt?«), aber auch um Prinzipielles *(»Nur weil* **du** *mit dem M. einen Streit gehabt hast, soll jetzt die* **ganze** *Gruppe den Werksaal negativ beurteilen??«), ja, in der Gruppe von S. wird um geradezu existentielle Fragen gerungen (»Geh, seid's ehrlich, eigentlich dürften wir überhaupt nur das Schultor mit einem Plus bewerten, weil's der Weg hinaus ist, alles andere ist doch … Speichelleckerei!« – »Nein,* **du** *Doofy, ich bin gern im Turnsaal, verstehst du, ausgesprochen gern, obwohl er zur Schule gehört!« – »Genau das mein' ich ja, alles schaut dann so … irgendwie so ausgewogen aus, ein bisserl Schlechtes, ein bisserl Gutes, wo das doch gar nicht stimmt, das Ganze ist Scheiße!«)*

Obwohl es mich natürlich reizen würde, spätestens an diesem Punkt in das Gespräch einzusteigen, verkneife ich mir vorläufig jeden Kommentar. Die Plakate, die in Windeseile entstehen, sind in Inhalt und Form völlig verschieden, kein Wunder angesichts der so gegensätzlichen Persönlichkeiten und der vorangegangenen Diskussionen in den Gruppen.

Die mit Spannung erwartete Präsentation der Plakate (Phase 7) entwickelt sich recht turbulent: Es fällt den Zuhörenden schwer, mit ihrer Meinung zu dem Gesagten und Gezeigten so lange an sich zu halten, bis die Produzenten ihr Werk vorgestellt haben, besonders, wenn sie selbst über die emotionale »Färbung« bestimmter Plätze ganz anderer Meinung sind als die Gruppe, die gerade am Wort ist. Immerhin bemühen sie sich, die Vorlieben und Abneigungen der anderen nachzuvollziehen, wenn sie sie auch nicht immer akzeptieren können.

Besonders das Team von S., das schon vorher seine Abneigung gegen jede Art von Beschönigung artikuliert hat, erregt mit seiner These bei den einen begeisterte Zustimmung, bei den anderen großen Widerspruch. Zwei Gruppen beharren darauf, daß sie *eine insgesamt* **positive** *Bilanz ziehen können, daß sie sich durchaus hier wohl fühlen und daß die Ursache für die Probleme der »Verweigerer« ganz anderer Natur wären und mit dem Schulhaus nichts zu tun hätten … Daraufhin entwickelt sich eine Diskussion über den Zusammenhang zwischen Sich-(nicht-)wohl-Fühlen an bestimmten Plätzen*

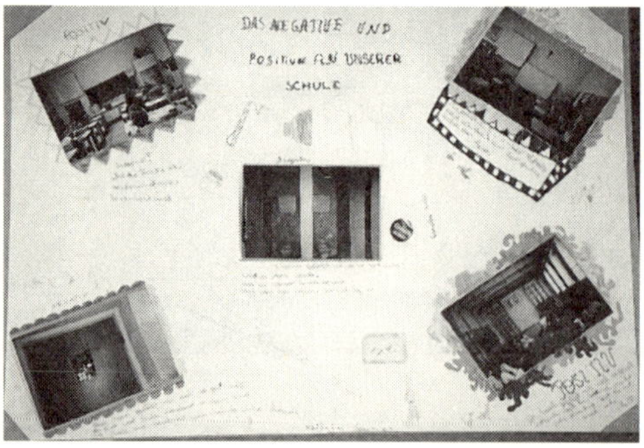

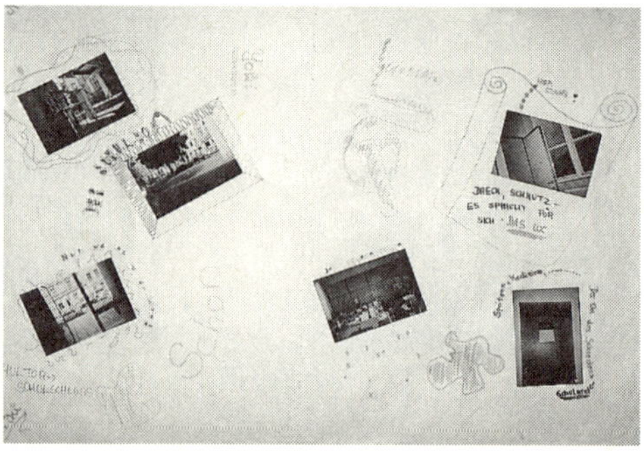

Abb. 16: Plakate als Ergebnisse der Auseinandersetzung mit den fotografierten Orten

und Beziehungsproblemen, im schulischen Bereich, aber auch in der häuslichen Wohnumwelt der SchülerInnen.

Auch ich als Lehrerin werde jetzt aufgefordert, Farbe zu bekennen: Welche Plätze im Schulhaus ich denn gern hätte und welche nicht? Ich überlege. Dann ringe ich mich zur Nennung von zwei »Plus«-Orten (Konferenzzimmer und Klassenraum der 2A, deren Klassenvorstand ich bin) und von zwei »Minus«-Orten (Gang, aufs engste assoziiert mit dem unerquicklichen Halten von Gangaufsichten, und Lehrer-Café, das zugleich das Raucherkammerl ist) durch. Warum habe ich selbst eigentlich keine Fotos gemacht, fällt mir dabei ein, das Medium Fotografie ist für mich doch auch sehr attraktiv!?

Meine Antworten rufen bei den Kindern teils ungläubiges Staunen (»Was, bei uns in der Klasse fühlen Sie sich wohl, obwohl wir so schlimm sind?«) hervor, teils verständnisvolles Nicken.

2.2.3 Die Ergebnisse der Diskussion

(1) In folgenden Punkten herrscht große Einigkeit:
Warum können die SchülerInnen den Schulhof nicht öfter/länger genießen?
»Verbotene Zonen«, etwa das Konferenzzimmer, sind Bereiche emotionaler Ambivalenz für die SchülerInnen. Sie üben Faszination aus, sind zugleich aber auch angstbesetzt (»Was hecken die da drin aus?«).
Es mangelt an einem Buffet. (Den idealen Ort für ein solches haben sie längst gefunden!).

(2) Aber es gibt auch Plätze, die von den einen ganz positiv, von den anderen dagegen negativ gesehen werden, u.a.
die Direktion (»Man wird als SchülerIn vom Direktor ernstgenommen, wenn man ein Anliegen hat, und kann gut mit ihm reden.« ⇔ »In der Direktion muß man sich verantworten, wenn man etwas ausgefressen hat.«);
die Toiletten (»unbeobachtete Zone«, »Freiraum« ⇔ »unhygienisch«, »außerdem setzen sich dort bei Konflikten die Stärkeren quasi ungebremst durch«).

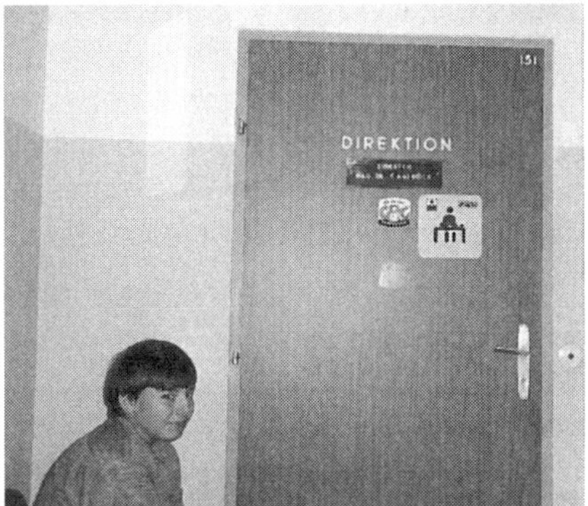

»Die Direktion ist kein beliebter Ort, weil hinter dieser Tür meistens Gefahren lauern.«

»Und jetzt relaxen ...«

Abb. 17: Ambivalent besetzte Orte mit Kommentaren der SchülerInnen

(3) Wir beschließen, all jene Bereiche, die übereinstimmend negativ gesehen werden und wo wir eine Einflußnahme für möglich halten, aufzulisten und im Herbst daranzugehen, uns für diese Bereiche Änderungsstrategien *zu überlegen.*

(4) In einer der Gruppen ist bereits während der Herstellung der Plakate die Idee aufgetaucht, die Ergebnisse dieser Fotoevaluation in die Präsentation eines Projektes einzubauen, das gerade im Geschichteunterricht unter dem Titel »Zukunft braucht Herkunft« gelaufen ist[10]*: Zwischen Zukunftsperspektive und Blick in die Vergangenheit fehle eigentlich die Gegenwartsschiene, meinen zwei Schülerinnen, und genau die könnten die Plakate mit den Orten, an denen man sich wohl fühlt, beisteuern!*
Die Klasse ist einverstanden, und die beiden Mädchen beginnen gleich mit der Umplanung der »Zukunft braucht Herkunft«-Präsentation, die am Tag vor der Zeugnisverteilung im Rahmen des Schulschlußfestes stattfinden soll.

(5) Ein unerwartetes, daher auch besonders erfreuliches Ergebnis unseres Projektes ist, daß andere Klassen, die davon erfahren, ebenfalls den Wunsch äußern, eine solche Fotoevaluation zu machen. Die Idee zieht also immer weitere Kreise!

Um von meiner Klasse ein Feedback zu erhalten (Phase 8), ersuche ich die Kinder, in Einzelarbeit schriftlich zu jenem Plakat ihre Meinung zu formulieren, das sie – positiv oder negativ – besonders anspricht; die so entstehenden Kurzkommentare spiegeln wider, was sich schon in der Diskussion gezeigt hat, das Bemühen um kritische, differenzierte Auseinandersetzung mit den Standpunkten anderer:

»Meine Überlegungen zum Plakat vom Team mit St.: Es wurde schlampig verziert, und dauernd sind Kinder im Bild!« – »Es kommt in dem Plakat von T. toll raus, was ich auch immer dort fühle!« – »Die Küche stinkt nicht, und nur manchmal schmeckt das Essen zum Kotzen.« – »Was gefällt denen wohl am Stiegenaufgang zum Dachboden so? Wer ist auf die Idee gekommen?« – »Wieso stehen ihnen im Physiksaal die Haare zu Berge?« – »Schlußwort: In dieser Schule fühle ich mich wohl. Nur müßte man manches renovieren.« …

Über das Projekt selbst äußern sich alle sehr positiv, ja viele geradezu euphorisch, und was sie am meisten daran geschätzt haben, ist offenbar die Tatsache, daß ihre Befindlichkeit, ihre Gefühle ernst genommen worden sind. Das freut mich zwar, gibt mir aber auch zu denken. Ist das wirklich eine solche Ausnahme von dem gewesen, was sonst in der Schule passiert und was Rumpf (1986, 9) beschreibt als: »die Auslaugung der ästhetischen Erfahrung und die Entsubjektivierung der Lernprozesse, die schließlich dazu führt, daß viele der sogenannten Adressaten sich für Qualität und Wahrheit des ihnen per Instruktion Übermittelten in keiner Weise mehr haftbar oder verantwortlich fühlen«?

10 Die Grundidee des Projekts *»Zukunft braucht Herkunft«*, das vom Pädagogischen Institut der Stadt Wien, dem Österreichischen Kulturservice und dem ORF gemeinsam initiiert worden ist und an dem sich im Schuljahr 1993/94 viele Wiener Schulen beteiligt haben, lautet: Die sinnvolle Gestaltung der Zukunft kann nur gelingen, wenn man sich ernsthaft mit der eigenen Vergangenheit bzw. mit dem Gewordensein der eigenen Lebenswelt beschäftigt!
Aus der selbstbestimmten Forschertätigkeit der Schülerinnen und Schüler, etwa aus dem Recherchieren der eigenen Familiengeschichte, resultiert ein geschärfter Blick für die politische und soziale Dimension historischer Entwicklungen, und es ist zu hoffen, daß die Kinder auch ganz aktuelle Phänomene wie die wachsende Ausländerfeindlichkeit bewußter wahrnehmen.

2.2.4 *Schnappschüsse ver-rückter Wirklichkeiten*

Die Systemtheorie geht davon aus, daß menschliches Verhalten nicht über einfache Ursache-Wirkungs-Zusammenhänge erklärbar ist. Vielmehr ist es in einer Ganzheit zu sehen, deren »Elemente in einem Netzwerk von Wechselbeziehungen miteinander verbunden sind, in dem jedes die Bedingungen aller anderen bestimmt. Untersuchungsgegenstand sind dementsprechend Strukturen und Funktionen, die Beziehungen von Elementen innerhalb eines Gesamtgefüges, die Regeln der Interaktion, die Umwandlungen und Veränderungen von Systemzuständen und -strukturen« (Simon 1993, 26). Hierzu bildet das Fotografieren eine reizvolle Möglichkeit, die unterschiedlichen (Wirklichkeits-)Ebenen des Schülerlebens in der Organisation Schule herauszuarbeiten. Der Fotoapparat bietet eine spezielle Linse, welche auf die einzelnen Elemente des Schullebens fokussiert werden kann, indem sie Teile des Ganzen heraushebt, mit Vordergrund und Hintergrund arbeitet und somit Nebensächlichkeiten zum Brennpunkt werden lassen kann.

Teile des Gesamtsystems Schule werden über das Festhalten bestimmter Elemente ver-rückt, das heißt in einem anderen Licht gesehen. Die Direktion ist auf dem von Schüleraugen festgehaltenen Bild nicht mehr das administrative Zentrum der Schule, sondern »kein beliebter Ort, weil hinter dieser Tür meistens Gefahren lauern«. Das Konferenzzimmer ist für sie nicht wie für LehrerInnen der einzige Rückzugsort in die »professional community«, sondern »hier kommt der Stoff für eine langweilige Stunde her«. Wie im Alltagsleben gibt es keine »wirkliche« Wirklichkeit (vgl. Watzlawick u.a. 1969) und keinen »allumfassenden, menschlichen Konsens, sondern lediglich Inseln der Übereinstimmung in einem Meer von Meinungsverschiedenheiten« (Simon 1993, 61).

Was sind nun die jeweils »relevanten« Wirklichkeitsebenen, die wir über den Ansatz der Aktionsforschung mittels fotografischer Linse im beschriebenen Projekt kennenlernen konnten?

Die erste Ebene:
Die »weiche« Wirklichkeit der SchülerInnen- und LehrerInnenwelt

Das Fotoprojekt stellt zunächst eine direkte Verbindung zum täglichen Leben, insbesondere zum »täglichen Gefühlsleben« der Kinder, her; für gewöhnlich machen sie die Erfahrung, daß sich eine tiefe Kluft zwischen ihren Prioritäten und denen der Erwachsenen aufspannt, sie erfahren sehr intensiv die *Diskrepanz in der Bewertung von Lebensbereichen* durch sie selbst und durch die »offiziellen« Haltungen:

Einerseits beschäftigt und bewegt sie eine Welt, in der es ganz zentral um Themen geht wie:

- *Kann ich beim Stickersammeln und -tauschen mithalten, und hab' ich Poster von den »richtigen« Musikgruppen?*
- *Werd' ich gefragt, ob ich mitkomme, wenn sich MitschülerInnen am Nachmittag treffen, und bin ich Teil des Spiels* ***Wer geht mit wem?*** *– oder läßt man mich »dumm sterben«?*

- *Werde ich von X als Pausengesprächspartner oder auch als Völkerballkönnerin akzeptiert und deshalb rasch in eine Pausenclique integriert bzw. in eine Mannschaft gewählt, oder muß ich mich als minderwertige Restmenge fühlen?*
- *Kann ich es mir leisten, dem Urteil der Opinion-Leader in der Klasse über eine Sportart oder in einer Modefrage oder gar über einen bestimmten Lehrer meine Meinung entgegenzusetzen, oder muß ich »mit den Wölfen heulen«?*

Andererseits erleben sie unentwegt, wie ebendiese Welt im offiziellen Schulbetrieb abgewertet, vergessen, bestenfalls »nebenbei« geduldet wird, wenn sie die andere, die *Erwachsenenwertewelt,* nicht stört! Fragen im »offiziellen Lehrplan« der Schule sehen anders aus als jene, die Kinder und Jugendliche im (Schul-)Alltag stellen. Sie laufen üblicherweise nach dem Muster »LehrerIn fragt – SchülerIn antwortet – LehrerIn bewertet ›richtig‹ oder ›falsch'« ab (vgl. Kapitel 2.1). Es sind die typischen Schulfragen, bei denen die richtige Antwort bereits bekannt ist, welche die Basis für ein solches Strickmuster von Unterricht darstellen. Sie dienen dazu, Verfügungswissen einzustudieren, um die (späteren?) Lebensfragen in den Griff zu kriegen. Nach Horst Rumpf (1987) führt die Monopolstellung dieser Art von Unterricht zu einer »Verödung der Lernkultur«.

Wenn sich die SchülerInnen aber fotografierend, diskutierend und reflektierend »im Dschungel der Gefühle« durchs Schulhaus pirschen, ist diese fein säuberliche Trennung zwischen (Über-)Lebensfragen und Lernfragen ansatzweise aufgehoben. Sie versuchen das Unbekannte im Bekannten zu wittern und nachzuspüren, wo Zusammenhänge zwischen ihrer Schul- und Gefühlswelt liegen: auf *ihre eigene* Bewertung kommt es an, wie *sie* sich fühlen, zählt. Daß auch noch von ihnen verlangt wird, *diese Gefühle zu artikulieren und sie so für andere nachvollziehbar zu machen*, bringt ein weiteres Element ins Spiel, ändert aber nichts im Grundsätzlichen.

> »Dieses alles bringt die solide Welt etablierter Deutungen, unbezweifelbarer Sinneseindrükke und Gewohnheiten in die Schwebe – und zwar ohne daß jemand da ist, der drohend fragt: was ist unklar, was ist auffällig? Diese beiläufig sich ergebenden Bodenschwankungen, diese leichten Schwindelgefühle, oft wonnevoll ergriffen – sie sind der Sauerstoff des Geistes. Gefährdet in einer Umwelt der fixfertigen Informationen, der Bilderflut, die keinen Atem läßt für die grübelnde Nachfrage – ist es wirklich wahr, das kann doch nicht wahr sein …« (Rumpf 1986b, 64f.).

Aktionsforschende SchülerInnen (und LehrerInnen) erhalten über das Fotografieren und die Auseinandersetzung mit den Aufnahmen eine Möglichkeit, die Unterrichtsroutine nach dem oben beschriebenen Muster zu unterbrechen. Die SchülerInnen beginnen Fragen zu stellen, zu denen auch die LehrerInnen die Antworten nicht kennen. Es gibt hierzu kein »richtig« oder »falsch«, keinen vorgefertigten Lehrplan, sondern die (Schüler-)Meinungen werden respektiert. Und das kann bereits der erste Baustein jener Vertrauensbasis sein, die eine der Grundvoraussetzungen für nachhaltige Erfahrungen ist. Diese Nachhaltigkeit ergibt sich laut Senge (1990) erst, wenn Vertrauen, Akzeptanz und Synergie dazu beitragen, daß Ergebnisse gemeinsam erreicht werden. Damit ist ein erster Schritt in Richtung »Lernende Schule« getan, nämlich eine »ihren Entwicklungsprozeß selbst organisierende Schule, an deren Gestaltung die LehrerInnen und SchülerInnen, die Schulleitung, die Eltern, Hausmeister und weiteres Personal mitwirken« (Ekholm u.a. 1995, 80).

Die zweite Ebene: Die »harte« Wirklichkeit der baulichen Gegebenheiten

Auf einer zweiten Ebene bringt die Fotografie als Medium der (Selbst-)Reflexion eine Auseinandersetzung mit der *tatsächlichen Ausstattung und den Mängeln des Schulhauses*: Wie dringend das Bedürfnis der Kinder nach Grünanlagen, nach Auslauf etc. ist, zeigt etwa deutlich die einhellige, begeisterte Zustimmung zu dem bescheidenen, kleinen asphaltierten Schulhof, den die Kinder *einmal pro Schultag eine Viertelstunde lang* benützen dürfen, vorausgesetzt, es ist ein Schönwettertag in der warmen Jahreszeit ...

Schulen sind Anstalten, die nach dem Prinzip »geschlossener Anstalten« gebaut wurden, für die »Überwachen« und »Strafen« als typische Sanktionierungsmechanismen gelten (vgl. Foucault 1976). Daher wird sie auch den »Mißtrauensorganisationen« zugerechnet, in denen eine permanente Beaufsichtigung der SchülerInnen stattfindet. Das Fotografieren stellte für sie eine temporäre Befreiung aus der Lehrerkontrolle dar, die sie im Rahmen des Schulraums nach eigenen Vorstellungen nutzen konnten. Es überrascht daher nicht, daß zahlreiche Fotos die »Auswege« aus der Überwachung festzuhalten versuchten (Fenster ins Freie, Türe auf die Straße, Toilette).

Das Festhalten der Objekte auf den Fotos sollte allerdings nicht nur Anlaß zur Gesprächsreflexion und zum Austausch von unterschiedlichen Befindlichkeiten sein, um als gefrorene Bilder im Fotoalbum der Schulchronik zu entschlafen. Vielmehr sollen die Ergebnisse des Projekts, insbesondere die Kommentare zu den Fotos, Anstoß sein für Überlegungen, ob nicht doch einige Veränderungen in der Organisation des Schulalltags bzw. in der Ausstattung des Hauses möglich sind (eine zweite Hofpause beispielsweise etc.). Die fotografischen Dokumente sind härtere »Fakten« als einzelne Äußerungen von SchülerInnen, die zumeist nicht bis an die Ohren der Verantwortlichen heranreichen. Sie werden damit zu wichtigen Beweisstücken für die Belebung einer vergessenen (oder unterdrückten?) Vernunft.

Es geht also auch um einen *emanzipatorischen* Anspruch: Wie können wir unsere eigenen Angelegenheiten selbst mitgestalten? Das ist keine Lernfrage mehr, sondern eine Überlebensfrage in einer Zeit, in der die Identität des/der einzelnen mehr denn je vom Zivilisationsprozeß vereinnahmt wird (vgl. Elias 1969). Es sind zwar nur zaghafte Schritte, die von den SchülerInnen gemacht wurden. Als Spurenelemente können sie aber über die festgehaltenen Bilder wirksam werden und weitere Schritte bewirken.

Aktionsforschende SchülerInnen konfrontieren ihre LehrerInnen mit den »harten Wirklichkeiten« ihres Kontexts schulischer Lernerfahrungen. Dabei geht es nicht, wie wir manchmal gehört haben, um bloße unabänderliche »Nebensächlichkeiten«. Ein »Da-kann-man-eh-nichts-Machen« angesichts belastender Schulumweltbedingungen ist vielmehr ein nach außen dringendes Signal, das innere Hilflosigkeit und Resignation widerspiegelt. Werden die Anliegen der SchülerInnen im Bereich der »harten« Architektur nicht ernst genommen, werden auch jene Versuche scheitern, die sich auf die soziale Architektur von Schule beziehen. Je mehr SchülerInnen sich mit dem Schulstandort identifizieren, um so eher tragen sie auch die Verantwortung dafür. Ein eindrucksvolles Beispiel dafür ist uns von einer »School for Truants« in England in Erinnerung: Schüler, die vorher als notorische Schulschwänzer galten, waren aus »ihrer« Schule nicht mehr wegzubekommen, sobald sie sie selbst – gemeinsam mit einem engagierten Lehrer – hergerichtet hatten.

Auf dem Boden des staatlichen Schulwesens ist die Einflußnahme in bauliche Veränderungen natürlich beschränkt. Dennoch gibt es aus unserer Erfahrung unterschiedliche Reaktionen auf Schülerwünsche, die vom Verbot der farblichen Ausgestaltung kahler Betonwände, ausgesprochen von der Schulbehörde, bis zur Bereitstellung eines von SchülerInnen selbst zu verwaltenden Gemeinschaftsraums reichen, der – analog zum »Kein Eintritt für Schüler« an der Konferenzzimmertüre – zum »off limits« für LehrerInnen erklärt wurde. Zwischen diesen beiden Positionen gibt es an jeder Schule noch genügend Spielraum, um die SchülerInnen *spüren* zu lassen, daß es im Zeitalter schulautonomer Maßnahmen auch für sie ein Stück *Gestaltungsautonomie* gibt. Daß letztere im Hinblick auf das Wohlfühlen an der Schule natürlich auch für die LehrerInnen (und für das nichtlehrende Personal) gelten soll, versteht sich von selbst …

Die dritte Ebene: Wirklichkeiten zum Angreifen

Die Kultur des Wortes beherrscht das gesellschaftliche Leben in hohem Maß. Sie nimmt auch in schulischen Curricula einen hohen (wenn nicht den höchsten) Stellenwert ein, der sich nicht zuletzt in der Dominanz der Fächer widerspiegelt (vgl. die Rolle der Rechtschreibung im Deutschunterricht!). Die nonverbale Kultur ist der des Wortes mit zunehmender Bildungsrelevanz unterlegen, denn »in der Schulerziehung, in den für die soziale Zukunft entscheidenden Abschlußprüfungen von Schulen und Hochschulen dominiert die Durchsetzung der verbalen Kultur und der an schriftliche Manifestationen gebundenen Intelligenz nachhaltig« (Rumpf 1987, 32).

Das unterrichtliche Wissen wird dadurch auch nicht angreifbar, sondern bleibt ein Herrschaftsinstrument, das es im Rahmen der Sozialisation und Selektion sich anzueignen (und weiter zu reproduzieren) gilt. Mr. Keating, der Lehrer im Kultfilm »Der Club der toten Dichter«, hat in eindrucksvoller Weise versucht, diesen zur Anpassung führenden Sozialisationsprozeß durch das Herausreißen von Seiten aus Klassikern zu durchbrechen. Bloße *Dekonstruktion* kann aber noch nicht zu einem förderlichen Bildungsprozeß führen. Dazu ist es erforderlich, das gesellschaftliche Wissen in einer Form zu *rekonstruieren*, daß es in doppeltem Sinne angreifbar und handhabbar wird. Insofern stellt die Fotografie ein Medium dar, das die Realität in ihrer *ganzen Komplexität* als Momentaufnahme festhält. Fotografien sind nach Susan Sontag (1979, 88) nicht nur die Evidenz dessen, was ein Individuum sieht, nicht nur Dokumente, sondern eine Evaluation der Welt(sicht). Damit stellen sie eine »Vision« der Beziehung zwischen Subjekten und Objekten dar, die sich in der Momentaufnahme manifestiert. Die Zusammenhänge zwischen *Orten, Räumen, Plätzen* und *Befindlichkeiten, Gefühlen, Assoziationen* werden in der Pädagogik meist viel zuwenig beachtet und reflektiert, schon gar nicht, wenn es um die ohnehin kognitiv überbestimmte, kopflastige Umwelt Schule geht (vgl. Hierdeis/Schratz 1992).

Das Medium Fotografie lebt – auch im Vergleich mit Film oder Video – vom *bewußten Aussparen bestimmter Zugänge* (etwa der Sprache und der Bewegungswahrnehmung) und fordert die *Intensivierung* der verbleibenden Möglichkeiten, also z.B. die Schärfung der Gestaltwahrnehmung, die Anregung zur Auseinandersetzung mit »vertrauten« Bildern aus einer »fremden«, durch die Kameralinse vorgegebenen Perspektive. Das (gedanklich) Ferne wird durch die Fokussierung plötzlich nahe und thematisierbar. »Sich dieses Fernliegende – die Irritation durch eine Ungereimtheit beispielsweise – wirklich nahekommen zu lassen, wo soll man das eigentlich noch lernen, wenn nicht in der Schule und in der Universität? Man hat den Eindruck, beide Einrichtungen tun alles, um diese Irritationen abzuwehren oder aber zum Griff nach rettenden Planken auszumünzen – denn so erreicht man die Mitgliedschaft in der community der Spezialisten« (Rumpf 1986b, 135).

Neben dem praktischen Wert für die Betroffenen (SchülerInnen und Lehrerin) hat der Einsatz der Fotografie im geschilderten Projekt daher auch eine Bedeutung für die Theoriebildung. Einerseits bringen die Erfahrungen neue Anregungen für die Unterrichtsforschung, zumal hier unterschiedliche Bereiche in der Fotografie interdisziplinär zusammenlaufen (etwa die Verknüpfung der Bereiche Medienpädagogik, pädagogische Soziologie, Fachdidaktik Deutsch und Bildnerische Erziehung und Evaluation als Teil der Unterrichtslehre). Fotos lassen sich nicht von einem einzelnen Fach vereinnahmen, da sie schulische Erfahrungen in ihrer ganzen Komplexität als Momentaufnahme festhalten.

Ähnliches gilt auch für den Stellenwert der Fotografie als eines wissenschaftlichen Forschungsinstruments. In der sozialwissenschaftlichen Forschungsdiskussion ist die visuelle Komponente interessanterweise großteils ausgespart worden, obwohl die Sozialwissenschaften geradezu prädestiniert dafür wären. Durch ihre starke empirische Ausrichtung haben sie mehr nach der Erfüllung der testtheoretischen Gütekriterien wie Objektivität, Reliabilität und Validität geschielt, als sich um das (Er-)Finden eigenständiger Methoden zur Auseinandersetzung mit der sozialen Welt zu kümmern. SozialwissenschaftlerInnen sehen Fotos daher mit einer gewissen Skepsis, da sie vielfältige Bedeutungen tragen und daher BetrachterInnen leicht manipulieren können. Aus unserer Sicht eignen sie sich aber gerade aus diesem Grund dazu, die *Komplexität sozialer Beziehungen* verstehen zu lernen. Wir glauben beispielsweise, daß die abgedruckten Fotos der SchülerInnen so viel mehr über den menschlichen Aspekt im Schulleben aussagen, als andere Forschungsmethoden. Die Aufnahmen tragen in gewisser Weise dazu bei, das Unsichtbare sichtbar zu machen (vgl. Schratz/Walker 1995).

Das Sichtbarmachen des Unsichtbaren hat starken Aufforderungscharakter: Fotos *bringen Menschen zum Sprechen*, verleiten sie dazu, in das Kontinuum der anderen einzutauchen, sich mit deren Wirklichkeit auseinanderzusetzen. Denn alle fotografischen Ereignisse sind mehrdeutig, außer für jene, deren persönliche Beziehung zum

Ereignis die nicht vorhandene Kontinuität herstellt (Berger/Mohr 1982, 128). Daher tragen sie auf der ersten Ebene dazu bei, daß die SchülerInnen gegenseitig über ihre persönliche Beziehung zu den abgebildeten Örtlichkeiten ins Gespräch kommen. Auf einer zweiten Ebene ist es die Lehrerin, die mit den festgehaltenen Motiven und deren gefühlsmäßiger Besetzung konfrontiert wird. Sie erhält damit einen neuen Zugang zur Wahrnehmung »schulischer Wirklichkeiten« ihrer SchülerInnen.

Die über das Projekt in Gang gesetzten Reflexionen, die in der Routine des Schulalltags üblicherweise ohnehin viel zu kurz kommen, lösen eine Art Kettenreaktion aus: Auch andere Klassen werden angeregt, herauszufinden und darzustellen, wo sie sich (nicht) wohl fühlen. LehrerInnen fällt auf, daß sie sich selbst noch kaum darüber Gedanken gemacht haben, *wie* sie sich *wo* an ihrem Arbeitsplatz fühlen. In dieser Hinsicht haben sich die von den SchülerInnen produzierten Fotos als ein wertvolles Instrument der (schulinternen) *Selbstevaluation* herausgestellt. Es wurde nicht von einem externen Forscher eingesetzt, sondern hat die Betroffenen zur Erforschung ihrer eigenen Situation angeregt – mit dem Ziel, ihr eigenes soziales Umfeld zu verbessern (vgl. Elliott 1991). Je nach den klimatischen Verhältnissen an einer Schule kann ein solches Fotoevaluationsprojekt durchaus auch ein Stück Subversivität bedeuten, legt es doch vielleicht (wenn uns dieses eigenwillige Bild erlaubt ist!) mit der Kamera den Finger auf offene Wunden.

Die Vielfalt der angerissenen Fragen und die Mühe, die es kostet, die verschiedenen Wirkungszusammenhänge separat darzustellen, sind bei der Analyse derart komplexer Interaktionen nichts Außergewöhnliches. Wir sehen diese Komplexität aber auch als ein Indiz dafür, daß gerade hier der eingangs skizzierte systemische Ansatz voll zum Tragen kommt, denn welches epistemologische Modell könnte wohl besser dazu geeignet sein, das »Netzwerk an Wechselbeziehungen« menschlichen Handelns zu ergründen, das sich zwischen fotografierenden SchülerInnen, harten und weichen Wahrheiten, subversiven Analysemethoden – und interessiert beobachtenden ForscherInnen aufspannt?

In dieser Hinsicht ist die Fotografie ein zukunftsweisendes Medium, vor allem wenn es von SchülerInnen genutzt wird. Die Rückmeldungen von LehrerInnen *aller Schultypen* und an Universitäten auf unsere ersten Erfahrungsberichte und Präsentationen haben uns in unserer Überzeugung bestärkt, daß wir damit einen Weg beschritten haben, der Zukunft hat und den inzwischen auch schon andere KollegInnen eingeschlagen haben. Wir haben dadurch selbst viele neue Anregungen erhalten, wofür wir herzlich Dank sagen. Der gilt aber ganz besonders den SchülerInnen, die uns neue Wirklichkeiten in bezug auf Schule, Unterricht und deren Entwicklung eröffnet haben.

2.3 Das globale Klassenzimmer – Der Computer als Fenster zur Welt

Gemeinsam mit Edith Rainer.[11]

Die gegenwärtige gesellschaftliche Umbruchsituation macht auch vor der Schule nicht halt, weshalb dort zur Zeit Aufbruchstimmung, mancherorts aber eher Panik herrscht. Dies liegt wohl auch daran, daß die von SchülerInnen als »fremdbestimmte, bürokratisch durchorganisierte und ritualisierte staatliche Anstalt« (Klemm u.a. 1986, 11) erlebte Schule in der gegenwärtigen Form den Herausforderungen der anstehenden dritten, technologischen Revolution nicht mehr gewachsen ist. Zu mächtig scheinen bereits außerschulische (Lern-)Anreize, als daß sie in einer direkten Konfrontation bestehen könnte, zumal sowohl SchülerInnen, Eltern und SchulpraktikerInnen als auch ErziehungswissenschafterInnen schulisches Lernen immer wieder als »lebensfern, handlungsarm, entsinnlicht, einseitig rationalistisch, öd und abstrakt« bezeichnen (a.a.O.).

Im Bemühen um eine bessere Startposition im Wettlauf um das Bestehen der Herausforderungen der Jahrhundert- und Jahrtausendwende versieht der Staat die Schule, die gesellschaftlichen Veränderungen zumeist nachhinkt, mit der nötigen technischen Ausrüstung, um der Erwachsenengeneration von morgen Anschluß an die Computer Literacy zu ermöglichen. (Unterstützung durch Wirtschaftskreise ist ihm dabei hoch willkommen.) Die in Österreich rasch vom Parlament beschlossene Verpflichtung zum Einsatz des Computers im Unterricht – zunächst in den sogenannten Trägerfächern in der Sekundarstufe I, nach Möglichkeit aber bald auch fächerübergreifend – hat dieser Entwicklung auch auf dem Verordnungswege Rechnung getragen.

Diese Tendenzen zeigen nicht zuletzt auf, daß Bildungsfragen im Einklang mit der technologischen Entwicklung und dem wirtschaftlichen Fortschritt zusehends in den Sog quantitativer Produktionsbestimmungen geraten, als ob eine neue Absolventengeneration des »Homo electronicus«, ausgestattet mit vom Arbeitsmarkt geforderten »Schlüsselqualifikationen«, für die Lösung der anstehenden Zukunftsprobleme ausgebildet werden könne. Die Rechnung wird aber auch in diesem Fall ohne die Institution Schule gemacht, die sich wiederum träger zeigt, als sich das Bildungspolitiker insgeheim wünschen. Einerseits war es nicht möglich, das notwendige Lehrpersonal rechtzeitig und flächendeckend für den verpflichtenden Einsatz des Computers aus- bzw. weiterzubilden, andererseits ist dort, wo er im Unterricht eingesetzt wurde, zum Teil bereits Ernüchterung eingetreten: Sogar moderne Computersoftware generiert mehr *drill and kill*, als kreative Arbeit zur Bewältigung komplexer Aufgaben für die Zukunft geleistet wird (vgl. Longstreet 1989).

Der Hauptgrund dieser jüngsten Entwicklung liegt u. E. darin, daß sich am Lernbegriff selbst, d.h. an der epistemologischen Grundlage des Wissens, nichts geändert hat. Wenn wir uns daher nicht grundsätzlich mit der Entstehung des Wissens auseinander-

11 Edith Rainer, Volks- und Hauptschullehrerin. Sie leitete zuletzt die Hauptschule Fieberbrunn in Tirol. Dieser Abschnitt entstand aus dem Bemühen, SchülerInnen im abgelegenen ländlichen Raum den Zugang zum »virtuellen Klassenzimmer« zu ermöglichen. Die Passagen, die Unterricht wiedergeben, beziehen sich auf ihre 3. Hauptschulklasse (7. Schuljahr). Den Zugang zum weltweiten Netz stellte die Universität Innsbruck zur Verfügung. Eine frühere Version dieses Texts erschien in der Zeitschrift Schulpraxis.

setzen, wird auch der Einsatz neuer Technologien im Unterricht strukturell wenig daran ändern, daß die SchülerInnen eher für die Schule denn für das Leben lernen. Die Gefahr einer derartigen Entwicklung liegt dabei vor allem darin, daß der Einsatz des Computers im Unterricht den sozialen Bezug zwischen den SchülerInnen noch mehr in den Hintergrund drängen kann. Andererseits bietet er, wenn man ihn entsprechend nützt, geradezu *die* Chance zur Schaffung einer Lernsituation, in der junge Menschen über gemeinsame (Projekt-)Arbeit miteinander in Beziehung treten, etwa indem sie Zugang zu einem sogenannten *Learning Circle* erhalten:

```
HI CIRCLE PARTNERS,
OUR NINTH GRADERS HAVE DECIDED TO WRITE A PLAY ON TEENAGE WONDER
YEARS. WE WOULD LIKE INPUT FROM YOUR CLASSES REGARDING UNIQUE
EXPERIENCES THEY HAVE HAD GROWING UP IN TODAYS WORLD. OUR CLASS IS
INTERESTED IN BOTH COMICAL AND SERIOUS SITUATIONS STUDENTS IN YOUR
CLASSES ARE WILLING TO SHARE.
THANKS RAY DORSEY
```

Diesen attraktiven Vorschlag von Ray Dorsey aus den USA nahm die 3. Klasse der Hauptschule Fieberbrunn schließlich doch nicht an, dafür entschloß sie sich, ein *Creative Writing Journal* mitzugestalten. Sie hatte im Rahmen eines wissenschaftlichen Projekts, das vom Institut für Erziehungswissenschaften der Universität Innsbruck initiiert wurde, Gelegenheit erhalten, sich in eines der ausschließlich pädagogischen Zwecken dienenden Telekommunikationsnetze einzuklinken, und zwar in das AT&T Long Distance Learning Network (LDLN), »a service that lets groups of teachers and students around the world work together on meaningful educational projects by integrating telecommunications with the existing classroom curriculum. LDLN allows classrooms to send electronic messages to ›Learning Circles‹, groups of people with similar grade levels and learning objectives but different geographic and cultural perspectives« (LDLN Manual, 3). LDLN schafft also die Möglichkeit, daß LehrerInnen und SchülerInnen rund um die Welt (meistens 5 bis 7 Schülergruppen oder Klassen) gemeinsam an einem Projekt in sogenannten *Learning Circles* nach einem *Curriculum* und einem *Zeitplan* arbeiten. Das Endprodukt ist dann ein Journal mit mehreren Kapiteln, eine Gemeinschaftsarbeit aller. Jede Gruppe übernimmt die Redaktion für ein bestimmtes Kapitel, für das Beiträge von allen anderen TeilnehmerInnen geschrieben werden. Aber lassen wir dieses Projekt aus der Perspektive der verantwortlichen Lehrerin Revue passieren.

2.3.1 Vier Fuß Schnee und Erdnußbutter für Fieberbrunn

Es wurden uns folgende Themenkreise angeboten: *The Computer Cronicles, Mind Works, Places and Perspectives, Society's Problems* und *Energy Works*. Wir wählten *Mind Works* aus; das heißt, wir wollten mit unseren Partnerklassen gemeinsam an einem *Creative Writing Journal* arbeiten. Neben dieser gemeinsamen Arbeit sind alle Gruppen angehalten, sich bei jeder anderen Gruppe schriftlich vorzustellen, wobei der

Phantasie keine Grenzen gesetzt sind. Einmal jede Woche wird erwartet, daß man über den Fortgang der Arbeit berichtet, Informationen einholt, über Schwierigkeiten erzählt oder sich über Dinge von allgemeinem Interesse unterhält.

Von AT&T wurden der Schule Unterlagen für das Projekt zugesandt, die aus der entsprechenden *Software*, dem *Curriculum Guide*, der *Learning Circle Timeline*, dem *Benutzercode* und *Password* für das Netzwerk bestanden. Außerdem erfuhren wir nun auch, wer unsere Partnerschulen waren und wann die erste Kontaktaufnahme *(Roll Call)* mittels Modem erfolgen sollte. Eine dieser Schulen hatte die Koordination der laufenden Arbeiten und die spätere Produktion des Endergebnisses übernommen. Dort wurde auch nach jedem zeitlichen Abschnitt eine Übersicht über die bereits geleisteten bzw. noch ausständigen Arbeiten gegeben. Außerdem war das die Stelle, die bei auftretenden Schwierigkeiten zum Ortstarif angerufen werden konnte.

Die *LDLN Learning Circle Timeline* gab für das Sommersemester sechs Abschnitte vor:

	Getting Ready – Vorbereitungsphase
1. – 2. Woche	**Getting Started – Vorstellungsrunde Roll Call**
	Die Gruppen melden sich gegenseitig. Jede Gruppe stellt sich vor und antwortet (Classroom Survey). Außerdem werden in dieser Zeit die Welcome Packs versendet.
3. – 4. Woche	**Planning the Journal**
	Jede Gruppe entscheidet sich für ein bestimmtes Kapitel, für das sie verantwortlich sein will. Der Koordinator sammelt diese Resultate und teilt sie den Schulen mit. In der Planungsphase werden so lange Botschaften untereinander ausgetauscht, bis alle mit den gewählten Kapiteln zufrieden sind.
5. – 10. Woche	**Writing and Exchanging Articles**
	Ein- oder zweimal in der Woche werden die erstellten Schülerarbeiten an die zuständige Redaktion gesandt. Weiterhin werden Informationen, Pläne und Besprechungen ausgetauscht.
11. – 13. Woche	**Evaluating and Editing Articles**
	Die SchülerInnen suchen aus dem Angebot Texte, die sie veröffentlichen wollen, aus, bearbeiten diese, holen weitere Informationen ein und machen sich über das Layout Gedanken.
14. – 15. Woche	**Publishing the Journal**
	Der Abschnitt von Mind Works, The Creative Writing Journal, wird zum Publizieren fertiggemacht. Die Schulen schicken ihr Kapitel den anderen Schulen zu und ersuchen um Kommentar. Schließlich wird das fertiggestellte Kapitel an den Learning-Circle-Koordinator gesandt, der für die Fertigstellung des Journals verantwortlich ist. Damit schließt der Learning Circle.

Abb. 18: Zeitleiste für die Arbeit der Lernzirkel

Erste Schritte

Wir stürzten uns in die Vorbereitungsarbeiten. In dieser Phase mußten wir uns vor allem über die Arbeitsorganisation in unserer Gruppe klarwerden. Nach längeren Gesprächen entschieden wir uns, in Kleingruppen zu je vier Schülern zu arbeiten.

Jeder Gruppe sollte ein bestimmter Aufgabenbereich zugeordnet werden. Jede übernahm eine der Partnerschulen zur Betreuung, d.h., sie nahm alle Sendungen dieser Gruppe in Empfang, sichtete das Material, holte etwaige Informationen ein, fügte notwendige Erklärungen an, kümmerte sich um die Veröffentlichung in den Schaukästen der Schule usw. Alle gemeinsam mußten wir uns mit dem neuen Medium und der Handhabung des Programms vertraut machen. Eine Weltkarte, ebenfalls von AT&T bereitgestellt, wurde zu einem wichtigen Requisit in unserem Gruppenraum, wollten wir doch die geographische Lage unserer Partnerschule möglichst schnell identifizieren.

Es war wichtig, daß die SchülerInnen – entgegen sonstiger schulischer Gepflogenheit – lernten, selbstverantwortlich zu handeln, in den Kleingruppen Übereinstimmung zu erzielen und ihre Entscheidungen dann den anderen gegenüber zu vertreten. Diese Arbeitsweise machte den SchülerInnen großen Spaß.

Willkommen in der »weiten Welt«

Nun gingen wir daran, für unsere Partnerschulen die sogenannten *Welcome Packs* zu gestalten. Sie hatten die Aufgabe, die SchülerInnen und LehrerInnen einander bekannt zu machen und sich gegenseitig verstehen zu lernen. Diese Sendungen sollten einen Brief der Klasse/Gruppe enthalten, in dem sie sich vorstellt, weiters Interessantes über die schulischen Gegebenheiten (Schulregeln, Stundenplan, Unterrichtszeit, Verpflegung), eine Beschreibung des Ortes, der Region (Skizzen, Landkarten) und eine Schülerliste. Der Phantasie konnte man freien Lauf lassen. Wieder galt es, sich verschiedene Techniken anzueignen, z.B. den Kopierer zu bedienen, zu fotografieren, sich über ein gefälliges Layout schlüssig zu werden usw.

Unsere *Welcome Packs* bestanden aus Landkarten (Österreich, Tirol, Bezirk, Region), Prospekten über unseren Ort (Winter und Sommer), einer Beschreibung unserer Schule, unseres Schulsystems, der Ferienordnung, des Tagesablaufes etc., einer Namensliste der TeilnehmerInnen (Anschriften, Hobbys etc.) und aus einer Spezialität unseres Ortes – einem winzigen Plüschtier, das in unserm Ort hergestellt wird. An jede Partnerschule wurde ein solches Paket abgesandt. Gespannt wartete die Schülergruppe auf das Eintreffen der für sie bestimmten Briefe bzw. Pakete.

Auf Ideensuche

Eifrig studierten wir den *Curriculum Guide*, um Ideen für *unser* Kapitel zu finden. Wir berieten lange. Schließlich einigten wir uns auf Interviews – auf Interviews besonderer Art: Wir wollten nämlich Figuren aus bekannten Märchen befragen. Unser Kapitel hieß also: *Interviews with Fairy Tale Characters*. Unseren Entschluß teilten wir via Modem unseren Partnerschulen mit. Auch die hatten sich entschieden. Hier sind einige ihrer Projektvorschläge für den Lernzirkel *Mindworks*:

GREETINGS FROM ILLING,
OUR SEVENTH GRADE CLASS WILL WRITE A FANTASY STORY ABOUT A MIDDLE SCHOOL STUDENT WHO FELL ASLEEP IN SCHOOL IN 1961 (THE YEAR OUR SCHOOL WAS BUILT) AND AWOKE IN 1990. THE CLASS WILL WRITE ABOUT THE CULTURAL SHOCK THIS MYTHICAL STUDENT WOULD FACE.

Dear Circle Partners,
My students and I have finally narrowed down our topic to five myths and five types of newspaper articles for you to choose from. We would like you to pick one myth and one type of article to contribute to our journal.

MYTHS:
Baucis and Philemon
King Midas and the Golden Touch
Pandora
Deadalus and Icarus
Phaethon and the Chariot of the Sun
Types of Articles:
New articles with headlines (who, what, where, when, why and how)

Classifieds (want ads)
Interviews
Fashions, fads and styles (we would love illustrations) T.V. and Movie listings.

We will compile all of this writing in a newspaper called »In Grecian Times,« based on the myths listed. There will be news articles with headlines such as »SON FALLS FROM SKY AS FATHER LOOKS ON IN DISPAIR,« for Daedalus and Icarus. The article would then continue with the who, what, where, etc. The want ad section would include such items as »New chariot needed. Old one got burned by lightening. Signed Apollo.« Interviews with characters might have a reporter interviewing Pandora about why she opened the box. Fashions might show what Midas and his daughter wore around the palace during the day and for formal dinner parties. The T.V. and movie section might include spoofs of what you think the Gods might be watching, such as Charlton Heston and the chariot races, etc.
Thanks for your help.
Susan

Unser Journal beinhaltete schließlich folgende Kapitel:

Juan Morel Campos, Brooklyn, NY	Mythology Newspaper
Illing Juniour High School	Play
Coal City Middle School, Coal City, IL	Mystery round Robins
Hauptschule Fieberbrunn	Interview Fairy Tale Characters
Louis Armstrong, Elmhorst, NY	Poetry
Harry F. Byrd Middle School, Richmond, VA	Short Stories
Yuba Feather Elementary, Challenge, CA	Science Fiction & fantasy

»Who are you?« – Kennenlernen der Partner

Die mit Spannung erwarteten Welcome Packs trafen nach und nach ein. Anfangs hatten die SchülerInnen Angst, sie könnten die fremdsprachigen Texte nicht verstehen. Bald jedoch hatten sie Praxis im sinnerfassenden Lesen und freuten sich sehr, als ihre Fähigkeit, den Inhalt der englischen Messages aufzunehmen, ständig wuchs. Ganz nebenbei lernten sie auch mit einsprachigen Wörterbüchern umzugehen und so ihren Wortschatz fast spielerisch zu erweitern.

Sie erfuhren Interessantes über den Lebensraum und die Lebensgewohnheiten der PartnerschülerInnen, über deren Hobbys und Anliegen, über Feste und Feiern, über die Schulsysteme in anderen Ländern, über den völlig anders verlaufenden Schulalltag und vieles mehr. Besonderen Eindruck machte auf uns das Schulprogramm der *Yuba Feather School* in Kalifornien.

School Program
Several factors make our school program unique. The GATE (Gifted and Talented Education) students mentioned the »A-team«, a club for those with straight-A or all-A's-with-one-B report cards. This club has a party and a field trip every quarter and is sponsored by community volunteers. Our school is different from many because it is so small and includes many grades, so there is much inter-action between younger and older students. Many of the upper-grade students have opportunities for cross-age tutoring. And, since we are a rural school and serve a broad geographical area, ALL students ride the bus, some for as long as 45 minutes each way!

School Calendar
School began – August 30
Holidays include: Labor Day (Sept 4), Veteran's Day (Nov. 10), Thanksgiving (Nov. 22-24), Christmas Break (Dec. 18-Jan. 1), Martin Luther King Day (Jan. 15), Lincoln's Birthday (Feb. 12), Washington's Birthday (Feb. 19), Easter Break (April 13-20), Memorial Day (May 28)
Today is a special day: It is the 100th day of school! The lower-grade students are celebrating with an assembly and balloon release. Every month there is a special day for the younger students: these range from Literature Day to History Day to Aviation Day to Author of the Month Celebrations. The last day of school will be June 13.

An der Yuba Feather School gefielen meiner Gruppe besonders die monatlich stattfindenden speziellen Feiern für die SchülerInnen. Die nach und nach ankommenden *Welcome Packs* wirkten fächerübergreifend, weil sich die SchülerInnen natürlich bemühten, sich Informationen zu manchen Themen aus anderen Fächern zu beschaffen. Geschichte oder Geographie standen plötzlich im Mittelpunkt des Interesses.

»How are you?« – Wöchentliche Berichte

Wie schon erwähnt, dienten wöchentliche Berichte außerhalb der eigentlichen Arbeit der Organisation und dem gegenseitigen Verständnis der *Learning-Circle*-TeilnehmerInnen. Die folgenden Beispiele sollen die Themenvielfalt und die Aktualität dieser Berichte veranschaulichen:

- Wir erfuhren, daß eine Schule ihre Teilnahme zurückziehen mußte, weil ihre Lehrerin schwer erkrankt war. Die Betroffenheit war groß, und die Gruppe wurde von der Klasse mit einer *Trostsendung* bedacht.
- Eine amerikanische Gruppe wollte mit einer globalen Einkaufsliste einen Preisvergleich bestimmter Waren anstellen. Die Liste enthielt die Preise in US-Dollar. Die Mengen waren in Pfund, Unzen und Gallonen angegeben.

Item	Quantity	Price ($)
Hamburger	1 Pound	2.49
Rice	1 Pound	0.69
Oranges	1 Pound	0.49
Sugar	5 Pounds	1.99
All Purpose Flour	5 Pounds	1.39
Whole Milk	1 Gallon	2.39
Chocolate	1 Pound	10.95
Potatoes	5 Pounds	1.70
Corn	16 Oz. Can	0.59
Peanut Butter	12 Oz. Jar	1.89
Coffee	1 Pound	2.39
Whole Chicken	per 1 Pound	0.59
Eggs	1 Dozen	1.29
Premium Unleaded Gas	1 Gallon	1.43

Um diese Aufgabe lösen zu können, mußten sich die SchülerInnen mit fremden Maßen befassen. Diese lebensnahe Herausforderung war für sie Motivation genug, die sonst eher unbeliebten Umrechnungen in unsere Maße mit Eifer in Angriff zu nehmen. Sie mußten aber auch Geschäfte aufsuchen, um die ortsüblichen Preise zu erfahren. Wie man

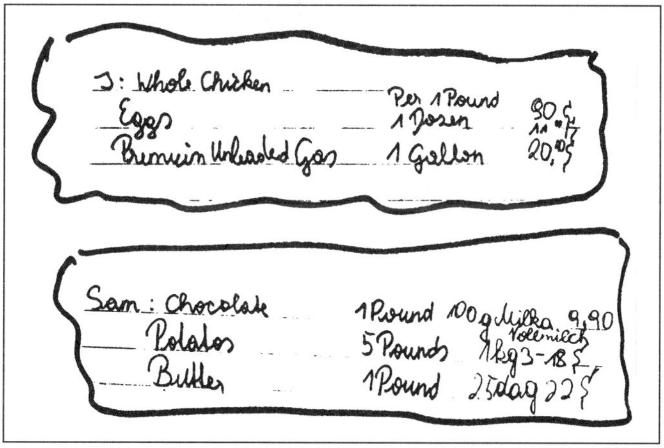

sich leicht vorstellen kann, hatten sie Mühe, die bei uns eher exotische Erdnußbutter aufzustöbern ... Durch diese Tätigkeit brachten die SchülerInnen aber auch in Erfahrung, daß Preise einzelner Lebensmittel von Ort zu Ort, ja von Geschäft zu Geschäft oft sehr verschieden sind. Das führte zu Diskussionen über mögliche ökonomische Zusammenhänge und zur Erkenntnis, daß Preisvergleiche vor dem Einkauf wertvoll sind und sparen helfen. Besonders überraschte es sie, daß in den USA Milch wesentlich teurer als Benzin ist!

- Eine New Yorker Schule hatte ein anderes Anliegen. Sie bat die Partnerklassen, sich ihrem Boykott bestimmter Fernsehsendungen wegen der darin enthaltenen Gewaltszenen anzuschließen.

Dear Children of the Future,
We are kids from I. S. 227 in New York City, who are concerned about our future. We've been experiencing a lot of violence in and around our school. What's worse is seeing that students enjoy violence and are entertained by it. We realize that kids are being influenced by the violence on T. V. and in the movies. We've researched and found out that studies show that T. V. influences and shapes life. We have decided to boycott the shows listed on our official WE WON'T WATCH (W.W.W.) stationery so that we can improve our future before it's too late. We'd like you to join us in our efforts to boycott these inappropriate shows in the hope that we can change television programming. Before you join our ranks, we encourage you to observe and discuss this problem in your class, community and home. So remember and spread the word, we can't control what they put on the box but we do have a choice about what we watch!

In Friendship and Peace
The W.W.W. of Louis Armstrong
Class 6-235

Violent Shows	
Nation	H, GV, S, B, BL, DST, K, W, D, VI, X
Booker	AOTA
Joe (cartoon)	GV, B, DST, K, W, VI
Hunter	H, S, BL, B, K, W, D, VI, X, PE
Married with Children	PE, X, BL
F Wrestling - children over 10	DST, B, VI
Friday the 13th (the weekly show)	AOTA
A-Team - children over 10	GV, DST, W, VI
Miami Vice	AOTA
COPS (live show)	AOTA
Nasty Boys	AOTA

Hooker - children over 10	GV, B, DST, W, K, VI, D
Robocop (cartoon) - children over 10	DST, B, W, VI, K
Tour of Duty	B, DST, K, W, VI, X, PE
He-Man (cartoon)	VI, DST, W
MacGyver - children over 10	DST, W, VI
Hitchhiker - children over 10	AOTA

Key			
H	Horror	W	Weapons
S	Suicide	D	Drugs
GV	Gang Violence	VI	Violence
BL	Bad Language	X	Sex
B	Blood	PE	Poor Ethics
DST	Dangerous Stunts	AOTA	All Of The Above
K	Killing		

Zwar zeigten die Reaktionen auf diese Aussendung, daß Gewalt im Prinzip von allen TeilnehmerInnen abgelehnt wurde, dennoch gehen die Meinungen über Gewalt auf dem Bildschirm auseinander, wie folgende Briefe beweisen:

DEAR CLASS 6235,
HI. HOW ARE YOU GUYS? I THINK THAT YOUR IDEA ABOUT THE VIOLENT SHOWS IS GOOD, BUT I THINK THAT SOME OF THEM THAT YOU LISTED SHOULD NOT BE ON THERE. HERE ARE SOME OF THE ONES I THINK SHOULD NOT BE ON THERE: MACGYVER, COPS, AND W.W.F. WRESTLING. THANK YOU FOR BEING IN THE AT&T LONG DISTANCE LEARNING NETWORK.
SINCERELY; HEIDI PARTLOW YUBA FEATHER SCHOOL, CALIF.

DEAR CLASS 6-235,
I AGREE WITH YOU ON EVERY THING, BUT I DON'T KNOW ABOUT MACGYVER. I'M VERY MUCH AGAINST VIOLENCE. I WISH THERE COULD JUST BE PEACE ON EARTH!
SINCERELY, WILLOW WILLIAMSON
YUBA FEATHER SCHOOL, CHALLENGE, CALIF.

- In einer anderen elektronischen Botschaft sind die SchülerInnen aufgrund der damals aktuellen Situation im Osten Europas gebeten worden, die politische Lage zu erklären und aus erster Hand zu kommentieren:

I think our students are intrigued to find out what our partners in West Germany and Austria think of all the exciting recent political developments in Europe. Otherwise, we're just very happy to learn all we can about all of you.

In dem Zusammenhang informierte uns eine andere Schule über ein Paket, das ihnen von der Partnerschule aus Deutschland zugeschickt worden war:

```
Ms Eleanor Lindberg from Shalmont High School in New York was
surprised to find a very heavy package waiting for her in the main
office. The package was sent from their partner Mr. Wolfgang Fromm
and his students at the Marie-Curie Oberschule in West Germany. Ms
Lindberg and her students never expected what was inside. The
package contained actual pieces of the Berlin Wall. The class was
so excited that Ms Lindberg invited the local paper to see first
hand their souvenirs and the excitement of the students.
```

In dieser Situation fühlten sich die SchülerInnen als Zeitzeugen, denn sie informierten ihre Partnerschulen mit eigenen Angaben aus aktueller Quelle und aus zahlreichen Gesprächen, die sie mit Lehrern und anderen kompetenten Leuten geführt hatten. Diese Beispiele zeigen nicht zuletzt auf, daß Informationsaustausch zwischen Völkern und Kulturen mittels Schulbuch nie so aktuell sein kann wie mittels Telekommunikation.

Endspurt – Arbeit an der Publikation

Inzwischen erfolgte ein reger Austausch zum ursprünglich vereinbarten Zirkelprojekt. Einerseits schickten die SchülerInnen ihre Beiträge zu den verschiedenen Themenkreisen den jeweiligen Betreuern zu, andererseits erhielten wir immer neue Interviews für unsere Sektion des Journals, zum Beispiel das Interview mit dem »*Achten Zwerg*«:

```
My Interview with Scary, the 8th Dwarf
(Interview written by Angel Weger, Coal City Middle School, Coal
City, IL, USA)

Angel Weger: Good morning, Magic Kingdom! I am Angel Weger. For
             your pleasure today, I have brought a special treat.
             Please, welcome Scary!
(audience claps)
Scary:       Someone calling me?
Angel Weger: Yes, come out.
Scary:       I'm not sure.
Angel Weger: Oh, there's nothing to be afraid of. No dragons in
             today's crowd.
Scary:       Okay. Hiyah, everyone.
Angel Weger: Now tell me: you state that you were supposed to be
             the eighth dwarf in »Snow White and the Seven,« I mean,
             »Eight Dwarfs«?
Scary:       Correct.
Angel Weger: Well, what went wrong? Give me the juice!
Scary:       There was a guard dog and a huge fence outside the
             studios, and he barked and bared his teeth, and I was
```

	scared. So I turned back and called the studios. This guy who answered didn't know who I was! He told me there was no eigth dwarf, and that I would, um, I would have to find a new way to get into the movies. And I have.
Angel Weger:	What's your idea, Scary? Don't keep secrets!
Scary:	I'm going to uncover Walt Disney's million dollar scandal.
(audience gasps)	
Scary:	I've found other actors who have broken contracts. And we want revenge!
Doc:	Wait a second buddy! I'm Doc, and this is Dopey. We know for a fact that there was no plan for an eighth dwarf.
Scary:	What? Dopey stole my role, then! If you two don't get out of my face, I'm gonna …
Doc:	You'll what?
Angel Weger:	Gentlemen, I mean, dwarfs, calm down!
Scary:	I'll hang Dopey by his long, stupid ears!
(audience shrieks)	
Angel Weger:	Well, that's all for today. This is Angel …
Scary:	Put Dopey down!
Angel Weger:	Angel Weger for A.M. Magic Kingdom!
(someone in audience screams)	
Angel Weger:	Tomorrow, the Dragon of Fairytale Land will be with us. Get those dwarfs under control!
(cut to commercial)	

Plötzlich tauchte für uns aber ein Problem auf. Wir erhielten Interviews zu Märchen, die uns völlig unbekannt waren. Niemand hatte je von »*Ichabod Crane*« oder »*Paul Bunyan*« gehört. Unsere Schülerinnen und Schüler mußten sich darum kümmern. Sie baten die betreffende Schule elektronisch um die Originalgeschichten, die wir auch umgehend erhielten. Dieser Vorfall brachte die Gruppe auf die Idee, jedem Interview einen Ausschnitt aus dem Originaltext und eine Zusammenfassung der jeweiligen Geschichte voranzustellen, um die Verständlichkeit zu gewährleisten, eine Idee, die den Beifall aller Partnerschulen fand.

(Ausschnitt aus dem Originaltext)
Ichabod Crane and the Headless Horseman
by Washington Irving retold by Carol Beach York

Ichabod Crane was the schoolmaster in a quiet little village called Sleepy Hollow. The title of »Schoolmaster« sounds very grand. It certainly sounded grand to Ichabod Crane when he was hired. But the school house was only one room, made of logs, it stood in the quiet woods by a brook, not very exciting spot.
Ichabod was a little disappointed when he first saw it.
He decorated his desk with inkpots and quill pens and books. He sat on a high stool with his heels hooked over a rung. As the children endlessly recited their lessons, Ichabod wondered if he was going to like Sleepy Hollow.
The peaceful valley was shaded by walnut and birch trees. The Hudson River was only a few miles away. None of the bustle of the market towns along the river disturbed the drowsy, lazy days of Sleepy Hollow. One day was quite like the next. The brook trickled along. The church bell rang on Sunday. Bees drifted over the flowers in the warm sun.
But Ichabod soon discovered that Sleepy Hollow was not as dull as he first thought …

Ichabod Crane
Summary by S. Unterrainer and Ch. Trixl, Hauptschule Fieberbrunn

Ichabod Crane was schoolmaster in a quiet village called Sleepy Hollow many years ago. Schoolmasters were very poor at that time and so were most of the people who lived in that village. The people used to tell lots of tales of ghosts and goblins - and what's more - they believed in them. The most popular of all those tales was the story of a headless rider who galloped through the woods at night frightening people to death.
Ichabod fell in love with Katrina Van Tassel who was the daughter of a rich farmer. She liked Ichabod too, but there was this handsome tall young man who wanted to marry Katrina.
One day Ichabod was invited to a party at the Tassel's farm which lay beyond the woods. Happily Ichabod borrowed a horse and went to the farm. He enjoyed the dancing and the dinner there very much. But then people started to tell tales again. The other young man, Brom Van Burnt, boasted and said he didn't fear death or devil. But Ichabod became very uneasy and headed home on his horse - but he never arrived there - only the horse came back without the saddle. - Some time later Katrina married Brom.

```
Interview with Ichabod Crane
(Brad Hoffmeyer, Matt Lehnus, and Allan Wills, Coal City Middle
School, Coal City, IL)
Interviewer: What was Sleepy Hollow like?
Ichabod:     It was very quiet at times. Each day was like the
             others.
Interviewer: Did you believe most of the tales that people told you?
Ichabod:     Yes, after I heard a few of the same ones from different
             people, I started to believe them.
Interviewer: How did you meet Katrina Van Tassel?
Ichabod:     I fell in love with her after giving her singing les-
             sons.
Interviewer: Were you a father?
Ichabod:     No, I had no children or wife.
Interviewer: Did you ever get to like Brom Van Burnt?
Ichabod:     No, but I understood how he met Katrina first.
Interviewer: Did you get angry with the tricks that Brom played on
             you?
Ichabod:     Yes. I wanted to get him back badly.
Interviewer: At first, what did you think was standing in the dark?
Ichabod:     I had no idea, but then I remembered the Headless
             Horseman.
Interviewer: What were you thinking when the Headless Horseman was
             chasing you?
Ichabod:     I couldn't think of much, because I had so many things
             going through my head.
Interviewer: How did you die?
Ichabod:     The Horseman threw his head at me. I tried to duck, but
             it hit me. I fell off my horse, and I never woke up.
             The Headless Horseman rode on.
```

Endlich war die Hauptarbeit geleistet. Aus der Fülle der vorliegenden Materialien, Daten und Infomationen wurde eine Auswahl getroffen. An der Herstellung dieses Dossiers waren die SchülerInnen mit hoher Motivation beteiligt. Sie waren sehr darauf bedacht, sich in der Fremdsprache verständlich und möglichst richtig auszudrücken, mobilisierten ihre kreativen Fähigkeiten für die Illustrationen und verwendeten viel Zeit, um *ihr* Kapitel möglichst professionell zu gestalten. Für jede Partnerschule wurde ein Exemplar angefertigt, außerdem erhielt jedes Gruppenmitglied eine Kopie zur bleibenden Erinnerung ... Ein wertvolles Dokument interkulturellen Lernens ist damit entstanden.

Highlights

Knapp vor Projektende gab es noch zwei unterschiedliche Highlights: Zunächst kam folgende Mitteilung aus der *Yuba Feather School*:

```
Dear Everyone,
Just wanted to let you know that Yuba-Feather has been closed all
week due to 4 feet of snow. Terry will be back on line next week.
```

Meine SchülerInnen waren zuerst sehr darüber erfreut, vielleicht auch ein wenig neidig, daß die Partnerschule aufgrund der hohen Schneelage geschlossen werden mußte. Wie gewohnt, wollten sie der Sache auf den Grund gehen. In der Umrechnung ausländischer Maße hatten sie ja schon Praxis. Sie rechneten die Fuß in Zentimeter um und waren erstaunt, als sie darauf kamen, daß eine Schneehöhe von vier Fuß tatsächlich 120 cm entsprechen. Sie waren überrascht, daß da gleich die Schule zugesperrt worden war. Wenn man in einem Schneeloch wie Fieberbrunn wohnt, ist man gewaltigere Schneemengen den ganzen Winter hindurch gewöhnt. Natürlich wollten sie genauere Informationen und Aufklärung darüber haben. Sie holten sich per e-mail die nötigen Fakten und erfuhren, daß es in diesem Teil Kaliforniens sehr selten schneit, daß es keine organisierte Schneeräumung gibt, daß die Autos und Busse keine Winterausrüstung haben und daß der Verkehr nicht selten schon bei geringerem Schneefall total zusammenbricht. Die SchülerInnen wohnen allesamt viel zu weit von der Schule weg, um zu Fuß gehen zu können. Die Message vom Schneechaos in Kalifornien löste also eine landes- und kulturvergleichende Debatte in Fieberbrunn aus.

Kurz darauf wurde eine Telefonkonferenz organisiert, zweifellos einer der Höhepunkte dieser Projektarbeit. Eine Ringschaltung, gesponsert von AT&T, machte es möglich. Mit ihrer Hilfe konnten alle TeilnehmerInnen miteinander sprechen – über Kontinente hinweg –, als säßen sie sich an einem Konferenztisch gegenüber. Alle Zirkelpartner nahmen daran teil, dazu noch einige Gäste, die auch dazugeschaltet wurden. Es entwickelte sich ein hochinteressantes interkulturelles Gespräch, fiel es doch zeitlich gerade mit den umwälzenden politischen Entwicklungen in den ehemaligen Oststaaten zusammen. Was lag näher, als über diese atemberaubende Entwicklung zu diskutieren?

Für die Schülerinnen und Schüler war dieses Gespräch ein eindrucksvolles Erlebnis, hautnah miterlebte Geschichte, kein Wunder, daß sie davon begeistert waren.

Resümee

Was hat die Teilnahme an dem Projekt gebracht? Es soll gewiß nicht verschwiegen werden, daß es die Schule und die Universität sowohl Geld (für die Benutzung der diversen Datenleitungen bzw. für Telefongebühren) als auch Zeit gekostet hat. Aber es brachte neben Wissenserwerb und möglicherweise länger anhaltenden Klassenkontakten und Brieffreundschaften eine quasi unbewußt erworbene Sprachkompetenz, die man nicht hoch genug einschätzen kann, und eine Steigerung des Selbstwertgefühls der einzelnen. Vor allem jedoch wachsen das Verständnis füreinander und die Fähigkeit, miteinander zu arbeiten und gemeinsam etwas zu schaffen. »Wir möchten alle ermuntern, ähnliches einmal zu versuchen!«, darin waren sich am Schluß alle einig.

2.3.2 Gedanken zum lerntheoretischen Hintergrund

Für die TeilnehmerInnen am Projekt besteht kein Zweifel, die große Anstrengung hat sich für sie gelohnt, sie haben auf vielfältige Weise »fürs Leben« gelernt ...

Um dem Besonderen, Zukunftsweisenden derartiger Projekte auf die Spur zu kommen, will ich im folgenden den lerntheoretischen Hintergrund der Telekommunikation im Klassenzimmer skizzieren und darlegen, wie sehr gerade in diesem Bereich die Qualität der Unterrichtsergebnisse von der Art des Einsatzes des Computers abhängt.

Vom Handlungswissen zum Bildungswissen

Zur Klärung der lerntheoretischen Voraussetzungen, die unterschiedlichen Formen von Unterricht zugrunde liegen, möchte ich in Anlehnung an Rolff (1990) (mindestens) drei Formen des Wissens unterscheiden: erstens *Alltags- oder Handlungswissen*, zweitens *operatives bzw. instrumentelles Wissen* sowie drittens *Bildungswissen.*

Alltags- oder Handlungswissen wird im Erleben von Alltagssituationen erworben. Kinder lernen beispielsweise von Eltern, Freunden, Bekannten usw. über das soziale (Mikro-)Gefüge einer Gesellschaft. Sie lernen aber auch, nicht zuletzt über den »heimlichen Lehrplan« der Schule, wie man in der Gesellschaft überlebt (z.B. daß das Lernergebnis wichtig ist, nicht so sehr, wie es zustande kommt; daß Einzelleistung vor solidarischem Handeln kommt etc.).

Operatives oder instrumentelles Wissen ist jenes Know-how, das für die Bewältigung bestimmter Anforderungen im Alltag benötigt wird, etwa, daß man erst eine Türschnalle drücken muß, um eine Türe öffnen zu können, oder daß man beim Autofahren erst ein Pedal treten muß, ehe man in einen anderen Gang schalten kann, etc. Je »weiter« eine Gesellschaft technologisch entwickelt ist, um so differenzierteres Wissen wird benötigt, um darin »überleben« zu können. In industrialisierten Gesellschaften spricht man heute beispielsweise schon von der Unabdingbarkeit der Beherrschung elementarer Computerkenntnisse als gleichwertiger »Kulturtechnik« neben dem Lesen, Schreiben und Rechnen. Das Charakteristische dieser neuen »Kultur«technik ist nicht so sehr der Computer oder Bildschirm, »sondern der Systemcharakter dieser Technologie, der sich über die Vernetzung gleichsam materialisiert. Wenn Computer und Bildschirme untereinander vernetzt werden, kann man von innerer Vernetzung sprechen, wenn diese Einzelsysteme untereinander verbunden werden, entsteht äußere Vernetzung, die via Kabel und Satellit heute schon weltweit ist. Wissen über die Informationsgesellschaft ist also Systemwissen, ist in Systemzusammenhängen entstanden und wird in Systemzusammenhängen verarbeitet. Systemwissen ist der zukünftig vorherrschende Wissenstypus. Er muß fraglos zentraler Gegenstand von Unterricht in der Schule sein, und zwar nicht nur im Sinne des ›technischen Systems‹, sondern ebenso des ›sozialen‹ bzw. ›absichtsvollen‹ Systems« (Rolff 1990, 46).

Bildungswissen überschreitet das Systemdenken, indem es dieses in einen größeren Zusammenhang interkultureller Bezüge stellt, etwa das Wissen darüber, wer wozu unter welchen Bedingungen mit wem »vernetzt« wird. »Bildungswissen appelliert an das Bewußtsein, ist Rohstoff für Identität. Es umfaßt die Gesamtheit der Natur- und Humanwissenschaften, nicht nur die Systemtheorie. Und es geht über wissenschaftliches Wissen hinaus, ohne auf die Stufe von Alltagswissen zurückzufallen« (a.a.O.). Klemm u.a. (1986, 170ff.) haben versucht, fünf Merkmale eines so verstandenen Bildungswissens zu formulieren:

1. Gestaltbarkeit
Damit bezeichnen sie Verstehen um das Gewordensein von Wissen, das die Perspektive auf die Veränderbarkeit und die Dynamik gesellschaftlicher Entwicklungen eröffnet. Erst dadurch erhält der Mensch die Einsicht, daß sein Leben und die Gesellschaft veränderbar sind, wodurch Bildung eine politische Dimension erhält.

2. Durchschaubarkeit
Die zunehmende Komplexität und Verwissenschaftlichung des Wissens ermöglicht es dem einzelnen immer weniger, alle Zusammenhänge zu durchschauen. Im Kontext der Informationsgesellschaft, in der immer weniger Menschen über immer mehr Menschen Zugriff haben, werden die gesellschaftlichen Machtverhältnisse zusehends verschleiert. Bildungswissen bedeutet hier, Erkenntniskritik durch Formen reflexiven Lernens zu fördern und damit auch ein Stück eigener Identität zu retten. Nur wenn es jungen Menschen gelingt, sich selbsttätig Erfahrungen anzueignen und diese zu reflektieren, wird für sie die Welt durchschaubar.

3. Sinnlichkeit
Mediatisierte Kommunikation führt, wie es etwa der »klinische Krieg« am Golf vor einigen Jahren eindringlich und bedrohlich vor Augen geführt hat, zu einer Entsinnlichung der Lebenswirklichkeit, zum Aufbau einer »virtuellen Realität«. Erfahrungen aus zweiter, d.h. simulierter Wirklichkeit nehmen der Erfahrung den Charakter des eigenen Erlebnisses bzw. verfälschen ihn. Gefühle können dabei oft nicht mehr ausgelebt werden, sondern werden im Analogieschluß des Mensch-Maschine-Denkens verdrängt. Gegen diese Entsinnlichung der Erfahrung gilt es, Bildung auf Lebenswelt und Handeln, auf praktische Eigentätigkeit zu beziehen.

4. Ganzheitlichkeit
Die Zerstückelung des Alltagslebens hat analog zur gesellschaftlichen Differenzierung auch in die Schule Eingang gefunden. Lernen erfolgt durchwegs in getrennten Fächern, in genau festgelegten Zeiteinheiten nach einem fest vorgegebenen Curriculum, das von staatlich eingesetzten Kontrollorganen überwacht wird. Erst in den letzten Jahren wird versucht, den Zusammenhang mit der Lebenspraxis über fächerübergreifenden Unterricht und einschlägige Projektvorhaben wieder herzustellen.

5. Solidarität
Das Überleben der Menschheit kann nicht mehr durch die Herrschaftssicherung des Bildungsbürgertums gewährleistet werden. Bildung darf nicht Privileg einiger Auserwählter bleiben, sondern muß als menschliches Grundrecht allen zustehen. Dies schließt allerdings auch die Forderung nach gegenseitiger Achtung und Wertschätzung ein, die über Formen sozialen Lernens im Unterricht vermittelt werden sollte. Solidarität schließt aber auch einen pfleglichen Umgang mit der Natur ein, da sie uns in zunehmender Verknappung zur Verfügung steht und die weitere Existenz der Menschheit auf dem Spiel steht.

2.3.3 *Vom Computereinsatz zur Telekommunikation*

In vielen Kreisen – von der obersten Ebene der Schulbürokratie bis zu Lehrern (weniger Lehrerinnen) – wird der Einsatz des Computers in der Schule als die größte Vorleistung angesehen, die die (Informations-)Gesellschaft den Kindern und Jugendlichen im Hinblick auf ihre Ausbildung für das 21. Jahrhundert bietet. Allerdings wird in dieser Einschätzung nicht selten davon ausgegangen, daß der bloße Einsatz des Computers im Unterricht Intelligenzleistungen und Kreativität der Schüler erhöhen könne. In manchen Situationen habe ich seinen Einsatz allerdings als kontraproduktiv erlebt, wenn der Rechner eine einfache Aufgabenstellung durch die umständliche Bedienung verkomplizierte und den Zeitaufwand im Vergleich zur üblichen Vorgangsweise im Unterricht um einiges erhöhte. Dann verkommt der Einsatz neuer Technologien zum bloßen operativen Wissen, das sich kaum vom üblichen Schulwissen unterscheidet, bei dem es auf die Form und nicht den Inhalt ankommt, was jene heimlichen Lernprozesse unterstützt, die dem »Haben« einen höheren Stellenwert beimessen als dem »Sein« (vgl. Fromm 1979).

Da der Umgang mit dem Computer die Arbeit des nächsten Jahrzehnts in hohem Maße bestimmen wird, sollte die Zeit, die von den Schülern vor dem Computer verbracht wird, in einer sinnvolleren Art eingesetzt werden. Das ist vor allem dann der Fall, wenn die Verwendung des Rechners in einer möglichst authentischen Situation erfolgt, d.h., die Schüler nicht des Computers wegen in den Computerraum gehen, sondern ihn als ein Werkzeug zur Bewältigung von Aufgaben nutzen, deren Lösung ihnen sonst nicht möglich wäre. Eine derartige Form des lebendigen Einsatzes der Telekommunikation ist sicherlich das »globale Klassenzimmer«.

2.3.4 *Ausblick: Telekommunikation – Allgemeinbildung der Zukunft, Zukunft der Allgemeinbildung*

Die hier ausschnitthaft dargestellten Ergebnisse aus der Fülle von Briefen, Texten, Materialien lassen erkennen, welche Möglichkeiten der Telekommunikationseinsatz im Unterricht bietet. Allerdings stellen sie lediglich die Produkte der damit verbundenen unterrichtlichen Arbeit dar und lassen nur mehr andeutungsweise die Prozesse erkennen, die zwischen den SchülerInnen untereinander und zwischen SchülerInnen und Lehrerin abgelaufen sind. Gerade in diesen Prozessen kamen – zumindest andeutungsweise – die zuvor beschriebenen fünf Merkmale eines neuen Bildungswissens (Gestaltbarkeit, Durchschaubarkeit, Sinnlichkeit, Ganzheitlichkeit, Solidarität) zum Tragen:

Über die während des Projekts laufenden politischen Entwicklungen in den ehemaligen Oststaaten etwa wurden die SchülerInnen nicht nur »Zeitzeugen« einer sich abzeichnenden neuen Weltordnung, sondern mußten sich auf die Anfrage der Partnerschule aus den USA hin auch interkulturell mit diesem gesellschaftlichen Umbruch auseinandersetzen. Der elektronische Austausch darüber konnte den SchülerInnen insbesondere die Einsicht in die *Gestaltbarkeit* menschlichen Miteinanders auf gesellschaftlicher Ebene verdeutlichen. Eine derartige Auseinandersetzung wird auch jeweils über die Themen des Lernzirkels Global Issues angestrebt. Die elektronische Vernetzung der Projektschulen über Kontinente hinweg ist damit ein Versuch, Lehren und Lernen aus der Isolation der Eigenperspektive herauszuheben. Über den Austausch von Informationen, deren Vergleich im internationalen Rahmen und die Reflexion der daraus gewonnenen Erkenntnisse erhalten die SchülerInnen Impulse, um Zusammenhänge besser hinterfragen zu lernen (*Durchschaubarkeit*). Durch das selbsttätige Herangehen an die gemeinsam erarbeiteten Projektvorschläge – im Gegensatz etwa zur Reproduktion von vorgegebenen Textaufgaben aus dem Lehrbuch – erfolgt eine stärker an der sinnlichen Erfahrung ausgerichtete Form der Lerntätigkeit (*Sinnlichkeit*). »Statt der Aneignung von Regelwissen für bestimmte Anwendungssituationen geht es um die Entwicklung des Wissenszusammenhangs, der Entwicklung des Allgemeinen in den Inhalten durch das Subjekt; Lernen wird hier als engagierter, die Selbständigkeit des Lernenden betonender Prozeß verstanden. Dies bedeutet eine Neubestimmung der Rolle des Lernenden, nämlich als Subjekt von Unterricht« (Jung/Wörster 1989, 34f.).

Darüber hinaus werden die Lerninhalte nicht wie üblich in vorproduzierten, zeitlich portionierten (Curriculum-)Einheiten erarbeitet, sondern richten sich nach der jeweils gegebenen (Projekt-)Situation. Sie wird einmal durch das Aushandeln der gemeinsam zu erarbeitenden Themenbereiche bestimmt, ein anderes Mal durch die unterschiedlichen klimatischen Besonderheiten aufgrund der jeweiligen geographischen Gegebenheiten. Im hier beschriebenen Zeitraum hat außerdem die politische Situation noch stark zur Dynamik der Auseinandersetzung beigetragen. Die SchülerInnen (und LehrerInnen) waren dadurch nicht mit disziplinär vorgegebenen Wissensbereichen konfrontiert, sondern mit der ganzheitlichen Alltagssituation im Land des jeweiligen Schulstandorts. Angesprochene Themen wie Gewalt in den Medien u.ä. machten ihnen zudem deutlich, daß das soziale Miteinander in hohem Maße von Toleranz geprägt sein muß, um Lösungen für aktuelle und künftige Probleme entwickeln zu können (*Ganzheitlichkeit und Solidarität*).

Den Begriff Bildungswissen, den ich anhand seiner fünf Merkmale am Einsatz des Computers als Telekommunikationsmittel im Unterricht exemplarisch konkretisiert habe, möchte ich abschließend noch zum Titel in Beziehung setzen: »The Global Classroom« ist im Zusammenhang mit der Konzeption globaler Bildung zu sehen. »Grundlage dieses Ansatzes ist die Überzeugung, daß unsere Welt ein miteinander verbundenes und voneinander abhängiges System bildet, das in eine schwere Krise geraten ist. Ausdrucksformen dieser existentiellen Krise sind beispielsweise Kriege und Konflikte, Menschenrechtsverletzungen, Umweltzerstörung, Armut und Unterdrückung. Global Education erhebt den Anspruch, mit einer Analyse derjenigen Faktoren zu beginnen, die den Bildungsprozeß maßgeblich bestimmen. Diese zeithistorische Analyse gesellschaftlicher Bedingungen wird umso dringender, je schneller Wandlungsprozesse durch rasanten technischen und wissenschaftlichen Fortschritt stattfinden und traditionelle Bildungsmodelle ihre Bedeutung als nicht zeitgemäß verlieren müssen« (Rathenow/Steinbach 1987, 542).

Obwohl es unter den Global Educators unterschiedliche konzeptionelle Vorstellungen über globale Bildung gibt, lassen sich zusammenfassend im Ansatz folgende Dimensionen bestimmen (vgl. Pike/Selby 1988):

- die räumliche Dimension (spacial dimension),
- die zeitliche Dimension (temporal dimension),
- die Problemdimension (issues dimension),
- die Dimension menschlicher Möglichkeiten (human potential dimension).

Die hier geschilderte Form des Einsatzes der Telekommunikation im Unterricht verbindet diese vier Dimensionen über das globale Klassenzimmer, indem SchülerInnen aus verschiedenen Kontinenten miteinander in Kontakt treten und gleichzeitig an der Bewältigung von Problemen arbeiten, die sie als solche erkannt haben. Dadurch wird nicht nur das Potential aktiviert, das Menschen zukunftsfähig machen kann, sondern es wird über den Einsatz moderner Technologie sogar ein Stück Allgemeinbildung geleistet, für die v. Hentig (1980, 108) fordert: »Bildung ist eine Geistesverfassung, Ergebnis eines nachdenklichen Umgangs mit den Prinzipien und Phänomenen der eigenen Kultur. Eine allgemeine Bildung ist sie in dem Maße, indem sie der Verständigung unter den Menschen über ihre Welt dient.«

Machen Computer auf diese Weise Schule, dann wird tatsächlich ein Stück neuer Lernkultur verwirklicht, von dem wir mit Recht erwarten können, daß es unsere Ansprüche an die Bildung für ein unbekanntes Morgen erfüllt (vgl. Schratz 1991).

Kapitel 3
Rahmenbedingungen für eine neue Lernkultur

3.1 Ein Team ist ein Team ist ein Team ...
Oder: Wieviel Teamarbeit braucht die Schule?

3.1.1 Zusammenarbeit in der Schule, ein schwieriges Unterfangen

»Warum gibt es in der Schule sowenig Zusammenarbeit?«, werde ich im Kreis von Bekannten oft gefragt, die mir von ihren Kontakten mit Schule berichten, entweder über den Unterricht ihrer Kinder *(»Da weiß offensichtlich die eine nicht, was der andere tut«)* oder über Elternsprechtage *(»Da muß ich von einem zur anderen rennen, um mir ein Bild machen zu können«).* Dabei wäre es für das Leben ja so wichtig, bereits in der Schule zu erfahren, wie notwendig Teamfähigkeit für das berufliche und private Leben sei ..., folgt die Begründung für die vorwurfsvoll geäußerte Frage. Trotz der von der Wissenschaft unzählige Male erhobenen Forderung nach mehr Zusammenarbeit hat sich in der Praxis nicht viel geändert, muß ich dann oft einsehen. Oder doch ...?

Äußerungen, die mir in letzter Zeit zum Thema Teamarbeit zu Ohren gekommen sind, stimmen mich eher skeptisch:

- Ein ehemaliger Studienkollege sagt neulich: »Früher sind wir nach dem Unterricht im Konferenzzimmer noch zusammengesessen. Heute schaut jeder, daß er so schnell wie möglich die Schule verläßt – beinahe schneller als die Schüler.« Was hat diese Änderung in den letzten Jahren bewirkt?
- Eine Schulleiterin möchte die Koordinatorenkonferenz der Mathematiker an ihrer Schule besuchen. Als sie das Konferenzzimmer betritt, findet sie folgendes Bild vor: Die LehrerInnen sitzen – jede/r für sich – an verschiedenen Tischen und arbeiten offensichtlich fleißig an ihren Aufgaben. Wer fertig ist, steht auf, verabschiedet sich und geht. Ist es das, was eine Fachkoordinatorenkonferenz ausmacht?
- LehrerInnen eines Polytechnischen Lehrgangs zu ihrem Direktor: »Jeden Versuch kannst du vorschlagen – nur keinen mit Teamteaching. Da machen wir nicht mit!«
- Ein Mathematiklehrer, der Gruppenunterricht macht, führt auch die Schularbeit als Gruppenaufgabe durch. Sie wird vom Schulinspektor verboten. Der Inspektor zur Gruppenschularbeit: »Wie ich den Inspektoren bei einer Inspektorenkonferenz diesen Vorschlag erzählt habe, hat man sich beinahe vor Lachen geschüttelt.«
- Putschstimmung in einem regionalen Schulentwicklungprojekt. Die folgenden Parolen werden skandiert:

»Das Teamteaching muß weg!«
»Das Teamteaching bringt nichts.«
»Das Teamteaching ist ein Blödsinn!«
»Das Teamteaching ist hinausgeworfenes Geld!«
»Wir wollen das Teamteaching nicht!«
»Wir brauchen das Teamteaching nicht!«

- Anläßlich eines Schulbesuchs im Rahmen einer Bildungsexkursion nach Norwegen fragen einige der Teilnehmenden: *»Was ist, wenn die Lehrerinnen und Lehrer nicht miteinander können oder wollen?«* Der stellvertretende Leiter der Mittelschule in Oslo antwortet: *»Dann haben sie ihren Beruf verfehlt.«*

Abb. 19: Eins und eins macht nicht zwei[1]:

Diese Sammlung von Blitzlichtern zur Teamarbeit macht nachdenklich, zeigt aber auch auf, wie vielschichtig die Ansätze und Möglichkeiten zur Zusammenarbeit an der Schule sind. Daher bemüht sich nicht zuletzt die Schulbehörde, teambildende Maßnahmen auf unterschiedliche Weise zu initiieren und zu unterstützen. Ein gutes Beispiel dafür ist das in folgender Zeitungsnotiz vorgestellte Projekt an Wiener Schulen:

1 Abbildungen 19 und 24 wurden vom Innsbrucker Gymnasiallehrer Johannes Hickel gestaltet und sind Jungwirth u.a. 1991 bzw. Pädagogisches Institut Tirol 1981 entnommen.

»›Zwischen einer Fußballmannschaft, einer Gruppe von Managern und einem Lehrerteam gibt es überhaupt keine Unterschiede. Alle müssen lernen, als Team zu arbeiten, wenn das Ergebnis zufriedenstellend sein soll.‹ Um den Englischlehrern bessere Team-Strategien beizubringen, wurde Rex Barrand, von Beruf ›Human Resource Business Consultant‹, von Melbourne nach Wien eingeflogen ... Alle Englischlehrer einer Schule erklärten sich freiwillig dazu bereit, sich sechsmal in diesem Schuljahr je vier Stunden am Nachmittag zusammenzusetzen, um als Team besser zu funktionieren« (aus einer Zeitungsnotiz: »Lernen, im Team zu lehren«, *Der Standard*).

Vielleicht ist dieser Erfahrungsbericht als Antwort auf die eingangs gestellte Frage überzeugender als eine ausschließlich auf der Ebene wissenschaftlicher Begründungszusammenhänge geführte Argumentation. Braucht Schule demnach Öffentlichkeit – oder braucht die Öffentlichkeit Publicity in bezug auf die Schule? Beides trifft wohl zu, nicht zuletzt im Sinne von vertrauensbildenden Maßnahmen; daß dabei eher die spektakulären Ansätze in den Vordergrund treten, ist die andere Seite ... Ich will nun einige inhaltliche Aspekte dieser Wiener Fortbildungsinitiative zum Anlaß nehmen, um die dort geleistete Entwicklungsarbeit zur schulischen Teambildung anhand einiger Fragen und daraus abgeleiteter Thesen genauer zu beleuchten.

Frage 1
Will man einen Vergleich zwischen einer Fußballmannschaft, einer Gruppe von Managern und einem Lehrerteam anstellen, worin bestehen die Gemeinsamkeiten? Für mich haben ...

... Fußballer einen Ball und ein gemeinsames Ziel, nämlich den Ball entsprechend den Regeln möglichst oft in das gegnerische Tor zu befördern, um einen sportlichen Wettkampf zu gewinnen;

... Manager keinen Ball, aber ein gemeinsames Ziel, nämlich im Rahmen des ökonomischen Wettbewerbs (zum Teil im harten Konkurrenzkampf) möglichst viel Gewinn zu erwirtschaften;

... LehrerInnen weder einen Ball (außer TurnlehrerInnen) noch ein gemeinsames Ziel, sondern individuelle Vorstellungen über das, was guten Unterricht ausmacht. Für letzteren befähigt sie die Ausbildung zum Teil nur unvollkommen.

Aus diesen Überlegungen ergibt sich:

> **These 1**
> Teamarbeit braucht ein gemeinsames Ziel, sonst wird sie als aufgesetzt bzw. verordnet empfunden und bewirkt Abwehr, Aggression und Aversion. Die den Schulen zugestandene Autonomie als solche bewirkt noch keine Teamarbeit, aber je mehr autonome Entscheidungen von einem Lehrerteam getroffen werden müssen, um so stärker wird Teamleistung erforderlich.

Dazu zwei Beispiele:

- In Italien sind in der Grundschule drei LehrerInnen für zwei Klassen vorgesehen. Sie müssen selbst entscheiden, wie sie die Unterrichtsführung organisieren. Sie können ihre eigenen Stärken in den Vordergrund rücken, Teamarbeit mit Einzelarbeit abwechseln und sich den jeweiligen Anforderungen zu dritt stellen.

- In einer norwegischen Mittelschule, die ich vor kurzem besuchte, hat eine Lehrergruppe den Unterricht für einen Schülerjahrgang von ca. 70 SchülerInnen zu organisieren. Angefangen von den Unterrichtsinhalten bis zur Teilung in unterschiedliche Lernarrangements (von der Großgruppe, z.B. beim Anschauen eines Films, über die Teilung in zwei Hälften, vier Viertel bis zu noch kleineren Einheiten, z.B. beim Projektunterricht).

Frage 2
Braucht es wirklich »Business Consultants«, die vom fünften Kontinent eingeflogen werden, damit LehrerInnen lernen, als Team zu »funktionieren«?

These 2
Ich glaube, wir brauchen so lange externe BeraterInnen, solange wir im Bildungswesen nicht insgesamt für eine Kultur der Zusammenarbeit sorgen. Solange von SchülerInnen Einzelleistungen verlangt werden und die LehrerInnenausbildung zum Einzelkämpfertum erzieht, solange Eltern bei Bedarf lediglich als »Partner« für Hilfsdienste herangezogen werden, sich aber nicht in die pädagogische Arbeit »einmischen« sollen, solange Menschen von außerhalb der Schule als »schulfremde Personen« von jeder Zusammenarbeit abgehalten werden, so lange reproduzieren wir eher eine Kultur des Gegeneinanders anstatt einer des Miteinanders.

Frage 3
Ist es denn so sensationell, wenn sich LehrerInnen *eines* Faches an einem Gymnasium sechsmal vier Stunden am Nachmittag über den Zeitraum eines Schuljahrs zusammensetzen? (An Hauptschulen finden vielerorts wöchentliche Teamkonferenzen statt, in denen über SchülerInnen und Unterricht gesprochen wird.)

These 3
Nur bei Sicherstellung eines entsprechenden zeitlichen und räumlichen Rahmens ist die Voraussetzung für echte Teamarbeit gegeben. Dazu sind sechsmal vier Stunden zuwenig. Ich nehme als Minimum für eine gezielte Zusammenarbeit wöchentlich vier Stunden an, die für alle LehrerInnen verpflichtend an der Schule zu verbringen sind. Dazu ist allerdings auch der entsprechende Arbeitsplatz zu schaffen, der eine sinnvolle Zusammenarbeit erst ermöglicht.

3.1.2 Schulentwicklung braucht Teamentwicklung

Daß die Installation von Teamarbeit in der Schule gewöhnlich ein mühsames Unterfangen ist, wurde im Kapitel 3.1.1 deutlich. Andererseits stellt Teamentwicklung eine wesentliche Voraussetzung und integrierende Aufgabe für jede Form von Schulentwicklung dar, es führt also kein Weg an Teambildungsprozessen vorbei, wie »zusammenarbeitsfeindlich« die Strukturen auch sein mögen. Eine Gruppe (von Einzelkämpfern) ist eben noch kein Team, wovon die obengenannten Beispiele zeugen! Daher stellt sich die Frage, wie aus einer Gruppe ein Team wird: In einem funktionalen Team arbeiten alle Beteiligten oder Betroffenen zusammen und fühlen sich für die gemeinsame Aufgabe und für die daraus erwachsenden Ergebnisse mitverantwortlich. (Dann ist auch der Vergleich zwischen der Fußballmannschaft, der Gruppe von Managern und dem Lehrerteam stimmig.) Das Vertrauen spielt bei der Teamentwicklung eine große Rolle, damit es zu gegenseitiger Anerkennung und Unterstützung bei der Bewältigung von Arbeitsvorhaben kommt. Zur Anbahnung einer entsprechenden Teamkultur muß sich die Schule allerdings von einer »Mißtrauensorganisation«, in der vornehmlich kontrolliert und bestraft wird, zu einer »Vertrauensorganisation«, in der die gegenseitige Wertschätzung das Klima bestimmt, wandeln (vgl. Kapitel 1).

Teamentwicklung hat ihren Zweck nicht nur in der Förderung der Zusammenarbeit von LehrerInnen, sondern steht in einem engen Zusammenhang mit der Qualität einer Schule, mit ihrer Kultur und braucht, wie jede Entwicklung, genügend Zeit, gegenseitige Rücksichtnahme, Geduld und Unterstützung. Ihre besondere Wirkung erzielt sie auf zweifache Weise: Einerseits werden *Effektivität und Qualität schulischer Leistung* ganz allgemein gesteigert, da sich in der gemeinsamen Arbeit die Standards erhöhen; Teams sind nämlich bedeutend produktiver und motivierender als eine Summe von »Einzelkämpfern«, wie sie oft in »Mißtrauensorganisationen« zu finden sind. Andererseits trägt Teamentwicklung zur *Humanisierung der Schule* bei. Teammitglieder finden mehr Sinn in ihrer Arbeit und sind aufgrund der sozialen Einbindung zufriedener, was mir besonders im Hinblick auf die Diskussionen um das Burnout bei LehrerInnen wichtig erscheint. Das gemeinsame Tun und die Art, wie es geschieht, schaffen eine Basis für mehr Vertrauen, gegenseitige Anerkennung und Wertschätzung. Das bedeutet aktives Mitgestalten der Schulidentität, was für die Schaffung einer förderlichen »Schulkultur« bedeutsam ist. Im Idealfall demonstrieren Lehrerteams durch die vorgelebte Verbindung dieser zweifachen Zielstellung ein Modell des Lernens, das auch für die Zusammenarbeit der SchülerInnen untereinander wirksamer ist als belehren und appellieren.

Was genau sind nun die besonderen Merkmale eines Teams? Es macht Eindruck, wenn etwa ein Schulleiter von seinem »Team« spricht, doch oft ist bei näherem Hinsehen wenig von dem besonderen Bewußtsein, von der entsprechenden Einstellung und von den Kooperationsqualitäten zu bemerken, die zu einem funktionalen Team gehören. Teamfähigkeit hat im wesentlichen mit drei Bereichen zu tun: mit

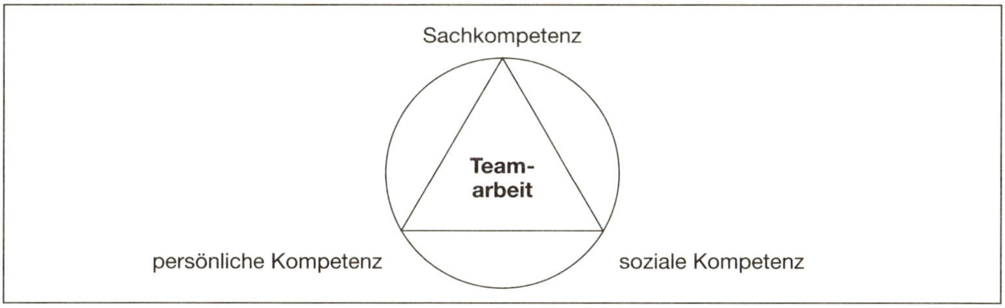

Abb. 20: Teamarbeit und Kompetenzbereiche

der persönlichen, der sozialen und der fachlichen/sachlichen Kompetenz. Diese drei Kompetenzbereiche lassen sich in ihrem Wirkungsbereich wie in Abbildung 20 darstellen.

In einem Arbeitsteam benötigen alle Mitarbeiter *das notwendige Sach- und Fachwissen*. Das kann aber nicht abgehoben von der *Persönlichkeit der Teammitglieder* und von *deren Umgang miteinander* eingesetzt werden, weshalb es sowohl eine Beziehung vom einzelnen zu den anderen als auch zum jeweiligen Arbeitsvorhaben gibt. Ein ständiger Lern- und Austauschprozeß ist dazu Voraussetzung. Damit Interesse und Lernbereitschaft im Team geweckt und erhalten werden, ist es wichtig, daß die Aufgabe jedem Mitglied ein Anliegen ist, daß es sich davon »betroffen« fühlt und daß sie für die und den einzelnen Sinn macht. Im Schulbereich erhebt sich hier bereits die Frage, wieweit »von oben« verordnete Aufgaben von LehrerInnen überhaupt als »sinnhaft« angenommen werden. Die größte Chance auf Verwirklichung haben im Bereich der Schulentwicklung jene Ziele, die aus einem gemeinsamen Anliegen »von unten« wachsen.

Für Teamarbeit an einem Schulstandort ist daher das in der Grafik dargestellte Dreieck von besonderer Bedeutung, weil es genau die Kompetenzen klar herausstreicht, die zur Erfüllung einer gemeinsamen Aufgabe zwar notwendig sind, aber im Schulalltag meist stiefmütterlich behandelt werden:

1. Zunächst ist da einmal die Persönlichkeit der Betroffenen. Da Teamarbeit vom Potential des einzelnen Teammitglieds lebt, spielt die Identität des/der einzelnen eine zentrale Rolle. Das setzt zum einen Vertrauen in die eigenen Fähigkeiten voraus, zum anderen aber auch eine realistische Selbsteinschätzung. (Die Überschätzung der eigenen Fähigkeiten hat auf lange Sicht negative Auswirkungen auf den Erfolg der gemeinsamen Arbeit.) Dazu gehört auch die Fähigkeit, mit Kritik konstruktiv umzugehen, ohne die eine produktive Auseinandersetzung im Team schwer möglich ist.
2. Da Teamarbeit immer im Austausch mit anderen Menschen stattfindet, ist insbesondere soziale Kompetenz vonnöten, sie ist für eine förderliche Beziehung untereinander konstitutiv, denn sie bestimmt in hohem Maß mit, ob die gesetzten Ziele erreicht werden können. Der gemeinsame Unterricht in Form des Teamteachings beispielsweise funktioniert dann nicht, wenn die PartnerInnen nicht miteinander »können«. Hier sind vor allem der Kommunikationsstil, die positive Beziehungsklärung und die Art, wie mit Konflikten umgegangen wird, von entscheidender Bedeutung: Offenheit, Toleranz und der Wille zum Miteinander bestimmen die Interaktionen in einem funktionierenden Team.
3. Daneben ist es allerdings auch notwendig, von der Sache etwas zu verstehen. Ein bloßes Klären der Beziehung endet im gruppendynamischen Experiment, in dem bloß die Betroffenen selbst zum Thema werden (was bis zur Arbeitsunfähigkeit führen kann). Daher ist das Verstehen der inhaltlichen und methodischen Maßgabe eine wichtige Voraussetzung für das Gelingen von gemeinsamen Aufgaben. Dazu gehört aber nicht nur entsprechende Sachkenntnis, sondern es geht auch um deren situationsadäquaten Einsatz, um das Wissen, welche Möglichkeiten einem Vorhaben innewohnen und wo es an die Grenzen seiner Machbarkeit stößt.

4. In der Grafik ist neben dem Dreieck noch der die Eckpunkte verbindende Kreis zu berücksichtigen, der das strukturelle Umfeld symbolisiert. Hieraus läßt sich die zusätzlich erforderliche politische Kompetenz ableiten, zu der u. a. die Einschätzung der Durchsetzbarkeit unter den gegebenen Bedingungen und das Verfügen über die jeweils angemessenen Strategien gehören. Die beste Sachkenntnis bringt wenig, wenn sie unter den vorherrschenden Bedingungen nicht politisch umgesetzt werden kann!

Für das Gelingen von Teamarbeit ist es schließlich wichtig, die einzelnen Kompetenzbereiche im Sinne einer formativen (= laufenden) Evaluation immer wieder zu überprüfen. Dazu sind allerdings entsprechende Phasen der Reflexion nötig, die ich in der folgenden Übersicht darstelle.

Kompetenzbereich	**Reflexionsebene**	**Reflexionstyp**
persönliche Kompetenz	Nachdenken über sich selbst und das eigene Handeln	*Selbst*reflexion
soziale Kompetenz	Nachdenken über die Beziehung zu anderen (Menschen)	*Prozeß*reflexion
fachliche Kompetenz	Nachdenken über Ziele, Inhalte und Methoden	*Sach*reflexion
politische Kompetenz	Nachdenken über die soziokulturellen Bedingungen und den politischen Kontext sowie die gewählten Strategien	*Kontext*reflexion

Abb. 21: Kompetenzbereiche und Reflexionsebenen/-typen

Jedes Team(mitglied) sollte von Zeit zu Zeit über seine Erfahrungen nachdenken, wobei neben der individuellen (Selbst-)Reflexion auch das gemeinsame Nachdenken (der Beteiligten bzw. Betroffenen) über den Prozeß, über die Ziele und über die Probleme bei deren Umsetzung sowie über die strukturellen Bedingungen wichtig ist. Dabei geht es nicht um ein Entweder (z.B. Selbstreflexion)/Oder (z.B. Kontextreflexion), sondern um den *systemischen* Zusammenhang zwischen dem/der einzelnen, den anderen, der gestellten Aufgabe und den Rahmenbedingungen (Strukturen). Es hat sich vielfach gezeigt, daß dazu Unterstützung von außen hilfreich sein kann, beispielsweise regelmäßige Supervision, daneben haben sich aber auch andere Formen bewährt (TZI, Balintgruppe u.ä.). Nicht zuletzt sollten auch die Lehrerausbildung und die Fortbildungsangebote darauf Rücksicht nehmen, daß Teamentwicklung ständiger Unterstützung bedarf. Läuft die Ausbildung selbst im Kontrast zu diesen Zielen ab, wird es für die LehrerInnen in ihren strukturellen Zwängen schwierig sein, Alternativen zu leben!

3.1.3 Konkretisierung von Teamfunktionen in einer autonomen Schule

Teamarbeit ist zunächst einmal Arbeit. Diese grundsätzliche Einsicht ergibt sich aus zahlreichen Erfahrungen, die zeigen, daß Zusammenarbeit nicht gleichsam automatisch funktioniert. Teamarbeit braucht, wie oben aufgezeigt, neben dem notwendigen Fachwissen bestimmte Voraussetzungen: einerseits persönliche und soziale Kompetenzen der Beteiligten bzw. Betroffenen, andererseits entsprechende Rahmenbedingungen (strukturelle Aspekte), und da solche Voraussetzungen üblicherweise nicht ein für allemal gegeben sind, gilt es, sich immer wieder um deren Herstellung und Verbesserung zu bemühen. (Als positive Verstärkung wirken hier sicherlich auch erste erfolgreiche Teamentwicklungsschritte, so daß das Gesamtsystem in gewissem Sinne als dialektisch bezeichnet werden kann.) Einige Aspekte in diesem Zusammenhang wurden bereits in dem Abschnitt, der sich mit dem Zeitungsbericht auseinandersetzt, genannt (siehe 3.1.1); sie werden nun im Hinblick auf eine Schule, die »für sich selbst verantwortlich« ist, weiter entfaltet und zugleich konkretisiert:

Eine selbstbestimmte Schule fordert nicht nur die Verantwortung des einzelnen *für einen guten Unterricht* ein, sondern weit mehr, nämlich die Planung, Koordination und (Selbst-)Evaluation *ihrer gesamten Entwicklung,* gewiß ein so umfangreiches Vorhaben, daß es (insbesondere bei größeren Schulen) sinnvollerweise nicht vom ganzen Lehrkörper zu leisten ist! Als viel effizienter hat es sich erwiesen, wenn sich unterschiedliche Teams bilden: etwa solche, die für fachspezifische Aufgabenstellungen verantwortlich sind, beispielsweise Fach(bereichs)teams zur fachinternen Koordination des Lehrangebots, daneben aber auch solche, die kurz-, mittel- oder langfristig an anderen Aufgaben arbeiten, etwa an der Verbesserung des Informationsflusses zwischen den Schulpartnern. Mögliche Aufgabenbereiche und Wirkungsweisen soll die folgende Übersicht veranschaulichen:

Wirkungsradius	Aufgabenbereiche	Wirkungsweisen
kurzfristig	Behandlung von Ad-hoc-Problemen	Krisenmanagement zur raschen Verfügbarkeit bei unmittelbarem Handlungsbedarf in verschiedenen Bereichen, auch zur Unterstützung der Schulleitung in aktuellen Fragestellungen
mittelfristig	Planung und Koordination von pädagogischen Konferenzen	in regelmäßigen pädagogischen Konferenzen werden neben aktuellen Problemen auch mittel- und langfristige Entwicklungsschritte behandelt
	Planung und Koordination von Maßnahmen zur Dokumentation und Selbstevaluation	autonome Schule erfordert regelmäßige Qualitätssicherung
	Planung und Koordination von Öffentlichkeitsarbeit	Schaffung eines positiven Bildes der Schule im Gemeinwesen durch vertrauensbildende Maßnahmen
langfristig	strategische Planung der schulinternen Entwicklung	Vorbereitung von Schritten zur langfristigen Schulentwicklung durch eine »Steuerungsgruppe«, die darauf achtet, daß alle Betroffenen/Beteiligten in sinnvoller Weise in die Entscheidungsfindung eingebunden werden
	schulnahe Curriculumplanung	Ermittlung von Bedarf an und Bedürfnis nach Unterricht und Fortbildungsangeboten

Abb. 22: Kurz-, mittel- und langfristige Aufgaben und Wirkungsbereiche

In dieser Übersicht ließen sich bestimmt noch kurz-, mittel- oder langfristig angelegte Teamaufgaben ergänzen. Natürlich kann sich auch der Wirkungsradius verschieben, d.h., ein als mittelfristig projektiertes Vorhaben kann sich als langfristige Planungsaufgabe entpuppen, und zudem verstehen sich Teams nicht als unabhängige Einheiten, sondern koordinieren ihre Aufgaben im Sinne der Erreichung synergetischer Effekte für die Entwicklung der ganzen Schule, einerseits über Informations- und Gedankenaustausch in speziellen, dafür zuständigen Teams (z.B. Leitungsgruppe und Evaluationsteam), andererseits über die pädagogischen Konferenzen.

Die Steuergruppe hat die Aufgabe, gemeinsam mit dem Lehrkörper und nach Möglichkeit unter Einbeziehen von SchülerInnen und Eltern die Schwerpunkte der Arbeit festzulegen, vielleicht im Rahmen einer ganztägigen Veranstaltung, in der mit entsprechenden Aktivierungsmethoden (Zukunftswerkstätte, Nominelle Gruppentechnik, Brainwriting u.ä.) eine erste Themensammlung zu wünschenswerten Entwicklungstendenzen durchgeführt wird. Nach der Diskussion der gesammelten Ideen, u.a. im Hinblick auf mittel- und langfristige Verwirklichungschancen, erfolgt im Sinne einer von allen mitgetragenen Prioritätenliste eine noch stärkere Fokussierung. Diese dient als Grundlage für das Festlegen der weiteren Planungsschritte, die von der Steuergruppe im Detail ausgearbeitet werden. Durchläuft eine Schule eine solche Initialphase für die Standortentwicklung zum ersten Mal, ist es hilfreich, eine externe Person zur Unterstützung des schulnahen Planungsprozesses beizuziehen. Der Informationsaustausch mit allen Kollegiumsmitgliedern und den Schulpartnern findet in weiterer Folge bei den pädagogischen Konferenzen statt: Dort werden jeweils die gesetzten Maßnahmen, Erfolge und Mißerfolge diskutiert, problematisiert oder gutgeheißen.

Im *Curriculumteam,* vor allem für die Planung und Koordination des Unterrichtsangebots verantwortlich, sind möglichst viele Fach(bereichs)koordinatorInnen vertreten, um eine optimale Fächerintegration, bezogen auf die geplanten Ziele, Inhalte und Methoden, zu gewährleisten. Dabei sollen vor allem fachübergreifende Bildungsziele sowie die Unterrichtsprinzipien berücksichtigt werden, die üblicherweise im Fachunterricht zu kurz kommen. Die Vorschläge und Konzepte dafür werden jeweils in den pädagogischen Konferenzen vorgestellt und diskutiert; in die konkrete Unterrichtsgestaltung implementiert werden sie dann vorwiegend über die Fach(bereichs)konferenzen. Das Curriculumteam ist außerdem darum bemüht, daß etwa von den Pädagogischen Instituten schulnah oder zentral »maßgeschneiderte« Fortbildung angeboten wird; erst damit ermöglicht man allen LehrerInnen die aktive Umsetzung der beschlossenen Schritte im Unterrichtsalltag.

Daneben zeichnet das Curriculumteam in Koordination mit der Steuergruppe dafür verantwortlich, daß im Sinne der autonomen Schule curricularer Freiraum *gemäß den Bedürfnissen der Schule* genutzt wird. Dafür ist die Zusammenarbeit mit den Eltern unverzichtbar. Dem Curriculumteam sollte es aber auch ein Anliegen sein, daß externe Fachleute in die Unterrichtsarbeit integriert werden, damit ein Austausch zwischen schulischen und außerschulischen Bildungsangeboten und dem kommunalen Umfeld zustande kommt.

Das Konferenzteam sorgt für die regelmäßige Abhaltung pädagogischer Konferenzen. In deren Mittelpunkt stehen nicht nur mittel- und langfristige Planungsnotwendigkeiten, sondern es werden auch aktuelle Anlässe aufgegriffen, um im Einzelfall möglichst flexibel auf anstehende Probleme reagieren zu können. In der Planungsphase der pädagogischen Konferenz dürfen nicht nur die Vorstellungen und Ideen des »zuständigen« Teams eine Rolle spielen, sondern es soll Rücksprache mit VertreterInnen der übrigen Teams halten, um deren Bedürfnisse und Anregungen ebenso einfließen zu lassen. Das Team ist dann auch für die Durchführung der pädagogischen Konferenz verantwortlich, wobei die Schulleitung, falls sie nicht ohnehin im Team vertreten ist, entsprechend einzubinden ist. Das Konferenzteam achtet auch darauf, daß die Beschlüsse entsprechend implementiert werden, was am besten im intensiven Austausch mit der Steuergruppe und dem Evaluationsteam gelingen dürfte. (Die Teilnahme an den pädagogischen Konferenzen ist für alle LehrerInnen verpflichtend.)

Das Evaluationsteam hat die Aufgabe, die im Sinne einer echten Schulautonomie höchst bedeutsame (Selbst-)Evaluation der gesetzten Ziele und Maßnahmen zu planen und zu koordinieren. Zu diesem Zweck werden die von den anderen Teams eingeforderten Unterlagen im Sinne einer Rechenschaftslegung gesammelt und gesichtet; das Evaluationsteam setzt aber selbst auch Maßnahmen, indem es Befragungen durchführt und/oder zu den vorgelegten Unterlagen kritisch Stellung nimmt. Dabei geht es nicht um eine bloße Kontrolle, sondern darum, sicherzustellen, daß die Ziele, auf die sich die Schule jeweils geeinigt hat, auch verfolgt werden bzw. daß dort, wo Probleme auftauchen, entsprechende Nachjustierungen vorgenommen werden. Es ist daher, wie bereits angedeutet, eine enge Zusammenarbeit mit dem Curriculum- und Steuerungsteam erforderlich. In jedem Schuljahr soll als Nachweis der erbrachten Arbeit eine Dokumentation entstehen, die u.a. dem Austausch von Schulen untereinander dient. Hierbei kommt auch der Schulaufsicht eine neue Rolle zu, die es vor dem Hintergrund neuer Herausforderungen zu entwickeln gilt (vgl. Schratz 1993).

Das Team, das für die Öffentlichkeitsarbeit zuständig ist, soll – stets in enger Kooperation mit der Schulleitung – im Sinne von vertrauensbildenden Aktivitäten für ein positives Bild der Schule im Gemeinwesen sorgen, einerseits über Kontakte zu den Eltern und den für wichtig erachteten (politischen) Entscheidungsträgern, andererseits über regelmäßige Gespräche mit den »Zubringer-« bzw. »Abnehmer«schulen. Von Zeit zu Zeit wird es auch sinnvoll sein, in der lokalen Presse über das Schulleben zu berichten, damit die Schule im positiven Sinn in der öffentlichen Diskussion bleibt!

Treten kurzfristig Probleme auf, die nicht in den Kompetenzbereich der genannten Teams fallen und einer raschen Lösung bedürfen, tritt das *Krisenteam* zusammen, das die Schulleitung bei der Bewältigung der Schwierigkeiten unterstützt. Dies kann beispielsweise der Fall sein, wenn die Schule – etwa durch ein Delikt wie Drogenmißbrauch – in der Öffentlichkeit negativer Kritik ausgesetzt ist und sofortiger Handlungsbedarf besteht. Dann sollen möglichst rasch und flexibel Maßnahmen zur Lösung bzw. Entschärfung des Problems ergriffen werden. Auch das plötzliche Auftauchen großer Gruppen von Flüchtlingskindern, die in die Schule integriert werden sollen, etwa nach dem Zerfall Jugoslawiens, der in Teilen Österreichs mehrere Flüchtlingswellen ausgelöst hat, stellt eine Aufgabe dar, bei der das Krisenteam zu einer Ad-hoc-Lösung aufgerufen ist, da die Lösungswege über die Schulbehörde – von Ausnahmen abgesehen – erfahrungsgemäß sehr kompliziert und beschwerlich sind. Je rascher die Schulen selbst reagieren, um so eher kann die Behörde für unterstützende Maßnahmen gewonnen werden.

Eine Sonderform der Teamarbeit stellt der gemeinsame Unterricht von zwei oder mehr LehrerInnen dar. Im Idealfall steht jeder Schulstufe *ein* Lehrerteam zur Verfügung (»*Jahrgangsteam*«), das für die curriculare Ausgestaltung des Unterrichts die

Verantwortung übernimmt. Hierbei kann es zu unterschiedlichen Unterrichtsarrangements von der Gesamtgruppe (Stufenverband) bis zum Kleingruppenunterricht kommen. Wenn es um integratives Lernen (Soziales Lernen, Integration von behinderten SchülerInnen, fächerübergreifenden Unterricht, Projekte u.ä.) geht, unterrichten zwei (oder mehr) LehrerInnen, um dem Integrationsgedanken Rechnung zu tragen. Dabei ist zu berücksichtigen, daß ein »Zweilehrersystem«, abgesehen von dem großen finanziellen Aufwand, besondere Anforderungen an die Teamfähigkeit der PartnerInnen bzw. an die Effizienz teambildender Maßnahmen stellt, wie wir sie andernorts anhand von Fallbeispielen ausführlich erläutert haben (vgl. Jungwirth u. a. 1992, 130ff.): Das Miteinanderunterrichten erfordert auf der Persönlichkeitsebene sowohl Empathie als auch Ichstärke, Toleranz und Entscheidungsfreude, auf Fachebene »den großen Überblick« wie auch Detailkenntnis. Die damit verbundene hohe Interaktionskompetenz ist selten bereits in der Ausbildung vermittelt worden, weshalb das Curriculumteam insbesondere in diesem Bereich für Fortbildungsangebote bzw. unterstützende Maßnahmen zu sorgen hat.

Auf der strukturellen Ebene gilt es, die Möglichkeit zur Team- und Curriculumarbeit an der Schule zu verbessern, ja vielerorts überhaupt erst zu schaffen, etwa Plätze für Planungsarbeiten und Besprechungsräume, an bzw. in denen ungestört und in entsprechender Atmosphäre gearbeitet werden kann; für optimale (gemeinsame) Unterrichtsvorbereitung sollte zudem noch eine »Lernwerkstätte« zur Verfügung stehen, die Curriculummaterialien, Bücher, Zeitschriften und elektronisch abrufbare Informationen als inhaltliche Ressourcen bereithält und Kopierer, verschiedene Geräte, aber auch Neue Medien als »Handwerkszeug« bietet.

Teamarbeit stellt das wichtige – wenn nicht das wichtigste – Verbindungsglied zwischen den Einzelaktivitäten der LehrerInnen im Klassenzimmer und den Bemühungen um die Entwicklung der gesamten Schule dar. Bleibt diese Form der Kooperation auf einige wenige Engagierte im Kollegium beschränkt, wird die Lebendigkeit der Organisation als Organismus ebenso beschränkt bleiben. Daher stellt die Teamarbeit nicht einen Luxus dar, den sich nur diejenigen leisten können, die dafür Zeit haben. Vielmehr ist sie ein unverzichtbares Element einer Lernenden Schule, die ihre Entwicklung in die eigene Hand nimmt.

3.2 Wider die Unterrichtsroutine: Projekt Ermutigung

3.2.1 »Projektunterricht? – Nein danke!«

Diese ablehnende Kurzformel habe ich schon mehrmals von resignierten Lehrern und Lehrerinnen gehört, weshalb ich sie an den Beginn dieses Abschnitts setzen möchte. Nicht etwa in der Absicht, Interessierten von Unterrichtsprojekten abzuraten, sondern vielmehr aufgrund einer persönlichen und wissenschaftlichen Erfahrung, die ich immer wieder mache: Ein pädagogischer Begriff wird Mode, erhält in kurzer Zeit schillernde Facetten und verschwindet ebenso rasch wieder aus der Unterrichtslandschaft. Wen wundert es dann, daß zahlreiche Lehrende in der Zwischenzeit methodenmüde geworden sind?!

Auch der Projektunterricht ist dafür anfällig; zwar läßt sich mit Projekten viel anfangen, etwa

- die Unterrichtsroutine unterbrechen,
- Lehren und Lernen zu einer ganzheitliche(re)n Erfahrung verändern,
  aber auch:

- die letzte Woche vor den Ferien füllen (»Projektwoche«),
- ein Schulhof umgestalten, ohne daß die Arbeitskraft viel kostet,
- Unruhe in die Stundentafel bringen,
- Neid, Eifersucht und Mißgunst unter den LehrerInnen stiften,
- den SchülerInnen den »normalen« Unterricht (noch mehr) vermiesen,
- die Beurteilung zu einem (noch größeren) Hasardspiel machen,
- ...

Anstatt daß ich diese Aufzählung weiterführe, fasse ich meine diesbezüglichen Assoziationen in folgender These zusammen:

These 1
Projektunterricht ist keine (neue) Unterrichtsmethode.

Was ist er dann? Geht man den systematischen Weg, fängt die Klärung mit einer Begriffsbestimmung an. »Plan, Unternehmung, Entwurf, Vorhaben« gibt der Fremdwörter-Duden unter dem Stichwort »Projekt« an, »das nach vorn Geworfene« finde ich auf den etymologischen Spuren des Wortes. Bei der Klärung des zweiten Teils der Zusammensetzung hilft die pädagogische Einführungsliteratur. Dort heißt es zum Beispiel: »Unterricht ist jene Form der Erziehung (im umfassenden Sinne der Enkulturationshilfe), bei der man sich um eine in Schulen (oder anderen Ausbildungseinrichtungen) organisierte Auslösung, Steuerung und Kontrolle von systematisierten, methodisierten und ökonomischen Lernprozessen bemüht« (Weber 1982, 57). Aus dem Klärungsversuch der beiden Wörter wird bereits die Diskrepanz zwischen den unterrichtlichen Bemühungen um das Planen und Organisieren von Lernprozessen einerseits und einer offenen Lernform andererseits deutlich, die »sich folglich auch nicht durch eine präzise Definition beschreiben« läßt (Frey 1982, 14). LehrerInnen, die sich auf Projektunterricht einlassen, spüren diese Diskrepanz oft am eigenen Leib, was aus folgender Lehreräußerung deutlich wird: »Mist, gerade wo unser Projekt so gut läuft, wo wir uns langsam zusammengerauft haben, kommt jetzt dieser Typ an und verlangt die Notengebung« (George 1988, 23). Das Dilemma hat Marie Marcks in ihrer bekannten Karikatur vom Schmetterling im Unterricht visualisiert (Abb. 23).

Da sich das im Schmetterling symbolisierte Leben nicht in Stundenabschnitte portionieren läßt, greift der Lehrer zur domestizierten Natur in Form des Präparats. Da die SchülerInnen diese »Zivilisationsübung« in den meisten Fächern erleben, eignen sie sich rasch ein differenziertes Wahrnehmungsmuster zwischen *Schul*verhalten, das für den Unterricht Gültigkeit hat, und *Leben*sverhalten an. Letzteres muß in

Abb. 23: Lebenswelt versus Lernwelt

der künstlichen Welt der Schule oft ausgeblendet werden, da es dafür im Curriculum wenig oder gar keinen Platz gibt. Ein eindrucksvolles Beispiel für die Einübung in das Schulverhalten erfahren wir von Frigga Haug, einer engagierten Frauenforscherin, die über ein frühes Schulerlebnis ihrer Tochter berichtet:

> »Ganz gelassen brachte sie mir ihre neuen Produkte zum Muttertag. Der Text, ein Deutschaufsatz, troff nur so von herzzerreißenden Sätzen wie: ›Tag und Nacht liegst Du auf den Knien und scheuerst den Boden; Deine müden Hände stopfen des Nachts bei schummriger Lampe unsere durchlöcherten Söckchen; durchweicht sind die Finger vom ewigen Spülen‹ usw. – Auf meine zeitgenössisch-empörte Frage: ›Wie kannst du nur so etwas schreiben, schließlich haben wir eine Spülmaschine, Söckchen habe ich noch nie gestopft, im Zimmer liegt ein Auslegeteppich und überhaupt – wo kommt meine Schreibmaschine vor, an der ich schließlich viele Stunden am Tag verbringe?‹, antwortete sie ganz selbstverständlich: ›Das kann ich doch nicht schreiben, was glaubst du, was ich in Deutschverhalten bekäme?‹ Sie hatte dieses Wort aus ihrer Erfahrung gebildet – Deutschverhalten.« Ich denke, es bezeichnet treffend den Zusammenhang von Sprache und Ideologie bzw. vom Umgang mit Sprache und einübendem Verhalten in herrschende Wertvorstellungen. Das Verhältnis zur Sprache wird ein eigentümlich artifizielles. Die Schreibenden können sich selbst nicht mehr glauben, können sich nicht ernst nehmen, wenn ihre eigenen Münder Worte formen, welche die ihren sind und auch nicht, die sind wie falsche Zähne« (Haug 1990, 76).

These 2
Projektunterricht widersetzt sich der Anpassungsfunktion institutionalisierten Lehrens und Lernens.

Dies ist meines Erachtens auch der Grund dafür, daß sich der Projektunterricht seit seiner Erfindung um die Jahrhundertwende trotz einzelner Höhepunkte (Reformpädagogik, »curriculare Wende« der siebziger Jahre) institutionell nicht vereinnahmen ließ und sich bestenfalls in sogenannten Alternativ- und Reformschulen längere Zeit halten konnte. Wenn mit diesem Kapitel ein (neuerlicher) Anstoß zur Anregung von Unterrichtsprojekten genommen wird, so geschieht dies nicht als isolierte Aktion. Die Zeichen stehen gut, denn der Lernbegriff ist in Zusammenhang mit (autonomer) Schulentwicklung wieder einmal in Bewegung gekommen (vgl. Schratz 1995)!

3.2.2 Projektunterricht und neue gesellschaftliche Herausforderungen

Es ist schon wieder einige Zeit her, daß sich die Vorboten einer »Bildung für das Jahr 2000« (Klemm/Rolff/Tillmann 1986) meldeten. Sie wiesen darauf hin, daß das Lernen in seiner Zielsetzung viel globaler ansetzen müsse (vgl. auch Kapitel 1.6). Es ging – und das läßt sich auch gleich anhand einzelner Buchtitel aufzeigen – um eine »Wiedergewinnung von Wirklichkeit« (Heger/Heinen-Tenrich/Schulz 1983), um das Suchen nach dem »Possible Human« = Menschenmöglichen (Houston 1982), ja um eine Bewußtseins(R)evolution« (Lutz 1983) für die »Pädagogik im Atomzeitalter« (Kern/Wittig 1982) schlechthin. Hinter allen diesen Titeln verbirgt sich scharfe Kritik am bisher üblichen Lernbegriff, der mit seiner einseitigen Betonung instrumentellen (Stoff-)Wissens die Ratio des Menschen als beherrschendes Erkenntnisinstrument anerkennt. Die genannten Pädagogen setzen sich auch allesamt für einen umfassenderen Begriff von Allgemeinbildung ein, der es nicht mehr rechtfertigt, daß die Inhalte von Wissenschaft und Kultur, in Lehrstoff verwandelt und fein säuberlich portioniert, nach einem Bankierskonzept (Freire 1981) von sogenannten »Wissenden« an sogenannte »Unwissende« weitergegeben werden. So erstaunen auch die von den genannten Autoren angebotenen (Gegen-)Konzepte nicht, welche von »sanften Alternativen« (Lutz 1981) über ein »Plädoyer für ungewöhnliches Lernen« (Ziehe/Stubenrauch 1982) bis zur Forderung nach dem »Recht auf Ungezogenheit« (Beck 1983) reichen. In der Umsetzung sind diese stark politisch argumentierenden Positionen allerdings eher nach innen gerichteten Ansätzen gewichen: Aus der Sicht einer »Subjektiven Didaktik« geht es heute um »Modellierung von Lernwelten« und »Postmoderne Lernkulturen« (Kösel 1993), um das »Lehren mit Leib und Seele« (Schmid-Oumard/Nahler 1993) oder schlicht um »Das Neue Lernen« auf der Basis von NLP, dem Neurolinguistischen Programmieren (Bachmann 1991).

Wenn man annimmt, daß Erscheinungsformen sozialen Wandels (nicht nur in der Pädagogik) vorwiegend in besonders sensiblen Zeiten verstärkt auftreten, gilt es, diese Entwicklung im Hinblick auf die unterrichtliche Praxis genauer zu definieren. In den letzten Jahren sind die Grenzen des Wachstums auf der Erde deutlicher denn je erkennbar geworden, was sich etwa in den vielfach gescheiterten Bemühungen der von den Industriestaaten aufwendig betriebenen Entwicklungshilfe widerspiegelt, aber auch in den immer lauter werdenden Ökologiediskussionen im Kampf um die Rettung der Umwelt und in der sich politisch weiter zuspitzenden Polarisierung der Debatte um die (Nicht-)Integration von Ausländern. Nicht zuletzt die Ohnmacht von einzelnen den gesamtgesellschaftlichen Problemen gegenüber legt den Schluß nahe, daß sich ein weiterer Wissenszuwachs als wenig zielführend erweisen dürfte, um diese in den Griff zu bekommen. Denn über das bloße didaktische Verfeinern von Vermittlungsverfahren wird ungewollt – gleichwohl wirksam – einer weiteren Verschulung Vorschub geleistet. Vielmehr sind »jenseits aller Schulweisheit« (Rumpf 1984) andere Erfahrungsarten und menschliche Potentiale zu nutzen, welche sich u.a. im *learning by doing* des Projektunterrichts orten lassen.

Einig sind sich inzwischen alle – über die gesellschaftlichen, ideologischen und politischen Bindungen hinweg –, daß unser Ziel eine Welt des gesicherten Überlebens sein muß, damit die Chance für das Menschsein gewahrt bleibt. Der Ansatz dafür liegt im einzelnen Menschen selbst, denn man muß »davon ausgehen, daß der Mensch über noch unzureichend genützte visionäre und kreative Fähigkeiten sowie über eine moralische Kraft verfügt, die, wenn sie freigesetzt werden, die Menschen aus ihrer mißlichen Lage befreien können«, wie es der Club of Rome 1983 optimistisch formulierte. Der Projektunterricht setzt es sich zum wichtigsten Ziel, das kreative Potential im Individuum zu befreien. »Diese Neudefinition verändert die bisherigen Unterrichtsziele und -verfahren von Grund auf und vermittelt der pädagogischen Forschung neue Impulse. Im Projektunterricht geht man von der natürlichen und unveräußerlichen Kompetenz eines jeden gesund geborenen Individuums zu handeln aus. Diese angeborene Handlungskompetenz wird unterrichtlich ausgebildet zu Kapazitäten der Planung, der Durchführung, der Kundgabe und der Wissensapperzeption. Der Schüler ... lernt durch Vollzüge, Handlungen in einer tatsächlichen empirischen Umwelt durchzuführen« (Suin 1986, 74).

Durch die allerorts intensiver spürbar gewordenen Symptome gesellschaftlicher Krisenerscheinungen, insbesondere im Umweltbereich, erlebte der Projektgedanke in den letzten Jahren eine Renaissance: Hier wird von SchülerInnen ein Flüchtlingsprojekt gestartet, dort planen und gestalten sie den Schulhof; anderswo werden Weidezäune in überlieferter Handwerkskunst wiedererstellt oder Mülltrennaktionen gestartet – kurz, Projekte sind wieder in Mode gekommen. Was sind die auslösenden Motive und erzieherischen Zielstellungen für derartige (Projekt-)Aktivitäten?

Bildungsprozesse zu planen wird in der heutigen Zeit immer schwieriger, nicht zuletzt deshalb, weil der Erziehungsbegriff ins Kreuzfeuer der Kritik geraten ist. »Erziehung im herkömmlichen Sinn signalisiert ja immer, daß eine(r) (der Erzieher, der Lehrer, der Ausbildner etc.) recht hat. Wenn man diese Sichtweise nun auf die derzeitige ökologische Lage umzusetzen versucht, wird sehr rasch deutlich, daß solche (Umwelt-)Erziehungsvorstellungen nicht mehr greifen können« (Schratz 1988a, 70). Das Umdenken im inhaltlichen Bereich muß demnach auch mit einer Veränderung im Verständnis von Erziehung und Bildung Hand in Hand gehen, was ich folgendermaßen zusammenfassen möchte:

These 3
Projektunterricht ernst nehmen heißt, das Verständnis von Erziehung und Bildung neu zu überdenken.

3.2.3 Von der Idee zum Projekt

Erfahrungsgemäß fällt es vielen Lehrenden schwer, sich von den klaren Strukturen zu lösen, die durch Lehrplan- und -buchvorgaben eine gewisse Sicherheit verleihen. Sie teilen nicht nur den inhaltlichen Verlauf in überschaubare Schritte, sondern regeln indirekt auch soziales Miteinander und hierarchisches Gefüge, wie es auf der Karikatur mit dem Schmetterling ersichtlich ist. Den Gegenpol möchte ich anhand des Bildes mit dem Floß (aus: Pädagogisches Institut Tirol 1981) illustrieren, das die bedrohliche Unsicherheit offener Lernsituationen und die vielschichtige Beziehungsdynamik alltäglichen Zusammenseins in karikierender Überzeichnung sichtbar macht (Abb. 23).

Da Unterrichtsprojekte gewöhnlich *zwischen* diesen Extremen angesiedelt sind, gelten die Aspekte in ihrer jeweiligen tendenziellen Ausprägung. Sie haben allerdings

Abb. 24: Beziehungsdynamik in der Projektarbeit

entsprechende Auswirkungen auf die weiter oben reflektierten Bildungsziele, die sich idealtypisch folgenden Kompetenzbereichen zuordnen lassen (vgl. auch Kapitel 3.1.2!):

- persönliche Kompetenz (Ich-Stärke),
- soziale Kompetenz (Wir-Bewußtsein),
- globale Kompetenz (Wissen, Kenntnisse, Fähigkeiten, Fertigkeiten zum Überleben).

Projektarbeit trägt am ehesten dazu bei, diese Kompetenzstränge im Handlungsvollzug zu vernetzen. Im anglo-amerikanischen Raum hat sich in den letzten Jahren dafür der Begriff Global Education etabliert, um die Verantwortung für globale Zusammenhänge durch holistisches Lernen zu signalisieren (vgl. dazu etwa Pike/Selby 1988). Diese Vernetzung läßt sich grafisch aufzeigen (Abb. 25).

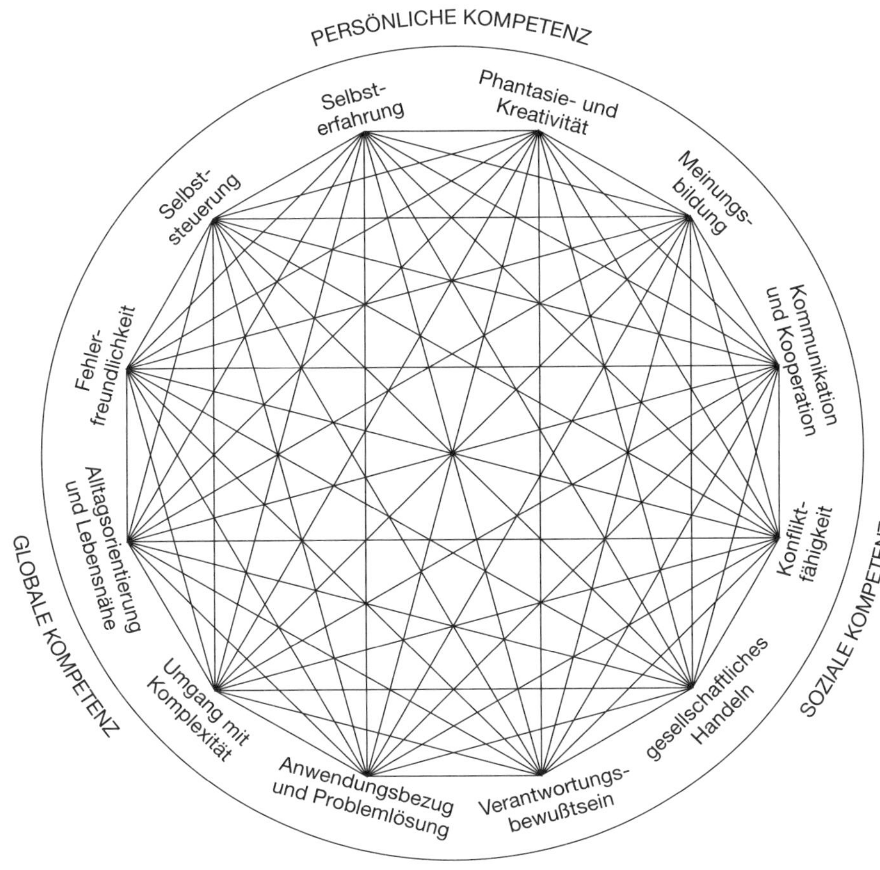

Abb. 25: Zusammenhang zwischen persönlicher, sozialer und globaler Kompetenz

Inzwischen hat der Sog der »Erlebnisgesellschaft« (Schulze 1992) auch unsere Schulen erreicht, wonach LehrerInnen immer mehr unter den Druck aktionsorientierter Unterrichtsformen geraten, wollen sie den Anschluß an die Lebenswelt der SchülerInnen nicht verlieren. Dadurch stellt sich für viele die Frage, ob der schulische Unterricht nicht immer mehr einer (post)modernen Vielfalt aktionsorientierter Angebote in Form von »Edutainment« oder überhaupt der (Fern-)Steuerung durch Computer weicht, wie es der amerikanische Bildungsforscher Seymar Papert fordert (Papert 1993).

Diese Entwicklungen erscheinen mir dann problematisch, wenn dabei nicht auch an die unerwünschten Nebenwirkungen (»hidden curriculum«) gedacht wird. Ein postmodernes Verständnis von Erziehung und Bildung, das nicht einem demokratisch-aufklärerischen Anspruch verpflichtet ist, stellt einen Rückschritt in die Vormoderne dar, auch wenn die momentanen Effekte noch so spektakulär sind. P. Freire (1981, 71) erteilt beiden Extremen eine Absage, indem er darauf hinweist, daß der Verzicht auf Aktion bloßer Verbalismus ist und der Verzicht auf Reflexion zum Aktionismus verkommen kann. Um einer einseitigen Interpretation des Projektgedankens entgegenzuwirken, nennt etwa der Grundsatzerlaß zum Projektunterricht des österreichischen Unterrichtsministeriums folgende Zielsetzungen des Projektunterrichts als vorrangig:

- autonomes Lernen und Handeln,
- eigene Fähigkeiten und Bedürfnisse erkennen und weiterentwickeln,
- ein weltoffenes, gesellschaftlich-historisches Problembewußtsein ausbilden,
- Probleme erkennen, strukturieren und konstruktive Lösungsstrategien entwickeln,
- kommunikative und kooperative Kompetenzen sowie Konfliktfähigkeit entwikkeln,
- organisatorische Zusammenhänge begreifen und gestalten.

Die Berücksichtigung der jeweiligen Teilkompetenzen erscheint mir für die Planung und Durchführung von Unterrichtsprojekten von entscheidender Bedeutung. Die Grafik in Abbildung 24 kann daher auch als Hilfe dazu dienen, um die Ausgewogenheit der Kompetenzbereiche eines geplanten Projekts zu überprüfen, indem die jeweiligen Aspekte in Fragestellungen im Sinne von Schlüsselfragen umgewandelt werden (vgl. 3.2.4!). Beispiele:

- Gibt es autonome Phasen, in denen die/der einzelne selbsttätig aktiv werden kann? (Selbststeuerung)
- Gibt es Möglichkeiten, Probleme und Konflikte gemeinsam zu lösen? (Kommunikation und Kooperation)
- Können die SchülerInnen neue Inhalte so erarbeiten, daß ihnen deren relative Gültigkeit bewußt wird? (Fehler-»Freundlichkeit«)

Kommen einzelne Aspekte der drei Kompetenzbereiche in der Planung bzw. Durchführung eines Unterrichtsprojekts *nicht* vor, was durchaus der Fall sein kann, sollte man sich zumindest des (Lern-)Defizits bewußt sein und anderweitig für einen Ausgleich sorgen. Ein zu großes Projektvorhaben kann gerade bei den ersten Versuchen abschreckend wirken. Hier ist vorerfahrungsbezogene (Selbst-)Einschätzung, am besten gemeinsam mit projekterprobten KollegInnen, gefragt, »damit der Umgang mit dem nach wie vor wenig Vertrauten nicht zu einem Abenteuer mit völlig unabschätzbarem Ausgang wird, sondern mindestens Züge eines kalkulierbaren Risikos annimmt« (Wieser 1986, 3).

3.2.4 Phasenverläufe einer Projektgeschichte

Es hat schon mehrere Versuche gegeben, die Abläufe in Unterrichtsprojekten zu systematisieren, um das Risiko kalkulierbar zu machen; das Resultat waren allerdings immer nur idealtypische bzw. idealisierte Grundmuster. Aus meinen eigenen Erfahrungen möchte ich im folgenden Schema (Abb. 26) jene Phasen vorstellen, die mir nach der Sichtung von Unterrichtsprojekten bzw. Projektwochen relevant erscheinen, nicht zuletzt deshalb, weil sich die Rolle des Lehrers bzw. der Lehrerin phasenweise verändert (s. letzte Spalte der Übersicht).

Projektphasen	**Ziele, Inhalte, Fragestellungen**	**Rollen**
Anstoßphase	Motive: Bedarf, Mangel, Vision … (von innen/außen, »oben«, »unten«, auf Druck/Zug)	InitiatorIn
Orientierungsphase	Was wollen wir überhaupt? Wer macht mit? Wo liegen meine/unsere Stärken?	KatalysatorIn
Planungsphase	Bestandsaufnahme/Kritik, (utopische) Entwürfe, Umsetzungsmöglichkeiten	ModeratorIn
Konkretisierungsphase	Arbeitsgruppen/-teams, Zeitplan, Projektskizze, Projektplan	KoordinatorIn
Durchführungsphase	Feldarbeit, Projekttätigkeit (einzeln, mit PartnerIn, in Gruppen)	OrganisatorIn
Auswertungsphase	Sichtung, Analyse, Austausch der (Feld-)Erfahrungen, Projekttätigkeit	MediatorIn
Reflexionsphase	Was hat es mir/uns gebracht? Was bedeutet das Thema jetzt für mich?	EvaluatorIn
Transferphase	Vermittlung der Erfahrungen/Ergebnisse (Artikel, Interviews, Berichte …)	AnimatorIn
permanentes Projekt	»soziale« Erfindung	?

Abb. 26: Phasen eines Projekts

Übersichten dieser Art stellen nur eine abstrakte Struktur des tatsächlichen Phasenverlaufs in einer Projektgeschichte dar. Um ihr ein Stück Lebendigkeit zu vermitteln, gebe ich im Anschluß an die Erklärung einiger Phasen auch einen Einblick in das Projekt einer Grundschulklasse, die sich das Ziel gesetzt hatte, den Buchenbestand in ihrer Heimatgemeinde für die Nachwelt zu sichern.[2] Ich habe dieses Beispiel nicht zuletzt deshalb ausgewählt, weil daran deutlich wird, daß der Projektgedanke nicht erst in höheren Schulstufen umgesetzt, sondern von allem (Schul-)Anfang an als wichtige Form schulischen Lehrens und Lernens eingeführt werden sollte.

Die *Anstoßphase* einer Projektgeschichte ist jeweils durch die spezifische Ausgangssituation geprägt, die wiederum auch stark mit den Betroffenen verbunden ist. Inhaltlich läßt sich unterscheiden zwischen einem Impuls aufgrund eines Informations- oder Erfahrungsmangels, wodurch sich ein gewisser Erkundungsbedarf ergibt (Beispiel: Kennenlernen der unbekannten Arbeitswelt), und einem Anstoß, der von einer (positiven) Vision oder aber von »Überfluß mit problematischen Folgen« ausgelöst wird (z.B. im ökologischen Haushalt), womit man sich in einem Projekt näher befaßt. Auf der Subjektebene können Anstöße von innen (schulintern: SchülerInnen, LehrerInnen, Leitung, Schulaufsicht u.ä.) oder außen (extern: Eltern, Gemeinde, Betrieb, Verein, Bürgerinitiative usw.) kommen. Weiters läßt sich zwischen formellen Impulsen (Fortbildung, Verordnung u.ä.) und solchen informeller Art (Gespräch, diverse Kontakte, persönliche Erlebnisse etc.) unterscheiden. Auf die Gefahr hin, daß meine Aussage als präjudizierend abgelehnt wird, möchte ich doch hier festhalten, wie sehr der Erfolg eines Unterrichtsprojekts vom Ausgangspunkt des Impulses abhängt. Nach meiner Kenntnis bilden Projekte »von unten« (etwa bewirkt durch Unzufriedenheit, Probleme vor Ort, Anliegen von Schülern u.ä.) motivationsbedingt eine breitere Basis für die Identifikation der Betroffenen, die ein wichtiger Motor in der Projektgeschichte ist; Projekten »von oben« (etwa über sanften Druck erzeugt) geht dagegen mitunter rasch der Atem aus, d.h., sie werden zur lästigen Verpflichtung.

In der *Orientierungsphase* sollen zunächst grundsätzliche Fragestellungen geklärt werden, wobei der 8W-Raster (Abb. 27) hilfreich sein kann. Hier geht es vor allem darum, die eigenen Stärken für die konkrete Planung zu erkennen und so zu gewährleisten, daß die Potentiale der Individuen und der Gruppe optimal genutzt werden.

Der *Planungsphase* ist deshalb wichtig, weil darin die Weichen für eine erfolgreiche Durchführung des Projekts gestellt werden. Da sie u.a. auch das Ziel hat, wünschbare Konkretisierungsformen für das geplante Unterrichtsprojekt zu finden, hat sich die Planungsform einer »Zukunftswerkstätte« bewährt, die nach Jungk und Müllert (1981, 21) in drei Einzelphasen abläuft: Die Werkstatt selbst beginnt mit der Kritikphase, in der wir Unmut, Kritik, negative Erfahrungen zum Werkstatt-Thema äußern, auf Papierbögen mitschreiben und schließlich zu Themenkreisen ordnen. Es folgt eine Phantasiephase, in der wir auf die vorgebrachte Kritik mit eigenen Wünschen, Träumen, Vorstellungen, alternativen Ideen antworten; davon werden dann die interessantesten Einfälle ausgewählt und in kleinen Arbeitsgruppen zu Lösungsvorschlägen (utopi-

2 Ich danke der »Buchenklasse« in Schruns im Montafon und ihrem Lehrer, Franz Rüdisser, daß ich ihre Arbeiten hier abdrucken kann.

❶ **Warum?**	Warum wird das Projekt durchgeführt, wozu soll das Ganze dienen?	❺ **Wer?**	Wer wird daran beteiligt sein? Wer kann was leisten? Wer ist betroffen?
❷ **Was?**	Was muß gemacht werden? Was sind die spezifischen Ziele?	❻ **Wann?**	Wann wird mit dem Projekt begonnen, und wann soll es beendet sein?
❸ **Wie?**	Wie soll das Projekt durchgeführt werden? Wie lassen sich die Ziele am besten erreichen?	❼ **Wieviel?**	Wieviel Aufwand ist damit verbunden? Wieviel wird die/der einzelne investieren müssen?
❹ **Wo?**	Wo soll das Projekt stattfinden? Wo wird gearbeitet? Wo wird angesetzt?	❽ **Wie gut?**	Wie gut soll das Ergebnis sein? Welche Qualitätsziele müssen erreicht werden?

Abb. 27: 8W-Raster zur Projektarbeit

schen Entwürfen) ausgearbeitet. Mit der abschließenden Verwirklichungsphase kehren wir in die Gegenwart mit ihren Machtverhältnissen, ihren »natürlichen Grenzen«, ihren Gesetzen und Verordnungen zurück: In ihr prüfen wir die Durchsetzungschancen für unsere Entwürfe kritisch, indem wir (z.B. durch Lektüre oder Expertenurteile) die Hindernisse herausfinden und deren Überwindung wiederum mit viel Phantasie angehen (etwa eine Aktion oder ein Projekt planen).

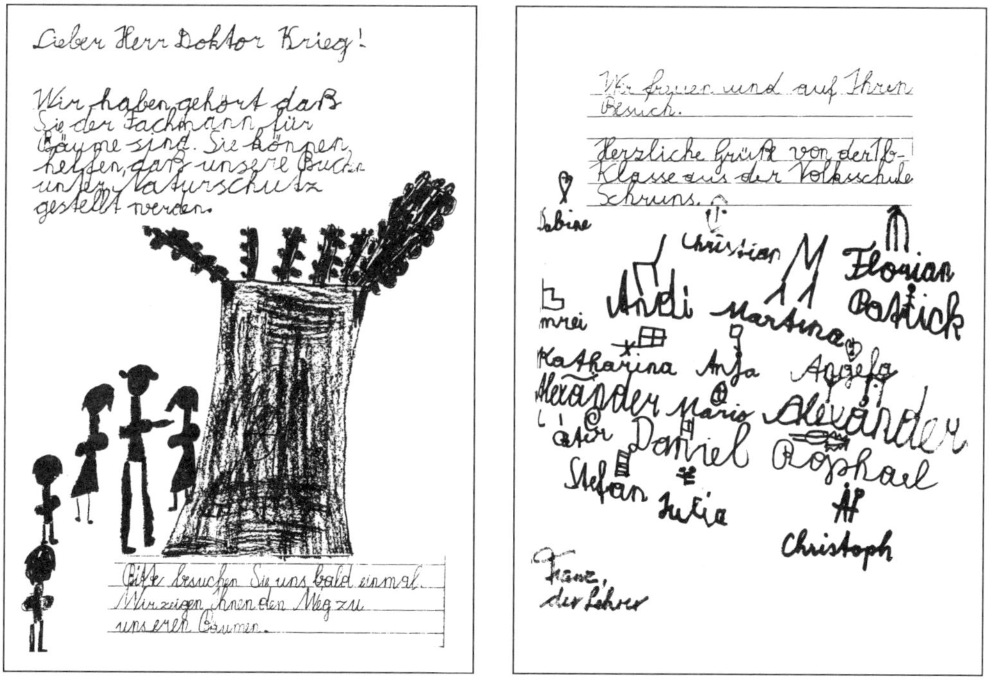

Abb. 28: Kontakt knüpfen zu einem Baumexperten (Planungsphase)

In der *Konkretisierungsphase* wird aus einer Projektskizze ein Projektplan, in dem die Durchführungsmodalitäten festgelegt werden. Dazu gehört die Einteilung in Arbeitsgruppen, das Vorbereiten von Materialien, das Studium von Literatur sowie die Information der vom Unterrichtsprojekt Mitbetroffenen. Im Sinne eines hohen Selbststeuerungsgrades sollten möglichst viele dieser Aktivitäten von den SchülerInnen getragen werden.

In der *Durchführungsphase* unterscheiden sich Projekte am stärksten, da sie sehr durch die jeweilige Zielsetzung und Gestaltungsform geprägt werden. Im Prinzip handelt es sich um eine Phase, in der die praktische »Feldarbeit« erfolgt. Sie kann auch als soziales Experiment gesehen werden, da die Ausformung immer Unsicherheitsstellen aufweist, die im aktuellen Lebenszusammenhang des Alltags zu bewältigen sind. Die damit verknüpften Aktivitäten sind deshalb auch nicht bis ins letzte Detail vorhersehbar bzw. planbar!

Die *Auswertungsphase* dient der Sichtung, der Analyse und dem Austausch der (Feld-)Erfahrungen. Dazu gehört etwa die Transkription bzw. Auswertung von Tonbandinterviews, das Entwickeln von Filmen, das Zusammenstellen von Dokumenten, das Berechnen der Durchschnittswerte von Proben aus Luft, Erde, Wasser usw. Erst im Vernetzen der einzelnen Erfahrungen entwickelt sich das Gesamtbild der praktischen Erkundungen, das den eigentlichen (inhaltlichen) Wert des Vorhabens ausmacht.

DR. LEO WALSER
BEZIRKSHAUPTMANN

6700 BLUDENZ, AM 21. 12. 1992
TEL. (05552) ~~6361~~ XXXX DW 140
Neue Tel.Nr.(05552) 6136 DW 140

An die
2b-Klasse der Volksschule Schruns

<u>6780 S c h r u n s</u>

Liebe Buben und Mädchen der 2b-Klasse!

Euer Herr Lehrer und Direktor hat Euch sicherlich schon erzählt, warum wir die bei der 100-Jahrfeier der Raiffeisenbank Montafon ausgemachte Kennzeichnung "Eurer Buchen" als Naturdenkmal auf das kommende Frühjahr verschieben mußten.

Nicht so sehr das schlechte Wetter im heurigen Herbst ist schuld, sondern vor allem der Umstand, daß wir sehr viel Zeit brauchten, um die Grenz- und Besitzverhältnisse zu klären und die Zustimmung der Eigentümer dieser Bäume zu bekommen.

Leider waren bzw. sind nicht alle Baumeigentümer so naturverbunden wie Ihr und haben aus verschiedenen Gründen das Einverständnis verweigert, die Naturdenkmaltafel anbringen zu lassen.

Ich kann Euch nunmehr aber berichten, daß die Buchen in Gamplaschg/Malär und Latang sowie jene auf der Montjola zwischenzeitlich rechtswirksam unter Naturschutz gestellt sind. Dazu übersende ich Euch anbei je eine Kopie der betreffenden Verordnungen der Bezirkshauptmannschaft Bludenz; diese könnt Ihr in Eurem Klassenzimmer anschlagen und damit auch bei Euch öffentlich kundmachen.

Auch für die Buche in der Parzelle Hof haben wir die Verordnung schon Ende November geschrieben, müssen aber noch auf die Antwort der in Frankreich lebenden Eigentümer warten. Diese Verordnung sende ich Euch dann nach.

\- 2 -

Wegen der drei mächtigen Buchen auf Gamplaschg/Parzelle Fau habe ich persönlich am 4. November mit einem der Eigentümer gesprochen. Dieser hat sich jedoch sehr gegen die Unterschutzstellung gewehrt. Wir müssen dort voraussichtlich auch noch eine Grenzvermessung durchführen lassen, weil die mittlere der drei Buchen ganz nahe an einer Grundstücksgrenze stehen dürfte. Ich werde mich bemühen, daß wir auch für diese drei Bäume schließlich die Zustimmung der Eigentümer erhalten. Die Besitzer haben mir aber versprochen, die Bäume auf jeden Fall stehen zu lassen.

Für die bevorstehenden Weihnachtsferien wünsche ich Euch alles Gute, viel Schnee und schönes Wetter zum Schifahren. Ich freue mich schon auf unsere vereinbarte gemeinsame Abschlußaktion, bei der wir die von Euch ausgesuchten Bäume für jedermann erkennbar durch eine Tafel als Naturdenkmal kennzeichnen werden.

Mit freundlichen Grüßen

<u>Beilagen:</u>
1 Gutachten der Vorarlberger Naturschau vom 1. 9. 1992
3 Verordnungen der Bezirkshauptmannschaft Bludenz vom 30. 11. 1992

Abb. 29: Erste Erfolge stellen sich ein: Die Darstellung des Bezirkshauptmanns (Durchführungsphase)

Nicht minder wichtig – allerdings auf einer anderen Ebene – ist die *Reflexionsphase*. Dabei geht es um die Auswertung der persönlichen Erfahrungen der am Projekt Beteiligten aus individueller und kollektiver Sicht. Fragen wie »Was hat es mir/uns gebracht?«, »Was bedeutet das behandelte Thema jetzt für mich/uns?«, »Hat sich meine Sichtweise/mein Verhalten geändert?« stehen dabei im Vordergrund. Dahinter liegt die Erfahrung, daß die sozialkommunikativen Beziehungen der am Projekt beteiligten Individuen und die inhaltlichen Leistungen im Praxisbezug der laufenden Arbeit einander wechselseitig beeinflussen. (Genauere Informationen darüber, wie Teamerfahrungen durch »Erinnerungsarbeit« wiederbelebt werden können, finden sich in Achleitner/Haring/Schratz 1988.)

Die *Transferphase* hat den Zweck, Möglichkeiten zur Umsetzung der Projektergebnisse zu erkunden: Die SchülerInnen sollen erleben, daß ihre Projektarbeit nicht nur Selbstzweck ist, sondern auch weiterführend wirksam wird, sei dies über Formen der

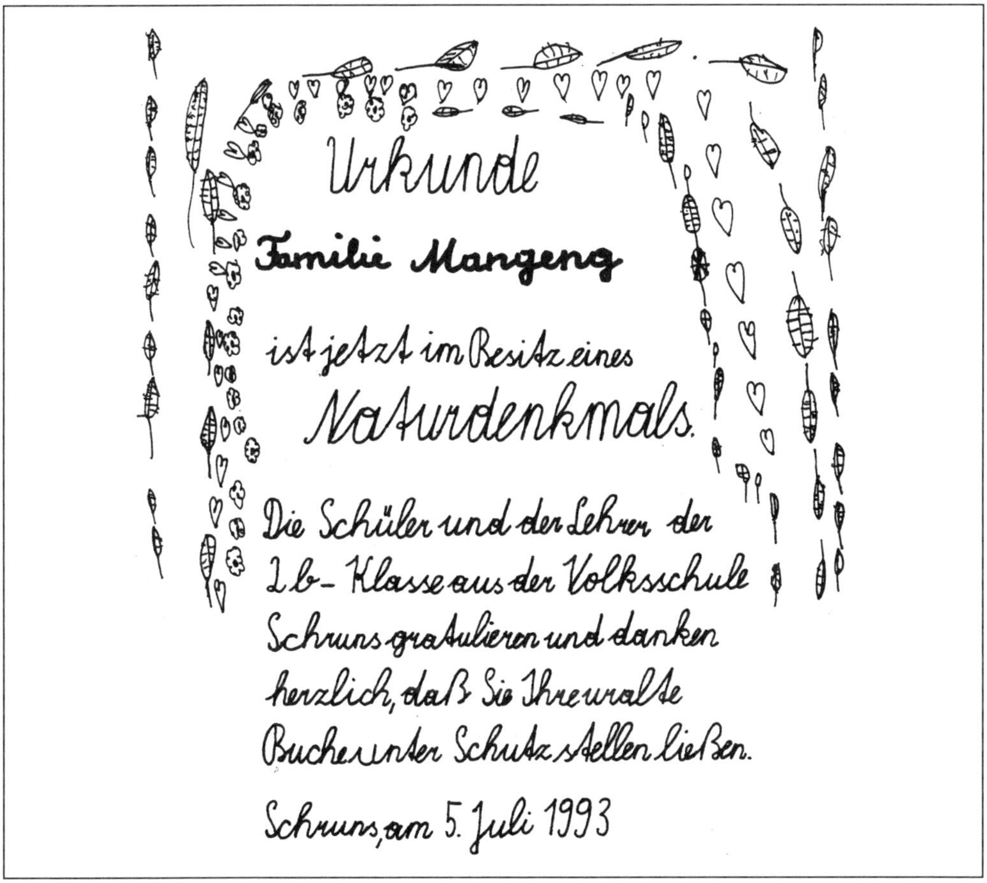

Abb. 30: Lokal gehandelt, global gelernt: Die Buchenklasse stellt Ehrenurkunden aus (Transferphase)

Öffentlichkeitsarbeit, Veranstaltungen für bestimmte Zielgruppen, sei es in Form von Hearings mit ExpertInnen oder auf andere Weise.

Von der Perspektive des Globalen Lernens betrachtet, ist die Transferphase besonders im Hinblick auf »soziale Erfindungen« bedeutsam, die es als Überlebenschance der Menschheit zu sichern gilt. Sie können aber auch in ein permanentes Projekt übergehen, d.h. in eine ständige Weiterentwicklung der ursprünglichen Projektidee.

3.2.5 Die Rolle der Lehrenden in Unterrichtsprojekten

Die Durchführung von Unterrichtsprojekten stellt hohe Anforderungen an Lehrende, da ihre eigene Ausbildung meist nicht projektorientiert war. Daher fehlt es oft an der notwendigen Flexibilität für kreatives Erleben und Handeln, das sich aufgrund von offenen Unterrichtssituationen ergibt. Denn erst »kognitiv flexible Lehrer können die Unsicherheit ertragen, die von dem Fehlen klarer Handlungsanweisungen herkommt. Sie sind fähig, Widersprüche auszuhalten, mit widersprüchlichen Theorien zu leben, an optimistischen Theorien festzuhalten, auch wenn sie nicht fortwährend durch die Unterrichtswirklichkeit bestätigt werden« (Grell 1974, 129). In der Projektarbeit zeigen sich daher sehr deutlich die dynamischen Fähigkeiten des Lehrers/der Lehrerin, den SchülerInnen einerseits genügend Handlungsspielraum zu gewähren, andererseits die Rahmenbedingungen nicht bis zur Unverbindlichkeit »verkommen« zu lassen. Flexibilität heißt in dieser Dynamik, daß sich der/die Lehrende in den einzelnen Phasen eines Projekts auf unterschiedliche Rollen einlassen können muß, um den SchülerInnen die jeweils notwendigen Entwicklungsperspektiven zu eröffnen.

In der Anstoßphase bedeutet es, der Rolle eines Initiators/einer Initiatorin gerecht zu werden, um entsprechende Bedürfnisse aufzunehmen und in weiterführende Diskussionen einzubinden, aus denen ein Projektvorschlag entstehen könnte. In der Orientierungsphase hingegen hat die/der Lehrende eher die Funktion eines Katalysators/einer Katalysatorin, der eine Orientierungshilfe darstellt, nicht aber von sich aus die offenen Fragen beantwortet. Ähnlich zurückhaltend agiert man als ModeratorIn in der Planungsphase, in der es um die Freisetzung der Phantasien geht, was nicht erzwungen werden kann. In der Konkretisierungsphase hingegen kommt es vor allem darauf an, daß die SchülerInnen selbständig ihre Vorhaben in eine bearbeitbare Form bringen. Der/die Lehrende schlüpft nun in die Rolle des Koordinators/der Koordinatorin, der/die die SchülerInnen innerhalb der Grenzen und Möglichkeiten berät. Für die Durchführung des Projekts muß sich der/die Lehrende als gute/r OrganisatorIn erweisen, damit die SchülerInnen ihre Ziele zufriedenstellend verwirklichen können.

Bei der Sichtung und Kanalisation der Erfahrungen im Feld ist der/die Lehrende als MediatorIn gefragt, der/die beim Austausch und bei der Sichtung vermittelt. Der Aufarbeitung der persönlichen Erfahrungen könnte die Funktion des Monitors/der Monitorin entsprechen, der/die in der Reflexionsphase dazu beiträgt, daß individual- und gruppenspezifische Fragen beantwortet werden. Gerade entgegengesetzte Qualitäten sind in der Transferphase gefragt, wenn die Einbettung der Projekterfahrungen in einen gesamtgesellschaftlichen Kontext gelingen soll. Da es sich dabei oft um öffentlichkeitswirksame Aktivitäten handelt, tritt der/die Lehrende in dieser Phase meist als AnimatorIn auf.

Auch wenn die Rollenzuschreibung in den einzelnen Projektphasen variieren kann, ist die hier vorgeschlagene Zuordnung eine im Lichte der bisherigen Erfahrungen zutreffende. Daraus ist allemal erkennbar, welch hohes Maß an Flexibilität des Lehrerverhaltens in Unterrichtsprojekten wünschenswert, ja erforderlich ist! Dazu kommt, daß SchülerInnen und LehrerInnen bei manchen Aktivitäten in öffentliche Konflikte hineingezogen werden können, was sich in der Vergangenheit öfters bei ökologischen (Basis-)Initiativen gezeigt hat. Dann ist Konfliktfähigkeit notwendig, um in derartigen Auseinandersetzungen bestehen zu können.

Ganzheitliches Lernen, das immer mit dem Ich, der Persönlichkeit von einzelnen, zu tun hat, erfordert aber auch den Raum für ein angstfreies Miteinander, um sich selbst aus der fremden Versorgung emanzipieren zu können. Sich auf das Wagnis ganzheitlicher Lernerfahrungen einzulassen heißt daher immer auch, Masken fallen zu lassen, die sich aus zahlreichen Rollenzuschreibungen (vornehmlich vom institutionellen Status und von den bisherigen Lernerfahrungen her) herausgeformt haben. Im zunehmenden Erkennen der Bedeutung seiner eigenen ungeschminkten Persönlichkeit lassen sich auch neue Interaktionsformen für das eigene (inhaltliche) Vermittlungsbemühen finden.

In einen solchen Prozeß sind aber sowohl Lehrende wie Lernende einbezogen, denn alle Beteiligten müssen sich in dieser Hinsicht von dafür ungeeigneten Lernerfahrungen, die dem Vermittlungsprozeß hinderlich sind, befreien und förderliche Haltungen, Verhaltensweisen, Fähigkeiten und Fertigkeiten aufbauen (vgl. Schratz 1988b, 95). Dazu besitzen wir alle ein großes Potential an Möglichkeiten, die es freizusetzen und als Lebens- bzw. Berufswünsche in den Unterrichtsalltag einzubringen gilt. »Projekt Ermutigung« könnte man es analog zu R. Jungks (1988) Streitschrift wider die Resignation nennen, wenn es darum geht, diesbezügliche Bedürfnisse, Wünsche und Interessen umzusetzen:

Wo käme man hin, wenn alle sagten:
Wo käme man hin? und niemand ginge,
um einmal zu schauen,
wohin man käme, wenn man ginge.
(Kurt Marti)

3.2.6 Sozialpsychologische Anmerkungen zur Einführung neuer Unterrichtsformen

Der Umgang mit diesem neuformulierten Lehr- und Lernbegriff erforderte – und erfordert noch – von allen Beteiligten eine große Änderung ihrer bisherigen Praxis. Besonders Lehrende, die in ihrer eigenen Schulbildung sowie in ihrer Ausbildung zum Lehrberuf wenig Möglichkeiten hatten, eigenständige Entscheidungen zu treffen, Unterricht auch außerhalb der regulären Schulzeit und außerhalb des gewohnten Ortes zu planen und durchzuführen, mußten in dieser Hinsicht neue Erfahrungen machen. Schulische Veränderungen sind daher immer auch Bedrohungen des beruflichen Selbstverständnisses der dort Tätigen, weshalb sie auch an jeden einzelnen Lehrer und an jede Lehrerin ungemein hohe Anforderungen stellen, die auf dem Papier, d.h. in den Planungsvorgaben, als solche selten aufscheinen. Das läßt sich anhand folgender Aussage von Lehrer A, den ich im Rahmen eines Schulentwicklungsprojekts befragt habe, aufzeigen.

> *»Ich glaube, erstens einmal haben wir als Lehrer Angst davor, Projekte zu machen, weil wir die Projektarbeit selbst nicht gewöhnt sind und wir es gewöhnt sind, Vortragende zu sein … Der zweite Grund ist, daß manche, mich inbegriffen, Angst davor haben, daß so eine Projektarbeit in ihrer Vorbereitungszeit ausarten kann, so daß der Aufwand das Endergebnis nicht lohnt. Oder daß eben soviel Vorbereitungszeit ist, daß man sich selbst nicht mehr darüber hinaussieht. Daß man einfach nicht bereit ist, soviel dafür zu leisten. Die dritte Möglichkeit, daß sich ein paar vielleicht noch gar nicht überlegt haben, daß die eigentlich aus dem Kurs, den sie da machen, ein Projekt machen könnten«* (A 5)[3].

Die Gewöhnung an das Alltägliche, die Routine schafft und zugleich mit Sicherheit verbunden ist, macht jeden Versuch, sich auf Neues einzulassen, angstbesetzt. In diesem Falle ist es der Lehrervortrag, der Sicherheit schafft, dem Lehrer und der Lehrerin die Kontrolle über die Geschehnisse im Unterricht gibt. Das Verlassen der Vortragendenrolle heißt deshalb hier auch, die Macht aus der Hand zu geben und damit die Gewißheit, alles im Griff zu haben, selbst alles steuern zu können. Da jede Institution nur dadurch funktionieren kann, daß jemand Anweisungen gibt, die es zu befolgen gilt, und auch jemand da sein muß, um diese Anweisungen zu befolgen, werden in der individuellen Angst des Lehrers auch Anteile kollektiver Angst sichtbar, die das ganze System betrifft. Dem »Referieren«, das in diesem Interviewausschnitt anklingt, ist im Bildungsbereich eine zentrale, systemstabilisierende Komponente zugedacht.

Für den Mikrobereich schulischer Interaktionen bedeutet dies, daß in diesem Interviewausschnitt nicht nur die innere Angst eines Lehrers zum Ausdruck kommt, sondern dahinter auch stellvertretend eine äußere steht, die es dem einzelnen angenehmer macht, seine (Macht-)Position als Referent nicht aufzugeben. Der zweite angesprochene Aspekt in der oben zitierten Lehreraussage zur Arbeit in Kursen und Projekten bezieht sich auf die Angst vor dem unkalkulierbaren zeitlichen Aufwand. Damit ist neben der vorher angesprochenen hierarchischen Sicherheit die Zeitstruktur von Bedeutung, die den/die Lehrende/n in seiner/ihrer Unterrichtsroutine – vielleicht sogar den Menschen in der »zeitzivilisierten« Welt – bestimmt. Die Taktgebung im üblichen Aufbau von Unterrichtsstunden (Einstimmungs- bzw. Aufwärmphase, Intensivphase, Ausklang), die bereits in der Ausbildung stark geprägt wird, die außerdem durch die üblichen Läutsignale der Schulglocken eine institutionalisierte Regulationswirkung auf den Tages- und Stundenablauf an der Schule hat, bestimmt in hohem Maß die Planung und Durchführung der Unterrichtsarbeit.

3 Bei der Kennung der einzelnen Aussagen bezeichnet der Buchstabe jeweils eine interviewte Person, während sich die Ziffer auf die Seite bezieht, von der der Ausschnitt stammt. Die Interviews wurden vom Verfasser im Rahmen einer Evaluation der Tiroler Landhauptschule durchgeführt.

Das Verlassen dieser – von außen – klar vorgegebenen und im Rahmen des Sozialisationsprozesses verinnerlichten zeitlichen Vorgaben schafft, wie diese Lehreraussage nahelegt, Angst – Angst davor, daß die durch Innovationen geschaffenen neuen Elemente *»ausarten«* könnten und so – nach bisherigen Erfahrungen – nicht mehr kalkulierbar, eingrenzbar seien, *»so daß der Aufwand das Endergebnis nicht lohnt. Oder daß eben soviel Vorbereitungszeit ist, daß man sich selbst nicht mehr darüber hinaussieht. Daß man einfach nicht bereit ist, soviel dafür zu leisten«* (A5).

Diese Unkalkulierbarkeit steht, wie der Interviewausschnitt andeutet, in einem engen Zusammenhang mit der Leistung, die in einer bestimmten Zeit erbracht wird oder erbracht werden sollte. Auch hier gilt die selbst kalkulierbare Zeit als Maßstab dafür, daß im gegebenen Rahmen das »Geforderte« erreicht wird. Aufwand und Ergebnis müssen offensichtlich in einer kalkulierbaren Relation sein und in gewisser Weise einen positiven Effekt hinterlassen. Ansonsten dürfte die Bereitschaft für das Sicheinlassen auf Neues nicht sehr hoch sein. Typisch für derartige Herausforderungen scheint zu sein, daß auch – und gerade der/dem LehrerIn – noch gar nicht klar ist, was das Ziel einer Beschäftigung mit Neuem sein wird. Eine solche Unsicherheit ist oft ebenfalls angstbesetzt, gibt aber auch neue Impulse für die Lehrerrolle:

> *»Und darum will ich überhaupt nicht, wenn mich jemand nach meinem Ziel fragt, ich muß ganz ehrlich sagen, ich bin ein bißchen erschrocken, weil ich mir noch kein Ziel gestellt habe ...*
> *So wurde in meiner Stunde ein anderes Projekt vorgestellt, da ist sofort gesagt worden, mein Ziel ist ..., und darum habe ich mir gedacht was stellst du dir jetzt vor. Ich muß dir ehrlich sagen, das ist für mich, nicht weil Schüler zu mir gekommen sind und sagen, können wir eine Landwirtschaft machen, das ist rein, weil ich Interesse für so etwas habe, weil in mir vielleicht kleine Jugendträume ... selber machen oder irgendwo in einem großen Hof herauskommen«* (D/E 35).

Die Angst vor dem unbekannten Ziel, die sich hier im Zusammenhang mit der Vorstellung eines (Konkurrenz-)Projekts zeigt, hängt eng mit der vorher beschriebenen Unkalkulierbarkeit von Zeit zusammen. Durch die vom Projektunterricht ausgelösten Veränderungen wird deutlich, daß den Betroffenen die neuen Ziele nicht mehr so klar umrissen erscheinen, wie das in der gewohnten Routine des täglichen Unterrichtens der Fall war. Eher handelt es sich um eine grobe Vorstellung oder Idee, deren Verwirklichung für den Lehrer oder für die Lehrerin aus irgendeinem Grund wichtig und damit impulsgebend wird. Beim oben zitierten Lehrer war es beispielsweise die Erfüllung eines Jugendtraums.

Für den Lehrer/die Lehrerin schafft die Möglichkeit, eigene Interessen, Bedürfnisse, vielleicht sogar versteckte Forscherneigungen über die neuartige Form des Projektangebots verwirklichen zu können, mitunter eine neue Herausforderung. Die LehrerInnen wissen bei der Planung derartiger Vorhaben oft noch gar nicht, was dabei überhaupt herauskommen wird. Sie haben nur eine vage (Wunsch-)Vorstellung, die sich erst über eine weitere Befassung mit dem Thema materialisieren läßt. Die Herangehensweise gleicht eher einem Forschungsprozeß als der gewohnten Form der Unterrichtsvorbereitung. Dies läßt sich beispielsweise den folgenden beiden Interviewzitaten entnehmen.

»Das ist eine Arbeit … ich kann die noch gar nicht richtig abschätzen, ich habe nur einmal die Idee, und werden wir schauen, wie sich das entwickelt, also hier habe ich noch nicht das genaue Ziel vor Augen. Ich weiß schon, ich möchte einen Film haben und so, aber das ist, glaube ich, nicht einmal der Schwerpunkt …« (B 18/19).

»Da habe ich schon vor, ein Projekt zum Thema Alkohol zu machen, Sandler zu interviewen, einmal in die Klinik hinauszufahren. Oder in ein Gasthaus hineinschneien und die Leute zu fragen, warum steht da jetzt eine Halbe Bier davor? Aber wie das sich entwickelt, das weiß ich nicht« (A 6).

Während im ersten Ausschnitt ein audiovisueller Impuls (Film) im Fokus des Interesses steht, der aber »nicht einmal der Schwerpunkt« ist, geht es im zweiten Fall eher um Aktionen, die das Interesse des/der betreffenden Lehrers/Lehrerin leiten. Es wäre wohl interessant, in einer näheren Analyse die individuellen Motivstrukturen weiter zu untersuchen, die zum jeweiligen Projektangebot an den Schulen führen. Beiden Aussagen ist gemeinsam, daß konkretere Angaben über das Vorhaben zu diesem Planungszeitpunkt noch gar nicht gemacht werden (können), was eine wichtige Voraussetzung dafür zu sein scheint, daß die Schüler die Möglichkeit erhalten, den Verlauf noch mitzubestimmen. Das zeigt sich anhand des folgenden Interviewausschnitts:

»Der Projektgedanke, den finde ich sehr gut, daß also am Anfang des Projektes nicht einmal das Ziel ganz klar ist, daß also das alles gemeinsam erarbeitet werden soll, wenn das verwirklicht werden kann, ist das ausgesprochen positiv, nur sehe ich dann natürlich schon eher so, daß ich glaube, daß der Lehrer da schon weniger die Initiative ergreifen muß. Ich glaube einfach, daß die Schüler das so gewöhnt sind, sich vom Lehrer berieseln zu lassen, daß sie einfach die Eigeninitiative noch zu wenig gewohnt sind, und daß sie auch im Projekt die Lehrer mehr reden lassen als sie selber, ja der Lehrer wird das schon sagen, wenn ich nichts sage, dann sagt das der Lehrer. Wenn mir jetzt nichts einfällt oder so, daß sie sich praktisch weniger plagen können, richtig nachzudenken über ein Problem, wenn es ihnen nicht gleich einfällt, dann geben sie auf. Den Eindruck habe ich ein bißchen von den Schülern, daß sie sich sagen, ja ja, der Lehrer, der macht das dann schon, wenn ich das nicht weiß« (B 7).

Hier wird deutlich, daß sich Probleme allerdings auch auf Schülerseite ergeben, wenn sie es nicht gewohnt sind, Angebote zur Mitentscheidung aufzugreifen. Die neue Lernkultur in Projekten ergibt auf beiden Seiten Unsicherheitsstellen, mit denen LehrerInnen wie SchülerInnen umzugehen lernen müssen, sollen sie den Intentionen des Projektgedankens gerecht werden. Andererseits führt uns der folgende Interviewausschnitt aus der Sicht eines Lehrers vor Augen, daß Schüler über alternative Unterrichtsformen durchaus auch lernen können, positiv an ihrer Persönlichkeit zu arbeiten.

»… es gibt sehr introvertierte Kinder, die also ganz schwer zum Reden zu bringen sind, das geht noch am ehesten sicher in solchen Sachen, Projekten oder nehmen wir her, was momentan freiwillig, was ich auch schon gemacht habe, 2 Jahre lang, Team-Teaching. Dort bringt man sie noch am ehesten zum Reden, ich tät sagen, hier haben sie einfach den Leistungsdruck weg, und hier ist die Möglichkeit, daß sie eine gewisse Vertrauensbasis vom Lehrer auch gewinnen, den sie dort haben, das wirkt sich meiner Meinung nach auch auf die anderen Fächer ein bißchen aus. Das sind auch in anderen Fächern so Schüler, die sich sonst überhaupt nicht aus sich heraustrauen, einfach aus der Angst heraus, ich könnte hier einen Blödsinn sagen und irgend wer könnte darüber lachen oder so, es fällt hier am ehesten noch weg. Da kann man sie am ehesten zum Reden bringen und Sachen, die sie dann gerne erzählen, wo sie selber nachdenken, die sie selber interessieren, das sind also Dinge, die sie zum Reden bringen.« (B 9)

Darüber hinaus aber scheinen sich auch Probleme daraus zu ergeben, wenn die Wahl eines Projektvorhabens durch einen Lehrer/eine Lehrerin von den anderen bzw. von der Schulleitung nicht akzeptiert wird:

> *»Oder wenn ich merke, daß Projekte z.B. von der Problematik her eingeschränkt werden, dann würde ich es auch lassen. Weil, wenn ich merke – ich möchte ›Alkohol‹ z.B. machen – und ich bekomme dadurch dann das ›Hackl ins Kreuz‹, weil ich ins Gasthaus gehe und Leute frage, dann brauche ich gar nichts mehr zu machen. Weil dann heißt es: Der geht mit den Schülern ins Gasthaus, vielleicht ›sauft‹ er dann noch selbst ein Bier, oder er bringt sie zum Saufen oder sonst etwas. Also da habe ich auch große Angst. Weil dann sollen sie mir mit ihrem Projekt am ›Buckl herunterrutschen‹, weil auszubaden habe ich es dann als Lehrer individuell«* (Z 1).

Erst das Ernstnehmen, nein, eigentlich vorher schon das Zulassen dieser Ängste und Zweifel, wie sie in zahlreichen Interviews anklingen, kann ein förderliches Klima für schulische Veränderungen schaffen. Hier scheitern zumeist Innovationsbemühungen, die auf bürokratischer Ebene – sozusagen »von oben« – gesteuert und überprüft werden. Wirksames Gegenmittel ist mir nur eines bekannt: verbesserte Kommunikation und Kooperation unter den Lehrenden ...

3.3 Lernchance oder Herrschaftsinstrument? Leistungsbeurteilung in der Schule

3.3.1 Der Widerspruch zwischen offenen Unterrichtsmethoden und geschlossener Leistungsbeurteilung

These
Während es in der curricular-didaktischen Entwicklung der letzten Jahre zu einer gewissen Öffnung des Unterrichts und zu einer stärkeren SchülerInnenorientierung gekommen ist, weisen die Verfahren zur Leistungserhebung noch durchwegs geschlossene Formen auf, ein Widerspruch, den SchülerInnen vor allem als Diskrepanz zwischen »Lebensfragen« (im Unterricht) und »Lernfragen« (in der Leistungsfeststellung) wahrnehmen.

Die Noten stellen in unserem Schulsystem das wichtigste Instrument zur Bewertung von Leistungen dar. Eltern leiten daraus sowohl ihre eigene Einschätzung der Schülerleistungen (»Sie hat lauter gute Noten«) als auch die Bewertung des Lehrerverhaltens ab (»Er ist in der Benotung sehr objektiv«). Über gute Noten freuen sie sich und belohnen die Kinder, schlechte Noten führen vielfach zu Bestrafung (Fernseh- bzw. Ausgehverbot, Taschengeldreduktion etc.) und Liebesentzug (»Wenn du keine besseren Noten heimbringst, mußt du ins Internat gehen!«). Eltern, denen die Noten ihrer Kinder wenig bedeuten, bekommen die Macht schlechter Zensuren vor allem dann zu spüren, wenn sie sich als Ausschließungsgrund für den Besuch höherer bzw. weiterführender Schulen erweisen.

Die Selektionsfunktion eines kompetitiven Bildungswesens wird im gegliederten Schulsystem vor allem an seinen Schnittstellen deutlich, wo die Noten als Eingangsvoraussetzungen für einen bestimmten Schultyp den ausschlaggebenden Faktor darstellen. In der Praxis kann sich etwa daraus der Fall ergeben, daß ein für die Arbeit mit Kleinkindern hervorragend geeigneter junger Mensch nicht KindergärtnerIn werden kann, weil sein Hauptschulabgangszeugnis ein »Befriedigend« in Mathematik aufweist! Sind denn für die spätere Tätigkeit als KindergärtnerIn die Mathematikkenntnisse tatsächlich höher zu bewerten als die sozialen Fähigkeiten, mit kleinen Kindern zu arbeiten? Aufgrund des (überhöhten) Stellenwerts, der Zeugnisnoten als Prognoseinstrument für die Allokation von Berufschancen zugeschrieben wird, ist der gesellschaftliche »Tauschwert« der Noten – auf allen Ebenen des Bildungswesens – sehr hoch.

Das Problem ist keineswegs neu: PädagogInnen haben aus gesellschaftskritischer Sicht immer wieder gegen den prognostischen Wert von Ziffernnoten argumentiert, wofür ich stellvertretend den bekannten Bildungsforscher Hellmut Becker zitiere: »Es geht in der Frage der Zensuren darum zu wissen, daß wir die Gewißheit nicht erhalten können und uns der Gerechtigkeit auf anderen Wegen nähern müssen. Und es ist eine Lüge, wenn wir den Anschein von Gewißheit verbreiten, und ungerecht, wenn wir uns mit einer Scheingerechtigkeit beruhigen. Wir müssen Zensuren geben, aber zugleich den Zweifel an der Zensur zum Ausdruck bringen« (Becker 1983, 32).

Die Beurteilung von Schülerleistungen steht demnach in einem Spannungsfeld: Einerseits hat sie eine pädagogische Funktion, nämlich die Förderung von individuell zu erwerbenden Kenntnissen und Einsichten sowie anzueignenden Fähigkeiten und Fertigkeiten, andererseits hat sie Selektionsfunktion im Rahmen des Bildungswesens, das gesellschaftlich anerkannte Berechtigungen über entsprechende Abschlüsse vergibt. Während die Selektionsfunktion als bürokratische Maßnahme zur gerechten Vergabe von Berechtigungen im Staatswesen Objektivierung und administrierbare Handhabung erzwingt, haben wissenschaftliche Untersuchungen vielfach die »Fragwürdigkeit der Zensurengebung« (Ingenkamp 1971) bei Prüfungen und Schularbeiten im Hinblick auf die in der Testtheorie üblichen Gütekriterien von Meß- und Beurteilungsinstrumenten (Objektivität, Reliabilität, Validität) aufgedeckt und auf den geringen Prognosewert hingewiesen. Zusammenfassend lassen sich aufgrund der Forschungslage folgende Aspekte der Ziffernnoten als frag-würdig bezeichnen (nach Aktion humane Schule Bayern o.J., 3f.):

- Ziffernnoten entmutigen viele SchülerInnen fortlaufend,
- sie verursachen die weitverbreitete Schulangst und Schulunlust,
- sie sagen zuwenig über die Leistungsfähigkeit und Lernbereitschaft der SchülerInnen aus,
- die Eltern bekommen durch Noten kein zutreffendes Bild von der Leistung ihrer Kinder,
- Ziffernnoten verhindern das Lernen aus Interesse an der Sache,
- sie lassen das Meß- und Bewertbare als Wichtigstes erscheinen,
- sie beeinträchtigen die Kreativität der Kinder,
- sie begünstigen das Konkurrenzdenken und stören das Miteinander,
- Schulnoten wirken sich unsozial aus, weil sie die schwachen SchülerInnen noch mehr schwächen,

- sie sind nicht annähernd objektiv, wie in zahlreichen Untersuchungen immer wieder gezeigt wurde (und wie es SchülerInnen und Eltern selbst erfahren können),
- Noten werden oft als Disziplinierungsmittel mißbraucht,
- sie verhindern bei vielen SchülerInnen die Lernbereitschaft,
- sie informieren die SchülerInnen nicht darüber, was sie besser machen können,
- der Druck der Notenkonkurrenz blockiert das Lernen – Noten sind keine angemessene Antwort auf die Leistung der SchülerInnen,
- sie verleiten LehrerInnen dazu, nicht das ganze Kind zu sehen, sondern nur seine Leistung, von der vorgegeben wird, sie sei meßbar,
- sie bringen Unfrieden in Schule und Familie.

Aufgrund dieser zahlreichen Probleme, die mit der Notengebung zusammenhängen, wird oft die Abschaffung der Leistungsbeurteilung durch Ziffernnoten gefordert, allerdings wenig über Alternativen nachgedacht, ganz im Gegensatz zu den Entwicklungen in anderen Teilbereichen der Pädagogik: In den letzten Jahrzehnten bemüht man sich beispielsweise verstärkt darum, Unterricht im Mikrobereich von Didaktik bzw. Curriculum zu verbessern. Dies läßt sich einerseits daran erkennen, daß die Lehrpläne stärker lebensweltlich orientiert sind und sich von umfassenden Katalogen enzyklopädischer Vorgaben zur eher exemplarischen Auswahl bei den Lehr- bzw. Lernzielformulierungen entwickelt haben. Andererseits hat im Bereich der methodisch-didaktischen Entwicklung – allerdings in unterschiedlicher Ausprägung je nach Unterrichtsfächern (verstärkt im Sprachunterricht, weniger deutlich in den Realienfächern) – eine »realistische Wende« stattgefunden. Sie ist dadurch gekennzeichnet, daß Wissen im Unterricht nicht als vorgegebenes Kulturgut lernrelevant wird, sondern erst über das »Aushandeln« im sozialen, kommunikativen und ästhetischen Bezug, wodurch es individuell-biographisch im bisherigen Erfahrungshorizont der SchülerInnen »geankert«, d.h. als »signifikantes Lernen« (Rogers 1974) wirksam wird. Hartmut v. Hentig (1993) stellt ähnlich fest, daß sich Lebensfragen vor Lernfragen schieben.

Bei dieser Entwicklung wurden allerdings die Aspekte der Bewertung von Schüler- bzw. Lehrerleistungen eher vernachlässigt, so daß es anders als auf der sich wandelnden curricular-didaktischen Ebene im Bereich der Leistungsbeurteilung zu einer stagnierenden, zum Teil sogar retardierenden Situation gekommen ist. Sie läßt sich anhand folgender Grafik aufzeigen, in der die beiden Achsen Schülerbestimmung – Lehrerzentriertheit und Offenheit – Geschlossenheit ein Koordinatensystem aufspannen (vgl. Abb. 31).

Während sich im Bereich der unterrichtlichen Vermittlung eine Tendenz von lehrerzentriertem, geschlossenem Unterricht zu eher schülerbestimmten, offenen Unterrichtsformen abzeichnet, bleibt Leistungsbeurteilung bzw. -bewertung mehr im Quadranten der lehrerzentrierten Geschlossenheit. Die zunehmende Unsicherheit bezüglich der Bewertung von Schülerleistungen im Rahmen offener Unterrichtsformen hat zum Teil sogar dazu geführt, daß LehrerInnen zu einem Rückzug in die »Sicherheit« geschlossener Beurteilungsformen tendieren. Dies zeigt sich etwa im Sprachunterricht (dessen neue Lehrpläne statt formal ausgerichteter Lehrzielvorgaben kommunikative, d.h. prozeßorientierte Lernziele enthalten) daran, daß LehrerInnen bei Tests und Schularbeiten noch auf das Abprüfen der gewohnten formalsprachlichen Inhalte

(Grammatiktests, Wortschatzlisten u.ä.) zurückgreifen, was in Österreich zum Teil auch von der Verordnung über die Leistungsbeurteilung (§ 16 (2)) verlangt wird.

Gibt es denn überhaupt neue Lösungen für dieses alte Problem? Das »Kreuz« mit der Zensurengebung stellt ja in unterschiedlicher Intensität seit Jahrzehnten ein Thema der einschlägigen erziehungswissenschaftlichen Forschung dar (vgl. dazu die umfassende Dokumentation bei Weiss 1989). Josef Thonhauser (1993) hat eine Zusammenstellung der Probleme der Leistungsbeurteilung und Empfehlungen zu deren Lösung in der neueren Fachliteratur veröffentlicht. Darin referiert er die immer wieder behauptete Unvereinbarkeit von unterstützendem und diagnostischem Handeln. Er beleuchtet den Hintergrund diagnostischer Absichten und Praktiken, wobei er in der Annäherung an das sogenannte »ökologische Modell« die Möglichkeit ortet, daß sich die pädagogische Diagnostik von einer herkömmlichen Diagnose der Fehlersuche und Mangelwahrnehmung in Richtung Schülerorientierung entwickelt, bei der die Betonung der individuellen Stärken im Vordergrund steht. Hier haben nicht zuletzt die Bemühungen um die Integration sogenannter behinderter SchülerInnen in den »regulären Unterricht« zu einer Neubelebung der Diskussion über die Fragwürdigkeit der Zensurengebung geführt, da sich die bisher verwendeten Modelle der Leistungsbeurteilung für die neuen Herausforderungen als zuwenig flexibel erwiesen haben: Auch komplexere Eigenschaften und Merkmale der Lebens- und Lernsituation (z.B. Soziales Lernen) sollen Gegenstand der Diagnose werden, was allerdings in der Literatur noch kaum anhand konkreter Beispiele belegt ist. Dazu rechne ich etwa Lern- und Entwicklungsberichte, wie sie an der Laborschule in Bielefeld erprobt worden sind.

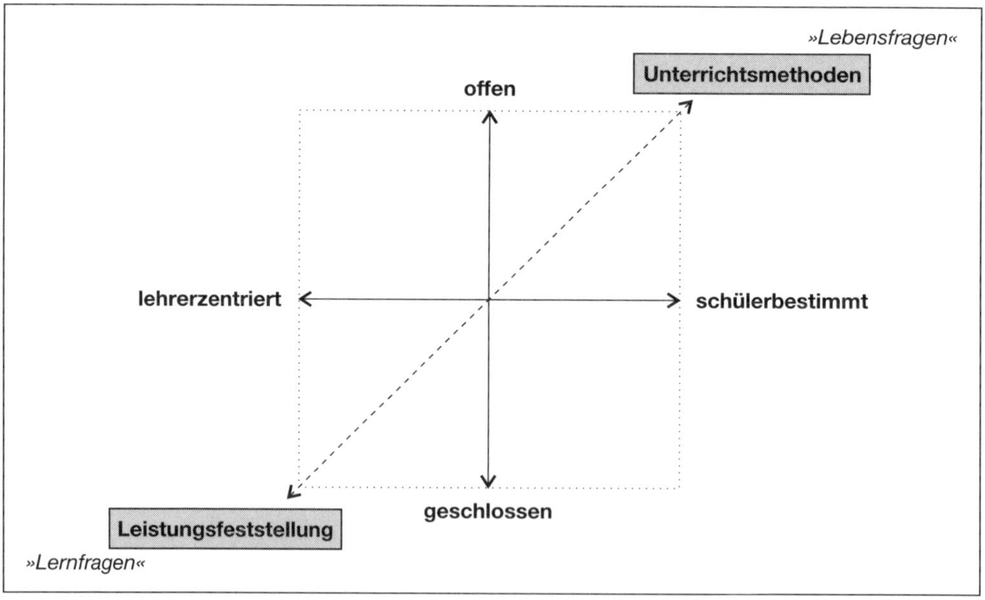

Abb. 31: Leistungsfeststellung über »Lernfragen«

In diesem Zusammenhang spielen auch Aspekte der Beurteilungsfehler (vgl. Weiss 1965) und der Testfairneß eine Rolle; letztere ist in den meisten Prüfungssituationen nicht gegeben, da benachteiligte Gruppen aufgrund der soziokulturell geprägten Vorgabe und Durchführung von Leistungsüberprüfungen weiter benachteiligt werden (vgl. Mehan u.a. 1986; Mehan 1993). Sollen die innovativen Momente der jüngsten Entwicklungen nicht in der in Abbildung 31 dargestellten Problematik (progressive Entwicklung im Bereich von Unterricht contra stagnierende bzw. retardierende Situation im Bereich von Beurteilung und Bewertung von SchülerInnenleistung) steckenbleiben, gilt es, weitere theoretische Auseinandersetzungen über Leistungsmessung, vor allem aber praktische Innovationen zu fördern.

Bemühungen in diese Richtung werden vor allem im Grundschulbereich unternommen, wo die SchülerInnen ja zum ersten Mal mit der Benotung ihrer Leistung konfrontiert werden. In zahlreichen Schulversuchen zur verbalen Beurteilung erhalten die SchülerInnen über einen »sanften« Einstieg in die Beurteilungspraxis der Schule gezielte Rückmeldungen im Hinblick auf ihre Stärken und Schwächen. Bereits Peter Peterson weist darauf hin: »Die Gefahr der Zensur durch den Lehrer kann als nicht groß genug bezeichnet werden. Sofort befördert sie die Einstellung des Lernens auf den Lehrer und verdirbt die eigene Arbeitslinie des Kindes und verstört das eigene sittliche Urteil, die Sicherheit der eigenen Stimme im Kinde« (Petersen 1927, 13). Die Form der verbalen Beurteilung stellt in einigen Ländern bereits die Praxis im gesamten Pflichtschulbereich dar. In Italien beispielsweise erfolgt die Beurteilung der Schülerleistungen bis zur achten Schulstufe verbal. Erst in der gymnasialen Oberstufe werden Noten als Form der Leistungsbeurteilung eingeführt. Bei einer flächendeckenden verbalen Beurteilungspraxis kann es allerdings leicht dazu kommen, daß die schriftlichen Rückmeldungen eine »heimliche« Standardisierung erhalten. Sie ergibt sich einerseits aus einer gewissen Routinepraxis der Lehrenden, die sich für bestimmte Schülerleistungen entsprechend zuordenbare Formulierungen zurechtgelegt haben, zum anderen aus dem Wunsch Außenstehender, den Stellenwert der schriftlichen Beurteilung in Relation zur Leistung anderer einschätzen zu können (vgl. Federer 1982; Lamprecht 1980).

Darüber hinaus gibt es Schulversuche, in denen Alternativen zum üblichen Zeugnis mit Ziffernnoten erprobt werden. An der Hauptschule Liefering (Salzburg) wird beispielsweise der Schulversuch »Selbsttätiges und individuelles Lernen in freien Arbeitsphasen« durchgeführt, dessen Curriculum sich an den Prinzipien der Montessori-Pädagogik ausrichtet. Dort wird das übliche Zeugnis durch ein Beurteilungsheft ersetzt, in dem die Lehrenden die Stärken und Schwächen der SchülerInnen anhand der (Nicht-)Erreichung von (Teil-)Lernzielen in den einzelnen Unterrichtsgegenständen eintragen. Allerdings liegen aus diesem Versuch noch keine Ergebnisse über praktische Auswirkungen der Führung eines Beurteilungsheftes vor.

In dem Zusammenhang sei darauf hingewiesen, daß die Begriffe »Leistungsmessung« bzw. »-feststellung« und »Leistungsbeurteilung« in der pädagogischen Praxis oft synonym verwendet werden, wenn es um die Bewertung von SchülerInnenleistungen geht. Da die Leistungsfeststellungen Grundlage für die notenmäßig normierte Leistungsbeurteilung sind, gilt es, diese Differenzierung in der weiteren Diskussion zu berücksichtigen, zumal auch die Gesetzgebung zur Leistungsbeurteilung diese dem

LehrerInnenhandeln zugrunde legt (vgl. österreichische Leistungsbeurteilungsverordnung § 1). Das Notenwesen stellt nicht zuletzt aufgrund seiner leicht(er)en bürokratischen Handhabbarkeit das gängige Selektionsinstrument in den meisten Staaten dar. Daher ist der pädagogischen Funktion der Lernerfolgskontrolle verstärktes Augenmerk beizumessen, zu der vor allem folgende Aspekte gehören:

- die Information über den Erfolg bzw. Mißerfolg in der Bewältigung bestimmter Aufgaben bzw. Lernschritte;
- die Korrektur nicht erwünschter Ergebnisse im Lernprozeß;
- die Möglichkeit, Lerndefizite gezielt ausgleichen zu können;
- die Steuerung des Lernprozesses im Hinblick auf die Befriedigung von individuellen (Lern-)Bedürfnissen und gesellschaftlichem (Qualifikations-)Bedarf;
- die Optimierung der Unterrichtsbedingungen im Hinblick auf eine förderliche Kultur des Lehrens und Lernens;
- die Motivierung, selbsttätig Verantwortung für den Lernprozeß zu übernehmen bzw. die Berücksichtigung der eigenen Interessen und Bedürfnisse einzufordern;
- die kurz-, mittel- und langfristige Planung des Bildungsweges über die entsprechenden curricularen (Bildungs-)Vorgaben.

3.3.2 Der Backwash-Effekt oder die Unterordnung der Unterrichtsinhalte unter den Prüfungsstoff

These
Test-, Prüfungs- und Schularbeitsvorgaben bestimmen gemäß dem »heimlichen Lehrplan« in hohem Maße mit, was und wie jeweils auf die Leistungsüberprüfung hin gelernt wird. Damit wird nicht nur die isolierte Lernleistung gefördert, sondern auch ein einseitiges Bild vom tatsächlichen Stand des Wissens und Könnens sowie der Fertigkeiten sichtbar.

Das oben beschriebene Moment der Retardierung im Bereich der Leistungsbeurteilung im Gegensatz zur progressiven Entwicklung im methodisch-didaktischen Bereich steht in engem Zusammenhang mit dem sogenannten »Backwash«-Effekt, der besagt, daß SchülerInnen sich – gemäß der Wirkungsweise des heimlichen Lehrplans – in ihrem Lernverhalten stärker durch die (gesetzlichen) Notwendigkeiten der Test-, Prüfungs- und Schularbeitsvorgaben leiten lassen denn durch die von LehrerInnen im täglichen Unterricht geforderten Ziele, Inhalte und Prozesse. Am obengenannten Beispiel des Sprachunterrichts etwa wird deutlich, daß sich die Revision in den Lehrplanvorgaben (kommunikative Ausrichtung des Unterrichts) in den Verordnungen zur Leistungsbeurteilung leider nicht widerspiegelt, so daß unter den fachlichen Aspekten für die Beurteilung von Schularbeiten (§ 16 (2)) nach wie vor formalsprachliche Vorgaben (grammatische Korrektheit, Wortschatz, Schreibrichtigkeit) als Kriterien für die Beurteilung im Vordergrund stehen und im Sinne des Backwash-Effekts SchülerInnen- und LehrerInnenverhalten bestimmen. Daraus läßt sich u.a. auch das Überlastungsphänomen erklären, da die Lehrenden nicht soseher auf die Lebensfragen eingehen können, sondern zwecks Erarbeitung genug abzuprüfenden Stoffs Lernfragen in den Vordergrund stellen müssen.

Demgemäß werden auch jene Unterrichtsphasen nicht oder kaum wahr- bzw. ernst genommen, die dem Sozialen Lernen, der Persönlichkeitsbildung und der Förderung der Selbstsicherheit, des Urteilsvermögens und der kommunikativen Kompetenz dienen, d.h. all jene Phasen, die den übergeordneten Zielvorgaben bzw. fächerübergreifenden, ganzheitlichen Unterrichtsprinzipien zuzurechnen sind: Sie haben nämlich als »Prüfungsinhalte« üblicherweise keine bzw. eine höchstens marginale Relevanz für die Bewertung und Beurteilung der SchülerInnenleistung. Werden im Mathematikunterricht beispielsweise Übungsaufgaben im Sinne forschenden Lernens in Form einer Gruppenarbeit durchgeführt, ist der Lehrer bzw. die Lehrerin dennoch gezwungen, die Schularbeit als »Einzelprüfung« durchzuführen, um gesetzeskonform zu agieren. Eine Abkehr davon wird demnach von der Schulaufsicht durch Disziplinarmaßnahmen geahndet (vgl. Awecker 1989). Wollen LehrerInnen also einerseits dem vielfach geforderten Grundsatz gerecht werden, nur jene Inhalte in der Form zu prüfen, die und wie sie im Unterricht behandelt wurden, und wollen sie andererseits auf Gruppenunterricht nicht verzichten, trifft sie und ihre SchülerInnen der Backwash-Effekt: Die gesetzlich festgelegte Form der Leistungsbeurteilung, die Einzelprüfung, übt sowohl auf die SchülerInnen als auch auf die LehrerInnen ihre disziplinierende Wirkung aus – der Gruppenunterricht wird als »nicht prüfungsfähig« an den Rand gedrängt und in den Augen der LehrerInnen und SchülerInnen abgewertet.

Eine andere Erscheinungsform des Backwash-Effekts tritt besonders an den Übertrittsstellen des Schulsystems auf, wenn der jeweils weiterführende Schultyp informell oder explizit Qualifikationsanforderungen für die Aufnahme von SchülerInnen aus der »Zulieferschule« stellt (vgl. Kapitel 1.5!). Diese manifestieren sich einerseits an Durchschnittsnotenwerten, die sich zum Teil sogar schulspezifisch noch unterscheiden, wenn beispielsweise die Sprengelvolksschulen (= Grundschulen) aus der Sicht der »Abnehmerschule« als unterschiedlich »streng« eingestuft werden. Die vormals abgeschaffte »Aufnahmeprüfung« zur Selektion der Schüleraufnahme ist so durch eine Art »Numerus clausus« ersetzt worden, der sich zum Beispiel darin äußert, daß für die Aufnahme in das Gymnasium bestimmte Noten vorausgesetzt werden. Werden diese in den »Hauptgegenständen« nicht erreicht, ist für die Aufnahme wieder der positive Abschluß einer schriftlichen (Aufnahme-)Prüfung erforderlich. Das wirkt sich auf die Unterrichtsführung und vor allem auf die Art der Leistungsfeststellung in den »Zulieferschulen« aus, und die Elternschaft, die im Rahmen eines mehrgliedrigen Bildungssystems natürlich daran interessiert ist, daß ihre Kinder möglichst früh auf den Einstieg in die »höhere« Schule vorbereitet werden, unterstützt eine solche Vorgangsweise der Grundschulen.

Ähnliche Tendenzen zeigen sich beim Übergang in die berufsbildenden höheren Schulen. Hier äußert sich der Backwash-Effekt vor allem dadurch, daß die jüngsten Änderungen im Bereich der Lehrplanvorgaben der Schule der Zehn- bis Fünfzehnjährigen noch nicht entsprechend »nachjustiert« wurden, so daß von den weiterführenden Schulen oft noch Kenntnisse, Fähigkeiten und Fertigkeiten erwartet werden, die den früheren, d.h. überholten Lehrplanvorgaben entsprechen und die »Zuliefer«schulen mit dem Problem konfrontieren, daß sie ihre SchülerInnen durch einen Unterricht gemäß den aktuellen Lehrplänen beim Übertritt vielleicht benachteiligen. Während beispielsweise im Fremdsprachenunterricht der Zehn- bis Fünfzehnjährigen der kommunikative Aspekt im Vordergrund steht, sind in den Lehrplänen der weiterführenden Schulen noch stark formalsprachliche Vorgaben zu finden. Das Angebot entsprechender »Förderkurse« an der Schule oder »Paukerkurse« am freien Markt soll diese Inkompatibilität zwischen den Forderungen der »Abnehmer«schulen und den curricularen Anforderungen der »Zubringer«schulen überbrücken helfen[4]. Sie stellen allerdings nur individuelle Selbsthilfemaßnahmen der Betroffenen dar und keine strukturelle Lösung der »Schnittstellenproblematik«, die sich aufgrund von inkompatiblen Einschätzungen von Anforderungen an die Schülerleistung ergibt. Da die Entscheidungsmacht in der jeweils »höheren« Ebene des Bildungswesens (d.h. Hauptschule über Grundschule, gymnasiale-Unterstufe über Grundschule und Hauptschule, weiterführende höhere Schule über Schule(n) der Zehn- bis Vierzehnjährigen) liegt, kommt es zum erwähnten Backwash-Effekt, d.h. zur Rückwirkung der Leistungsanforderungen von »oben« nach »unten«.

Dies gilt um so mehr, als im Makrobereich der Organisation von Schule und Unterricht in den letzten Jahren eine Diskussion über die Qualität von Schule einsetzte, die durch die Autonomisierung des Schulwesens einen wichtigen Impuls erhalten hat. Dabei sind vor allem Fragen der Profilbildung und Stärke-Schwäche-Analysen von Einzelschulen in den Vordergrund gerückt. Analog dazu stellt sich auch die Frage nach der Qualität von Unterricht (vgl. Schratz 1993), die sich nicht mehr nur an Notenwerten ablesen läßt, zumal deren summativer Charakter in Form von quantitativ ausgedrückten Durchschnittswerten wenig über die tatsächlichen Leistungen von SchülerInnen aussagt und damit kaum Lernanreize im Hinblick auf die Entwicklung der einzelnen SchülerInnen liefert. Vielmehr sind sie für die LehrerInnen im Zusammenhang mit der steigenden Zahl an Verhaltensauffälligkeiten in der Schule eines der wenigen Mittel der Disziplinierung. Für das Bildungssystem insgesamt hat ihr Stellenwert als Selektionsinstrument durch die Stellenverknappung am Arbeitsplatz einerseits, durch die Veränderung der Schülerströme in den letzten Jahrzehnten andererseits zugenommen, was sich an der Unterstufe des Gymnasiums und in den Leistungsgruppen der Hauptschule nachweisen läßt, wo eine verstärkte Auslese aufgrund von Notenwerten erfolgt.

3.3.3 Zentralisierte Prüfungen bedeuten entmündigte Lehrkräfte

These
Die Entkoppelung des Unterrichtens und Prüfens führt im Bildungswesen häufig zur »Qualitätskontrolle« durch zentralisierte Prüfungen. Damit wird nicht nur die Erstellung einseitiger Rangordnungen zwischen einzelnen Schulen gefördert, sondern es wird den LehrerInnen auch die Mitsprache bei der Auswahl der Prüfungsinhalte genommen.

4 Vgl. dazu auch die Ergebnisse einer 1993 von der Kammer für Arbeiter und Angestellte veröffentlichten Studie, wonach der Umsatz für bezahlte Nachhilfe über PrivatlehrerInnen oder Anbieterorganisationen die Milliardenhöhe übersteigt (vgl. Handlos 1993).

Da in der herkömmlichen Leistungsbeurteilung der Gegenstand der Bewertung und die dafür angelegten Maßstäbe nicht erkennbar sind, ergeben sich allerdings wenig Ansätze der Vergleichbarkeit. Lediglich die Beurteilungsstandards in Form der Notenskala von »Sehr gut« bis »Nicht genügend« sind in Österreich verordnungsmäßig festgelegt, nicht jedoch die in der Verordnung zur Leistungsbeurteilung vorgegebenen Beschreibungen für die den Noten jeweils zuzuweisende Schülerleistung. So liegt es im Ermessen der jeweiligen Lehrperson, Maßstäbe für die Feststellung der Leistung festzulegen: »Der Lehrer hat die Leistungen der Schüler sachlich und gerecht zu beurteilen, dabei die verschiedenen fachlichen Aspekte und Beurteilungskriterien der Leistung zu berücksichtigen und so eine größtmögliche Objektivierung der Leistungsbeurteilung anzustreben« (österreichische Verordnung über die Leistungsbeurteilung § 11 (2)).

Im Rahmen zentral gesteuerter Bildungssysteme erfolgt die »größtmögliche Objektivierung« aufgrund zentral verordneter Verfahren und Standards, die im Sinne einer Verrechtlichung in ihrem Formalcharakter abgesichert und in der Durchführung entsprechend bürokratisiert werden: In Ländern, in denen die Organisation der Schule dezentralisiert ist und die Entwicklung von Curricula regional unterschiedlich erfolgt (z.B. USA und Großbritannien), wird diese Standardisierung über landesweit einheitlich und gleichzeitig durchgeführte Tests bzw. Prüfungen (für die selektionsbedingt relevanten Jahrgänge) angestrebt. Dadurch werden die Abschlüsse vereinheitlicht, und die Bewertung kann über die daraus errechneten Punktewerte zu nationalen Vergleichszwecken herangezogen werden. Das ermöglicht dem Staat wieder die zentrale Steuerung in der Vergabe von Berechtigungen. Eine solche Externalisierung der Leistungsbeurteilung hat zugleich den Zweck, die vielfach als unvereinbar bezeichneten Funktionen der Lehrenden als »Anwälte« (Förderung) und »Richter« (Selektion) zu entkoppeln.

Das Problem dieser Zentralisierung im Prüfungswesen besteht u.a. darin, daß die Qualität einer Schule durch quasistandardisierte Aufgabenstellungen gemessen wird, d.h., daß nur quantifizierbare Größen berücksichtigt werden, während die dabei nicht erfaßbaren Aspekte (z.B. soziale Kompetenzen) auf der Strecke bleiben. Diese Einzelmaßnahmen führen oft zur Veröffentlichung von Listenplätzen (vgl. die sog. League Tables in England) in den Tageszeitungen, die Eltern die Einschätzung der »Qualität« der jeweiligen Schule erleichtern sollen. Derartige Reihungen geben nicht nur einen einseitigen Einblick in die (Schüler-)Leistungen an einer Schule, sondern es kommt darüber hinaus zu einer gewissen »Entprofessionalisierung« des Lehrberufs, da den Lehrenden eine wichtige curriculare Kompetenz in der Planung, Durchführung und Auswertung von Unterricht genommen wird!

Eine extern gesteuerte Leistungsbeurteilung *entbindet* die einzelnen LehrerInnen zwar von der Selektionsfunktion, *bindet* sie aber noch stärker an externe Vorgaben, da sie ihren Unterricht daran ausrichten müssen, was externe PrüferInnen für prüfungsrelevant halten. In einer solchen Situation befinden sich heute beispielsweise Alternativschulen, wenn sie die SchülerInnen am Ende eines Schuljahres zur Ablegung einer Prüfung über den Jahresstoff an eine staatliche Schule verweisen müssen. Bei freier Auswahl läßt sich zwar über die Modi der Abstimmung zwischen »Lernschule« und »Prüfungsschule« verhandeln, doch bei – im Sinne der Objektivierung – normierter

Vorgangsweise wirkt sich die Selektionsfunktion im obengenannten Sinn auch auf die Unterrichtsführung der Alternativschule aus, so daß sich die Förderung durch die Lehrenden sogar dort wiederum stärker auf die geforderte Leistung als auf das Individuum ausrichten wird.

Diese Beispiele legen nahe, daß die Vernachlässigung oder Abweisung der Wahrnehmung von Berechtigungs- bzw. Selektionsfunktionen durch den einzelnen Schulstandort zu deren Delegation an die nächst(höher)e Instanz führen kann, zumal Bildungssystemen diese gesellschaftliche Funktion zugewiesen wird (vgl. Fend 1980). Deren Nichtwahrnehmung kann daher rasch die Konsequenz haben, daß nationale Tests und/oder selektive Aufnahmeprüfungen eingeführt werden, was sich an der Entwicklung in den genannten Ländern nachweisen läßt. Daher überträgt verstärkte Autonomie einer Schule nicht nur die Entscheidung für die eigene Gestaltung im inhaltlichen und organisatorischen Bereich, sondern auch die Verantwortung für die Qualitätskontrolle der geforderten (SchülerInnen-)Leistungen, soll diese nicht von einer Außeninstanz übernommen werden (vgl. Fischer/Schratz 1993, 136ff.).

So wie die autonome Schule sich der Notwendigkeit einer größeren Autonomie in der Beurteilung ihrer *Leistungen als (Bildungs-)Organisationseinheit* bewußt sein sollte, benötigt eine neue Lernkultur eine adäquate »Kultur« der Beurteilung der *Leistungen von SchülerInnen (und LehrerInnen).* Sie ist vor allem dadurch gekennzeichnet, daß einerseits den Lernerfahrungen der SchülerInnen ein höherer Stellenwert beigemessen, andererseits der Komplexität des Lernprozesses mehr Rechnung getragen wird. Gerade jene Erfahrungen, die in lebens- und berufsrelevanten Unterrichtsformen gemacht werden, spielen als Kriterien der Leistungsbeurteilung derzeit eine untergeordnete Rolle. In der bereits genannten österreichischen Verordnung zur Leistungsbeurteilung sind zwar Ansätze vorhanden, komplexere Kenntnisse und Fähigkeiten etwa über die Feststellung der Mitarbeit der SchülerInnen im Unterricht zu berücksichtigen, dieser Aspekt tritt im Gegensatz zu mündlichen und schriftlichen Überprüfungsformen aber stark in den Hintergrund, was wohl auch auf die Schwierigkeiten der Erfassung zurückzuführen ist (vgl. Madritsch 1980; Tippl 1992). Ebenso ist die »Einbeziehung praktischer und graphischer Arbeitsformen, z.B. die Arbeit am Computer oder projektorientierte Arbeit, in mündliche und schriftliche Leistungsfeststellungen« nach § 3 (1) zulässig. Auch hier ist aufgrund der Formulierung »Einbeziehung« die Unterordnung unter die »klassischen« Formen der Leistungsfeststellung gegeben. Erste Ansätze zu einer Aufwertung der Bewältigung komplexerer Aufgabenstellungen lassen sich etwa im Projektunterricht aufspüren, insbesondere aber in der neuen österreichischen Verordnung zur Reifeprüfung, mit der man die Hochschulreife erwirbt. Die KanditatInnen können sich aufgrund der seit einigen Jahren geltenden Bestimmungen für eine Fachbereichsarbeit als Leistungsvorlage entscheiden.

3.3.4 Selbstbeurteilung und Intersubjektivität – ein Widerspruch?

> **These**
> Da eine »objektive« Beurteilung aus wissenschaftstheoretischer Sicht nicht möglich ist, spielen Fragen der Subjektivität bzw. Intersubjektivität bei der Bewertung von SchülerInnenleistungen eine große Rolle. Je stärker SchülerInnen selbst in die Beurteilung einbezogen werden, um so bedeutsamer wird die intersubjektive Verständigung.

Im Hinblick auf die zunehmende Autonomie der Schule ist auch im Bereich der Beurteilung eine Entwicklung von lehrerzentrierten Formen der Leistungsbeurteilung hin zu stärker schülerbestimmten anzustreben (vgl. Abbildung 31). So wird in der Fachliteratur (vgl. für den Bereich des Fremdsprachenunterrichts etwa Oskarsson 1980; Council of Europe 1988; Schratz u.a. 1993) häufig die Selbstbeurteilung durch die Lernenden mit dem Argument gefordert, daß die SchülerInnen selbst am besten den Lernzuwachs auf der Basis ihres bisherigen Leistungsstands feststellen könnten. In der Praxis liegen allerdings wenig brauchbare Erfahrungen vor, wenn man von Initiativen engagierter LehrerInnen in einzelnen Unterrichtsfächern absieht. Dies liegt sicher auch daran, daß solche Bemühungen gerade in Bildungssystemen, die eine Vergleichbarkeit von Leistungen über externe Objektivierungsstandards anstreben, wenig Chancen auf allgemeine Anerkennung haben. Aufgrund der verwendeten Methode der subjektiven Einschätzung wird den Ergebnissen der Selbstbeurteilung daher wenig Objektivität zugemessen.

Sollen Formen der Selbstbeurteilung im Rahmen eines zentral organisierten Bildungssystems Chancen auf Verwirklichung haben, sind daher Verfahrensweisen zur »Objektivierung« zu suchen, die ich in Anlehnung an die wissenschaftstheoretische Diskussion als »intersubjektiv«[5] bezeichnen möchte, zumal eine »objektive« Beurteilung immer nur angestrebt werden kann, als solche aber aufgrund empirischer Befunde (Vorurteile, Zuschreibungen u.ä.) nicht erreichbar ist (vgl. dazu die Ausführungen bei Weiss 1989). Dadurch ergeben sich neue Aspekte, die als Kriterien für die Leistungsbewertung herangezogen werden müssen: Neben den entgegengesetzten Polen zwischen Fremd- und Selbstbestimmung sind daher Fragen der Subjektivität bzw. Intersubjektivität, die für die Bewertung von SchülerInnenleistungen eine Rolle spielen, von Interesse. Ich stelle sie im folgenden Strukturgitter in vier möglichen Dimensionen vor, in das sich Maßnahmen zur Leistungsbeurteilung jeweils entsprechend einordnen lassen.

Standardisierte (Schulleistungs-)Tests, die – analog zu Intelligenztests – bezogen auf eine entsprechende Vergleichsgruppe (soziale Norm) geeicht werden können, gehen zwar von einer hohen Intersubjektivität aus, d.h., sie sind unabhängig vom Prüfer bzw. von der Prüferin, allerdings lassen sie keine Bewertung durch die SchülerInnen aus deren eigener Einschätzung zu, d.h., sie nehmen keine Rücksicht auf die individuellen Bedingungen (Quadrant I). Derartige Leistungsüberprüfungen sind daher auch nur in

5 Als »intersubjektiv« bezeichne ich jene Beurteilungsverfahren, deren Ergebnisse in ihrer Herleitung und Begründung von unterschiedlichen Personen nachvollzogen werden (können).

Selbstbeurteilung \ Intersubjektivität	hoch	niedrig
niedrig	I	II
hoch	III	IV

Abb. 32: Selbstbeurteilung und Intersubjektivität

einfach strukturierten Testformen (bzw. in standardisierten Leistungstests) anzutreffen, wie etwa in Wort-für-Wort-Übersetzungsaufgaben, in einfachen Rechenoperationen, in (sport)motorischen Tests u.ä.

Die häufigste Form der Leistungsbeurteilung ist immer noch dem Quadranten II zuzurechnen: beispielsweise die klassische Form der Schularbeitsbeurteilung. Je stärker SchülerInnen selbst ihre individuell unterschiedlichen Leistungen beurteilen, um so geringer ist die Intersubjektivität, was die Schwachstellenanalyse der einschlägigen Untersuchungen über herkömmliche Verfahren der Leistungsbeurteilung bewiesen haben (vgl. Ingenkamp 1971). So läßt sich die Beurteilung von SchülerInnenaufsätzen nicht mehr nach standardisierten (Norm-)Vorgaben durchführen, außer man beschränkt die Aufsatzleistung auf korrektes orthographisches Verhalten, das allerdings nur *ein* Element der Lehrplanforderung darstellt. Eine Erhöhung der Intersubjektivität kann dadurch erreicht werden, daß ein LehrerInnenteam die Einschätzung der SchülerInnenleistung vornimmt, was beispielsweise im Sinne einer echten Durchlässigkeit zwischen den Leistungsgruppen in der Hauptschule erforderlich ist. Allerdings haben die SchülerInnen hierbei wenig Möglichkeiten, ihre Arbeiten selbst (mit) zu beurteilen. Die Erhöhung des Selbstbeurteilungsanteils kann eher über Formen der sogenannten »gestuften« Leistungsfeststellung[6] (vgl. Blüml 1994) und der Partnerkorrektur erreicht werden. Die Zweiphasen- oder Zweistufenarbeit ist ein Versuch der Annäherung von Lernaufgaben an die Lebensaufgaben. Zur Veranschaulichung ein naheliegendes Beispiel: Auch die Erstfassung des Manuskripts dieses Textes war nicht mit der Ihnen jetzt vorliegenden Endversion identisch, sie ist durch mehrere Korrekturphasen gegangen. Dabei sind die im Urtext vorhandenen Fehler ausgebessert und stilistische Unreinheiten behoben worden. Ähnlich diesem Prozeß, allerdings mit reduziertem Aufwand läuft eine zweiphasige Schularbeit (Klassenarbeit) ab: Die SchülerInnen schreiben zunächst ihre (Schul- bzw. Klassen-)Arbeit zur gegebenen Aufgabenstellung; nach der vorgesehenen Zeit (üblicherweise einer Unterrichtsstunde) sammelt der/die LehrerIn sie ab, sieht sie (wie üblich) durch, zeichnet am Korrekturrand fehlerhafte Stellen an – ohne den exakten »Fehlerort« zu markieren – und

6 Bei der gestuften Leistungsfeststellung erfolgt eine Erstdurchsicht von Schularbeiten durch die/den Lehrenden mit der Angabe von konstruktiven Hinweisen. In der Folgestunde können die SchülerInnen aufgrund dieser Anmerkungen ihre Texte nochmals überarbeiten, ehe von der/dem LehrerIn eine endgültige Leistungsbeurteilung vorgenommen wird.

vermerkt für sich eine Note dieser ersten Fassung. In der nächsten Stunde oder in einer der nächsten Stunden werden die Texte ein zweites Mal an die SchülerInnen ausgeteilt.

»Ein wesentlicher Gesichtspunkt ist ..., daß zwischen der Textproduktion und der Textredigierung bzw. -kontrolle eine gewisse Zeit vergeht, daß also die SchreiberInnen etwas Abstand zur unmittelbaren Produktionssituation gewinnen, in der (oder unmittelbar nach der, wie das beim normalen ›Durchlesen‹ der Fall ist) sie erfahrungsgemäß wenig Sinn für die formalen Seiten ihrer Texte haben, weil sie zu sehr mit dem rein Inhaltlichen beschäftigt sind« (Blüml 1994, 73). Die SchülerInnen erhalten die Texte mit schriftlichen Anregungen, Kritik, Fragen, Bestätigungen des/der LehrerIn zurück und überarbeiten sie aufgrund der Anmerkungen. Für Blüml (1994, 77) ist das jene Phase, die »man als eigentliche Schreibberatung bezeichnen könnte ... es kann sich bei diesen Rückmeldungen nicht um die bloße Markierung von Fehlern im Bereich der Grammatik und der Orthographie handeln, sondern sie müssen auch auf den Textaufbau, die stilistische Gestaltung, Kohäsionsfragen, Bedeutungsfragen eingehen ... Entscheidend dabei ist, daß diese Überarbeitung noch einmal Gegenstand der Reflexion wird, im Idealfall von beiden – Lernenden und Lehrenden – gemeinsam.«

Die folgenden Abbildungen aus Originalarbeiten[7] (Schul-/Klassenarbeit im Deutschunterricht einer 1. Gymnasialklasse) zeigen die unterschiedlichen Schwerpunkte dafür auf. Auf der linken Seite sind die von der Lehrerin korrigierten Erstfassungen der SchülerInnen abgebildet, rechts finden sich jeweils die von den SchülerInnen in einer Folgestunde überarbeiteten Versionen. Eingerahmte Fehlersymbole in der Endfassung, z.B. [Z], zeigen, daß der Fehler in der Erstfassung bei der Überarbeitung durch den Schüler/die Schülerin *nicht* gefunden wurde.

Da die Lehrerin in ihren Aufzeichnungen eine provisorische Benotung der Erstfassung vorgenommen hatte, konnte sie anhand der Endnote, die ausschließlich auf der Basis der Zweitfassung entstand, die Entwicklung der einzelnen Schülerleistungen verfolgen. Die Überarbeitung führte (mit einer Ausnahme) zu einer deutlichen Verbesserung in der Bewertung der Schülerleistung. Damit erlebten die meisten SchülerInnen bei der Zweiphasenarbeit nicht nur eine Leistungssteigerung, sondern bekamen eine neue Haltung zum Schreiben von Texten. Dies zeigt sich auch in den Rückmeldungen einzelner SchülerInnen:

- *»In Deutsch hat mir die Art der Verbesserung der Deutschschularbeit sehr gut gefallen.«*
- *»Bei manchen Schularbeiten bekommen wir die Hefte nicht gleich mit Note zurück, sondern wir dürfen alle Fehler, die wir finden, ausbessern, und erst danach wird die Note bestimmt. Ich halte das für eine gute Idee.«*
- *»Der Deutschunterricht ist echt super. Sogar die Schularbeiten! Und das heißt was.«*

Die Umsetzung der Zweiphasenarbeit erfordert für die Lehrenden natürlich einen größeren Aufwand als die einmalige Durchsicht, der Lerngewinn der SchülerInnen im Hinblick auf die Bewältigung von (späteren) Lebensaufgaben erscheint damit aber in

7 Ich danke Frau Ulrike Steiner-Löffler und ihren SchülerInnen dafür, daß die Arbeiten hier abgedruckt werden können.

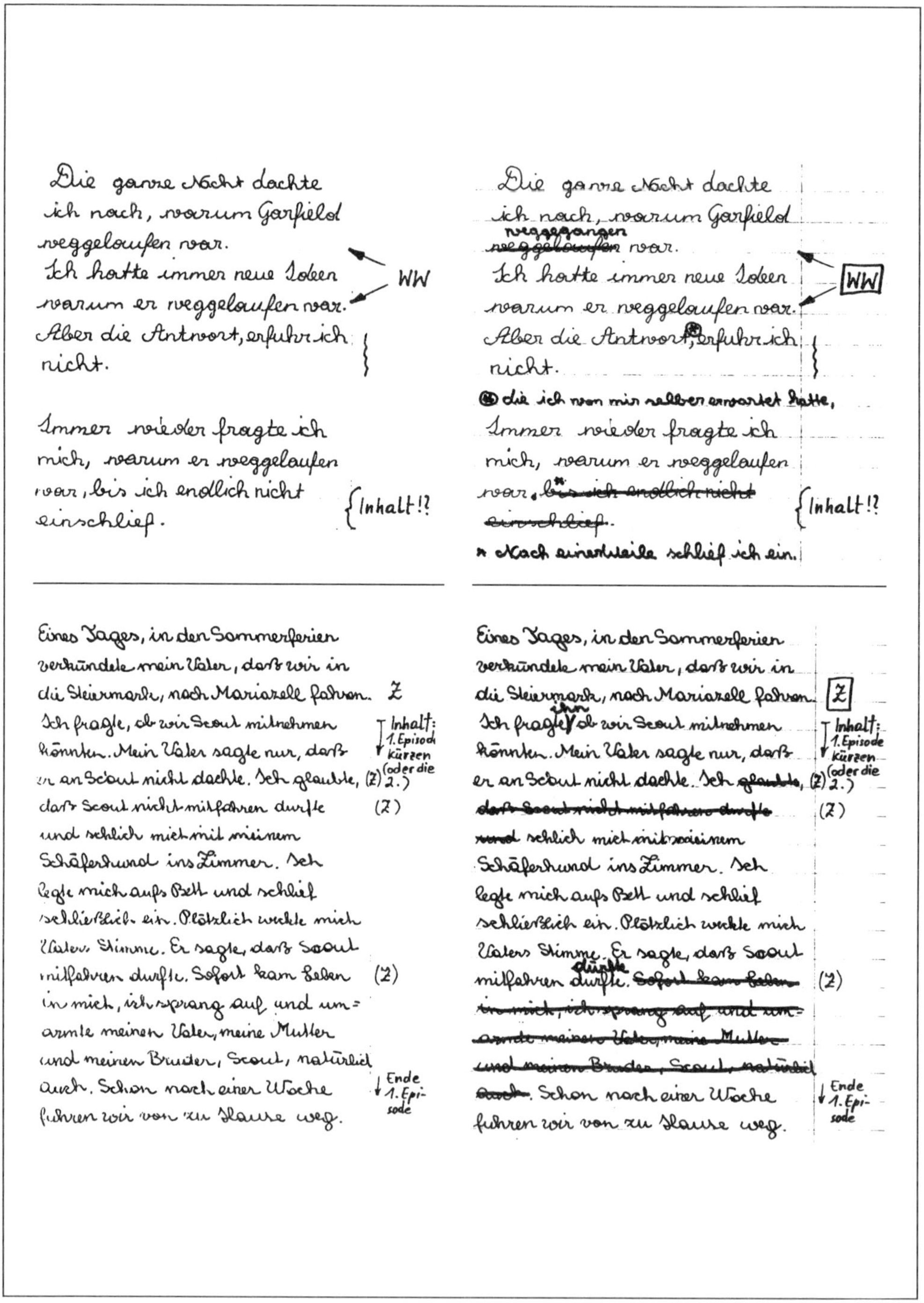

Abb. 33: Klassenarbeiten mit Nachkorrekturen

viel höherem Maß erreicht, als dies die übliche Beurteilung mit nachträglicher Korrektur ermöglicht. Ein anderer Weg, um die Beurteilten in die Beurteilung einzubeziehen, sind Partner- und Eigenbenotung. Sie sind »weniger weit verbreitet, wenngleich gerade dadurch entscheidende Fortschritte im Hinblick auf die Fähigkeit zur Einschätzung eigener Arbeit bzw. auch der Arbeit eines Kollegen zu gewinnen sind. Darüber hinaus fördern solche Methoden sozial verantwortliches Handeln, Transparenz der Beurteilung und den Dialog im Sinne einer partnerschaftlichen Schule« (Blüml 1985, 47).

Ein stärkerer Zusammenhang zwischen Selbstbeurteilung und Intersubjektivität (Quadrant III) läßt sich dann erreichen, wenn SchülerInnen anhand der Bewältigung einer Aufgabenstellung den (Lösungs-)Erfolg im eigenen Tun erfahren und dabei die unterschiedlichen Sichtweisen der Betroffenen bzw. Beteiligten berücksichtigt werden. Dies läßt sich beispielsweise im (Fremd-)Sprachunterricht aufzeigen, zumal dort zur Bewältigung der Aufgabenstellung die entsprechende (fremd)sprachliche Reaktion aller am Gespräch Beteiligten notwendig ist (vgl. Schratz u.a. 1984). Eine derartige Aufgabenstellung entspricht auch am ehesten einer alltäglichen (Fremd-)Sprachbegegnung, in der ebenfalls die erfolgreiche Bewältigung eines Kommunikationsproblems den Erfolg bestimmt. Ähnliches gilt auch für die Anwendung mathematischer Kenntnisse, die im Unterricht üblicherweise stark vom Verwendungsalltag abstrahiert werden (vgl. auch Kapitel 2.1!).

3.3.5 Was leisten Leistungsmappen, Lerntagebücher, persönliche Leistungsberichte usw.?

These
Selbstverantwortliches Lernen kann nur anhand der persönlichen Leistungen im Rahmen der schulischen Vermittlung bewertet werden. Die Vorlage persönlicher Leistungsberichte erfordert einen kommunikativen Umgang mit Lernzuwächsen.

Zur Dokumentation und Vorlage von Leistungsnachweisen haben sich in der Literatur vor allem die Begriffe Dossier bzw. Portfolio etabliert, die alle Produkte beinhalten, welche von SchülerInnen im Laufe der Unterrichtsarbeit in den einzelnen Gegenständen erarbeitet wurden. In deutscher Sprache wurden von Vierlinger (1972 und 1993) die Begriffe Leistungsmappe bzw. Direkte Leistungsvorlage eingeführt. Wichtig ist dabei, daß die SchülerInnen selbst die Verantwortung für die Dokumentation tragen, wodurch die/der LehrerIn stärker in die Beratungsrolle kommt. Die vorgelegten Leistungen sollen eine authentischere Aussage über die tatsächlichen Leistungen ermöglichen als die davon abgehobene Ziffer im Notensystem. Während der Grad der Selbstbeurteilung hierbei hoch ist, ist jener der Intersubjektivität niedrig (Quadrant IV). Zwar gibt es etwa im staatlichen Schulsystem von Kalifornien erste Versuche, Portfolio-Vorgaben intersubjektiv zu beurteilen, dies erfordert allerdings ein aufwendiges Assessment-Verfahren.[8]

8 Ähnlich dem Verfahren eines Assessment Centers (vgl. Gloor 1993) werden individuelle

Die aus dem anglo-amerikanischen Raum stammenden Lerntagebücher stellen eine weitere Form der laufenden Selbstbeurteilung dar (vgl. Holly 1984 und 1989). Sie werden von SchülerInnen vor allem dann geschrieben, wenn es um den Prozeß, um die Erlebnisse und Probleme beim Lernen selbst geht, die in der direkten Leistungsvorlage üblicherweise nicht enthalten sind. Sie dienen aufgrund ihres persönlichen Charakters weniger der Leistungsfeststellung als der Diskussion der Lernerfahrungen der Lernenden untereinander oder der SchülerInnen mit den Lehrenden. Derartige Rückmeldungen helfen nicht zuletzt auch den Lehrenden, Rückmeldungen über ihren eigenen Unterricht zu erhalten; bewährt hat sich für diesen Zweck das sogenannte One Minute Paper (vgl. Wilson 1986). Dabei läßt der/die LehrerIn die SchülerInnen am Ende der Stunde (üblicherweise in einer Minute) jeweils auf einem Zettel festhalten, (1) was im gegenständlichen Unterricht ihre bedeutsamste Lernerfahrung war und (2) welche Frage ihnen am Ende der Stunde als wichtigste präsent geblieben ist. Dadurch lassen sich nicht nur der individuelle Lernzuwachs und die persönlichen Probleme rasch feststellen, sondern man erhält auch einen guten Überblick über die Gesamtsituation der Klasse im Hinblick auf den Unterrichtserfolg.

In Großbritannien wird seit einigen Jahren versucht, persönliche Leistungen von SchülerInnen feststellen und dokumentieren zu lassen, die Beurteilung dann aber mit den LehrerInnen (intersubjektiv) auszuhandeln, was über das System des sogenannten Record of Achievement erfolgt. Das britische Department of Education and Science (DES) hat dafür folgende vier Aspekte propagiert, die nach Meinung seiner Vertreter dafür ausschlaggebend sind, daß Records of Achievement (persönliche Leistungsberichte) einen positiven Beitrag zur Situation der Beurteilung leisten können:

> (1) *Anerkennung von Leistung:* Dokumente und Systeme der Leistungsfeststellung sollen das, was die SchülerInnen geleistet und erlebt haben, nicht nur über öffentliche Prüfungen anerkennen und mit Prüfungsnoten versehen, sondern auch auf anderem Weg. (2) *Motivation und persönliche Entwicklung:* Sie sollen zur persönlichen Entwicklung der SchülerInnen sowie zum (Lern-)Fortschritt beitragen und dadurch ihre Motivation erhöhen, Unterstützung anbieten sowie Bewußtsein für ihre individuellen Stärken, Schwächen und Entwicklungsmöglichkeiten schaffen. (3) *Curriculum und Unterricht:* Der Prozeß der Erstellung der Leistungsberichte soll Schulen helfen, das ganzheitliche Potential ihrer SchülerInnen zu identifizieren sowie herauszufinden, wie gut Curriculum und Unterricht die allgemeinen, praktischen und sozialen Fähigkeiten und Fertigkeiten weiterzuentwickeln imstande sind. (4) *Leistungsbescheinigung (document of record):* Wenn junge Menschen die Schule verlassen oder in weitere Bildungswege einsteigen, sollen sie eine Bescheinigung erhalten, die summarisch ihre Leistungen dokumentiert, die vom Arbeitgeber und den höheren bzw. weiterführenden Bildungsinstitutionen anerkannt wird. Diese soll ein stärker abgerundetes Bild über die AbsolventInnen für die Arbeitssuche bzw. das Studium geben, als dies herkömmliche Auflistungen von Notenwerten vermögen (DES 1984, 3; [Übersetzung M.S.]).

Wie die Erfassung von Records of Achievement in der Praxis abläuft, ist unterschied-

Leistungsvorlagen der SchülerInnen von AssessorInnen (üblicherweise ausgewählten LehrerInnen) nach bestimmten Kriterien bewertet. Dadurch sollen einerseits die jeweiligen Kenntnisse, Fähigkeiten und Fertigkeiten verstärkt berücksichtigt werden, zum anderen erfolgt über die Gruppe der AssessorInnen eine intersubjektive Verständigung über die individuellen Leistungen.

lich, es lassen sich jedoch einige allgemeine Ablaufschritte festhalten, die ich zum besseren Verständnis hier zusammenfasse (vgl. Pole 1993, 13f.):

- Die FachlehrerInnen füllen für jede/n einzelne/n Schüler/in einen (teilstandardisierten) Beschreibungsbogen aus.
- Der Klassenvorstand sammelt die von den FachlehrerInnen erstellten Beschreibungsbögen ein und erstellt für jede Schülerin und jeden Schüler auf der Basis der darin enthaltenen Informationen einen übergeordneten Beschreibungsbogen.
- Jede/r Schüler/in füllt ebenfalls einen Beschreibungsbogen aus, in dem er/sie seine/ihre eigene Sichtweise zu denselben Fragen wiedergibt, die auch von den LehrerInnen behandelt wurden.
- Der Klassenvorstand und der/die SchülerIn treffen sich zu einem Gespräch, in dem die vom Klassenvorstand und dem/der jeweiligen SchülerIn ausgefüllten Beschreibungsbögen verglichen und diskutiert werden. Dabei wird über strittige Punkte gegebenenfalls zwischenverhandelt, um eine gemeinsame Aussage über SchülerInnenleistung und Lernfortschritt zu formulieren, und Ziele und Vorgaben für die weitere Arbeit werden festgelegt. LehrerIn und SchülerIn unterschreiben das Dokument, über das sie sich geeinigt haben, welches die Aussagen über den Fortschritt des Schülers/der Schülerin enthält und die weiteren (Lern-)Schritte aufschlüsselt.
- Ein neuerliches Treffen zwischen Klassenvorstand und SchülerIn findet nach einem bestimmten Zeitraum statt, um den Lernfortschritt seit der Vereinbarung zu überprüfen und gegebenenfalls Ziele und Aufgaben neu zu bewerten.
- Es werden regelmäßig Berichte an die Eltern verfaßt, die eine Zusammenfassung des Prozesses und eine Gesamtbeurteilung sowie eine Beschreibung der erbrachten Leistungen enthalten, allerdings keine Kommentare oder Informationen, die sich auf das Urteil der LehrerInnen in den einzelnen Fächern beziehen. Die Eltern werden gebeten, selbst eine Einschätzung der Leistung ihrer Kinder vorzunehmen und den individuellen Leistungsbericht aus ihrer Sicht zu kommentieren. Sie können außerdem Informationen über die Situation des Kindes zu Hause und in der Freizeit beifügen.

Im Rahmen seiner Fallstudie zeigt Pole auf, daß die Einführung neuer Methoden der Leistungsfeststellung und -beurteilung nicht nur im Mikrobereich von Lehren und Lernen anzusiedeln ist, sondern das gesamte Schulgeschehen beeinflußt. Erfolgt sie nicht in einem offenen Kommunikationsklima, kann es leicht zu einer bloß bürokratischen Verwaltung der Leistungsbescheinigung kommen, wodurch ihre Wirkung im Sinne der Selbstbeurteilung verflacht. Die Studie hat zudem ergeben, daß mit ihrer Einführung neben der Einbindung der Eltern eine breite Öffentlichkeitsarbeit nötig ist (Arbeitgeber, weiterführende Schulen, Hochschulen und Universitäten). Die Wirksamkeit von Leistungsbescheinigungen hängt daher vor allem davon ab, welches Maß an öffentlicher Akzeptanz erreicht werden kann (vgl. Vierlinger 1993). Die Erfahrungen in Großbritannien zeigen, daß die Einführung von persönlichen Leistungsberichten weitreichende Konsequenzen auf die Kultur der Schule und das Umfeld hat. Dem wird entgegengehalten, daß der dafür erforderliche Zeitaufwand zu groß und damit eine flächendeckende Einführung unrealistisch sei.

Für die Entwicklung des Schulwesens erscheint es mir wichtig, einen Modus vivendi zwischen konventionellen und neueren Formen der Leistungsbeurteilung anzustreben, der zweierlei beinhaltet: Einerseits soll er den Aspekt der Selbstbeurteilung bei der Qualitätssicherung im Bereich Unterricht am einzelnen Standort stärken, andererseits soll er den Schulen ihre Selektionsfunktion erhalten, die sie als Teil des ganzen Bildungssystems durch Vorgaben von Berechtigungen im Rahmen objektiver Standards ausüben. So könnte ein Teil der Unterrichtszeit dem offenen Lernen und der Erarbeitung bzw. Sammlung von Leistungsnachweisen in Form von Dossiers gewidmet werden, deren Datenbasis die Grundlage für die selektionsbezogene Entscheidung über die Erreichung der jeweiligen Lernziele bildet (z.B. »bestanden« bzw. »nicht bestanden«); eine differenzierte Rückmeldung wäre aber erst über die gesammelten und beurteilten Produkte möglich. Darüber hinaus ließen sich bestimmte Phasen der Bildungslaufbahn schwerpunktmäßig mehr der Förderung der individuellen Schülerpersönlichkeit als der Selektion zuordnen, wie es etwa im Bereich des Schuleinstiegs und in den ersten Unterrichtsjahren bereits der Fall ist.

Nachwort
Stell dir vor, es gibt Autonomie, und wir leben sie

Die *einzelnen* Kapitel dieses Buches nahmen jeweils einen bestimmten Aspekt von Lernkultur und Schulentwicklung in den Blick, in ihrer Gesamtheit schlugen sie aber eine Brücke von grundsätzlichen theoretischen Aspekten über Beispiele praktischer Umsetzung hin zu jenen drei Rahmenbedingungen von Schul- und Unterrichtsentwicklung, die meiner Erfahrung nach oftmals *die* Erfolgskriterien für das gemeinsame Neugestalten von Schule sind, nämlich Teambildungsprozesse, Öffnung des Unterrichts in Richtung Projektorientierung und Einbeziehen der Leistungsbeurteilung in innovative Konzepte. Es fragt sich, wie tragfähig diese Brückenkonstruktion in der Praxis ist ...

Gewiß, Naturgeschichteunterricht wie der von Frau Professor Doktor B leistet im Austreiben der Natur gründliche Arbeit, und der Hinterbänkler auf der Suche nach der demokratischen Schule wirkt sehr verloren, wenn er den Halbinformationen der schulischen Autorität(en) lauscht. Die beiden sind weit, weit entfernt von den telekommunizierenden HauptschülerInnen, die ihren Partnerschulen in den USA »hautnah« über den Fall der Berliner Mauer berichten können und für die sich angesichts der Brisanz der Ereignisse die Frage der Relevanz und Aktualität dieser Unterrichtsinhalte und -methoden wohl gar nicht erst stellt. Welche Spannbreite braucht also eine Brücke, um diese Distanzen zu überwinden? Verändert sich das System Schule bereits, wenn ein vorwitziger Mathematiklehrer sich die Freiheit herausnimmt, seine SchülerInnen nach Antworten zu fragen, die er selbst noch nicht weiß? Nein, aber alle diese Dinge sind bereits jetzt in unserem Schulsystem möglich, und der systemische Ansatz geht davon aus, daß solche Innovationen auch auf der Systemebene ihre Spuren hinterlassen, daß sie andererseits natürlich optimale Unterstützung durch eben dieses System brauchen. Makro- und Mikroebene lassen sich wohl nur gemeinsam nachhaltig verändern.

Ihre »Feuerprobe« hat die Brücke zwischen Theorie und Praxis, Schulentwicklung und Lernkultur jedenfalls in der Realität des Schulalltags zu bestehen. Die Sinnhaftigkeit der aufgezeigten Verbindungen muß die Köpfe und Herzen derer ergreifen, die über diese Brücke gehen sollen, deren Tragfähigkeit mit hohem Eigenrisiko testend und zugleich durch ihr professionelles Engagement gewährleistend. Dann werden die an Schule Interessierten, in Schule Involvierten und von Schule Betroffenen mit Recht sagen können: »Stell dir vor, es gibt Autonomie, und wir leben sie.«

Literaturverzeichnis

Achleitner,I./Haring,F./ Schratz,M.: Erinnerungsarbeit als Forschungsmethode. Wiederbeleben von Teamerfahrungen bei der Organisationsentwicklung im Bildungsbereich. Innsbruck: Institut für Erziehungswissenschaften, 1988.

Aktion humane Schule Bayern: Ohne Noten lieber lernen und mehr leisten. München: Aktion humane Schule Bayern, o.J.

Altrichter, H./Posch, P.: Lehrer erforschen ihren Unterricht. Bad Heilbrunn: Klinkhardt, 1991.

Altrichter, H./Schratz, M. (Hrsg.): Qualität von Universität. Evaluation: Impulse für Innovation? Innsbruck: Österreichischer Studienverlag, 1992.

Anderson-Levit, K.: What counts as success in first grade in France. Unpublished doctoral Dissertation. Stanford: Stanford University, 1981.

Aronson, E./Pines, A. M./Kafry, D.: Ausgebrannt. Vom Überdruß zur Selbstentfaltung. Stuttgart: Klett-Cotta, 1983.

Au, K. H.: Participation structures in a reading lesson of Hawaiian children. In: Anthropology and Education Quarterly 11 (1980) 2, S. 91–115.

Awecker, P.: »Beinahe vor Lachen geschüttelt« (Gruppenschularbeit). In: Mayr, E./Schratz, M./Wieser, I. (Hrsg.): Fachdidaktik im Dialog. Selbstgesteuertes Lernen in der Praxis schulischer Unterrichtsfächer und universitärer Lehrerbildung. Baltmannsweiler: Schneider, 1988, S. 51-57.

Bachmann, W.: Das neue Lernen. Eine systematische Einführung in das Konzept des NLP. Paderborn: Junfermann, 1991.

Barnes, D.: From Communication to curriculum. Harmondsworth: Penguin, 1976.

Barnhart, D.: »Tuning-In.«: Athabaskan teachers and Athabaskan students. In: R. Barnhart (Hrsg.): Cross-Cultural issues in Alaskan education (Band 2). Fairbanks: University of Alaska, Center for Cross-Cultural Studies, 1982.

Bauer, K.-O./Burkard, Ch.: Der Lehrer – ein pädagogischer Profi? In: H.-G. Rolff u.a. (Hrsg.): Jahrbuch der Schulentwicklung, Band 7: Daten, Beispiele und Perspektiven. München: Juventa, 1992, S. 193–226.

Beck, J. u. a.: Das Recht auf Ungezogenheit. Reinbek: Rowohlt, 1983.

Beck, U.: »Die vertraute Katastrophe – Das unkalkulierbare Risiko wird zur Gewohnheit«. In: Die Zeit, Nr. 18 (26. April 1991), S. 59f.

Beck, U.: Risikogesellschaft. Auf dem Weg in eine andere Moderne. Frankfurt a.M.: Suhrkamp, 1986.

Becker, H. S.: A school is a lousy place to learn anything in. In: American Behavioral Scientist 16 (1972), S. 85–105.

Becker, H.: Zensuren als Lebenslüge und Notwendigkeit. In: H. Becker/H. v. Hentig (Hrsg.): Zensuren. Lüge – Notwendigkeit – Alternativen. Stuttgart: Klett-Cotta, 1983, S. 11–32.

Beratergruppe Neuwaldegg (Hrsg.): Planung als Experiment. Vom Nutzen des Stolperns in der Planung. Wien: Service Fachverlag, 1994.

Berger, J./Mohr, J.: Another Way of Telling. London: Writers and Readers, 1982.

Bews, S.: Integrativer Unterricht in der Praxis. Erfahrungen, Probleme, Analysen. Innsbruck: Österreichischer Studienverlag, 1992.

Blüml, K. (unter Mitarbeit von M. Porsch/F. Königer/W. Stein): Schularbeiten in Deutsch. Neue

Formen schriftlichen Arbeitens – Vorbereitung und Gestaltung. Wien: BMUK (vervielfältigt), 1985.
Blüml, K.: Die sogenannte Zweiphasen- oder Zweistufenarbeit. In: Informationen zur Deutschdidaktik 18 (1994) 2, S. 73–78.
Boos, F.: Vom Machen des Unmachbaren. In: H. Balck/R. Kreibich (Hrsg.): Evolutionäre Wege in die Zukunft. Wie lassen sich komplexe Systeme managen. Weinheim: Beltz, 1991.
Brezovich, B./Oberleitner, G.: Verordnung über die Leistungsbeurteilung. Wien: Österreichischer Bundesverlag, 1992.
Buford, B.: Geil auf Gewalt. München/Wien: Hanser, 1992.
Cavazos, L. F.: But math IS for everyone. In: The San Diego Union (17. April 1989).
Cazden, C. B.: Classroom discourse. In: M. E. Wittrock (Hrsg.): Handbook of research on teaching. New York: Macmillan, 1986[3].
Cazden, C. B.: Classroom Discourse. The Language of Teaching and Learning. Portsmouth, NH: Heinemann, 1988.
Cherryholmes, C. H.: Power and criticism. Poststructural investigations in education. New York: Teachers College Press, 1988.
Club of Rome: Zukunftschance Lernen. Bericht über die achtziger Jahre. München: Goldmann, 1983.
Collins, J.: Differential instruction in reading groups. In: J. Cook-Gumperz (Hrsg.): The social construction of literacy. Cambridge: Cambridge University Press, 1986.
Council of Europe (Hrsg.): Evaluation and Testing in the Learning and Teaching of Languages for Communication. Strasbourg: Council of Europe, 1983.
Dalin, P./Rolff, H.-G./Buchen, H.: Institutioneller Schulentwicklungs-Prozeß. Bönen/Westfalen: Kettler, 1995.
Daschner, P./Rolff, H.-G./Stryck, T. (Hrsg.): Schulautonomie – Chancen und Grenzen. Impulse für Schulentwicklung. München: Juventa, 1995.
Dauber, H.: Angst: Versuch über den Zusammenhang von äußerer Bedrohung und innerem Zusammenbruch. In: M. Schratz (Hrsg.): Gehen Bildung, Ausbildung und Wissenschaft an der Lebenswelt vorbei? München: Profil, 1988, S. 120–133.
Department of Education and Science: Records of Achievement: A Statement of Policy. London: DES, 1984.
Dewey, J.: Democracy and education. New York: MacMillan, 1944.
Doppler, K./Lauterburg, C.: Change Management. Den Unternehmenswandel gestalten. Frankfurt a.M.: Campus, 1994.
Duncker, L.: Erfahrung und Methode. Studien zur dialektischen Begründung einer Pädagogik der Schule. Ulm: Armin Vaas Verlag, 1987.
Edwards, D./Mercer, N. M.: Common Knowledge: The development of understanding in the classroom. London: Methuen, 1987.
Elias, N.: Über den Prozeß der Zivilisation. Band 1. Bern: Franke, 1969.
Elliott, J.: Action Research for Educational Change. Milton Keynes: Open University Press, 1991.
Erickson, F./Mohatt, G.: Cultural organization of participation structures in two classrooms of Indian students. In: G. Spindler (Hrsg.): Doing the ethnography of schooling. New York: Holt-Rinehart & Winston, 1982.
Federer, I.: Zur Problematik der verbalen Beurteilung in den Sonderschulen und integrierten Klassen der deutschsprachigen Grundschule in Südtirol. Innsbruck: unv. Dissertation, 1982.
Fend, H.: Gute Schulen – schlechte Schulen. Die einzelne Schule als pädagogische Handlungseinheit. In: Die Deutsche Schule 82 (1986) 3, S. 275–293.
Fend, H.: Theorie der Schule. München: Urban und Schwarzenberg, 1980.
Fenkart, G./Schratz, M. (Red.): Neue Lernkultur. Wien: Bundesministerium für Unterricht und Kunst, 1994.
Fischer, W. A.: Schulentwicklung und Selbsterneuerungsprozeß. In: Schulmanagement 20 (1989) 4, S. 23–29.

Fischer, W./Schratz, M.: Schule leiten und gestalten. Mit einer neuen Führungskultur in die Zukunft. Innsbruck: Österreichischer Studienverlag, 1993.
Foster, M.: »It's cookin' now«: A performance analysis of the speech events in an urban community college. Language and Society 18 (1989), S. 1–29.
Foucault, M.: Überwachen und Strafen. Die Geburt des Gefängnisses. Frankfurt a.M.: Suhrkamp, 1976.
Freire, P.: Pädagogik der Unterdrückten. Reinbek: Rowohlt, 1981.
Frey, K.: Die Projektmethode. Weinheim: Beltz, 1982.
Fromm, E.: Haben oder Sein. Die seelischen Grundlagen einer neuen Gesellschaft. München: Deutscher Taschenbuch Verlag, 1979.
Garlichs, A./Heipcke, K./Messner, R./Rumpf, H.: Didaktik offener Curricula. Weinheim: Beltz, 1974.
George, R.: Zensuren im Projektunterricht? – oder die Dominanz tradierter Normen. In: päd. extra & demokratische Erziehung 1 (1988) 6. S. 22f.
Gloor, A.: Die AC-Methode: Assessment Center. Zürich: Orell Füssli, 1993.
Green, J. L./Harker, J. O.: Gaining access to learning: Conversational, social & cognitive demands of group participation. In: L. C. Wilkinson (Hrsg.): Communicating in the classroom. New York: Academic Press, 1982, S. 183–222.
Grell, J.: Techniken des Lehrerverhaltens. Weinheim: Beltz, 1974.
Gropengießer, I./Otto, G./Tillmann, K.-J. (Hrsg.): Schule zwischen Routine und Reform. Jahresheft 12. Seelze: Velber Verlag, 1994.
Haenisch, H.: »Schools change slower than churches.« Die einzelne Schule ist der Prüfstand für Schulreform. In: Pädagogik (1991) 5, S. 27–31.
Handlos, B.: Die »Schattenschule« boomt. In: Pädagogische Zeitschrift für demokratische Lehrerinnen und Lehrer (1993) 3, S. 7.
Harrison, M. I.: Diagnosing Organizations. Methods, Models, and Processes. Thousand Oaks: Sage, 1994².
Haug, F.: Erinnerungsarbeit. Berlin: Argument, 1990.
Haycock, K./Navarro, M. S.: Unfinished business. Oakland: The Achievement Council, 1989.
Heath, S. B.: Questioning at home and at school. In: G. Spindler (Hrsg.): Doing the ethnography of schooling. New York: Holt, Rinehart & Winston, 1982.
Heath, S. B.: Ways with words. Cambridge: Cambridge University Press, 1983.
Heger, R.-J./Heinen-Tenrich, J./Schulz, T.: Wiedergewinnung von Wirklichkeit. Freiburg: Dreisam Verlag, 1983.
Hentig, H. v.: Die Krise des Abiturs und eine Alternative. Stuttgart: Klett, 1980.
Hentig, H. v.: Schule neu denken. Eine Übung in praktischer Vernunft. München: Carl Hanser Verlag, 1993.
Hierdeis H./Schratz, M. (Hrsg.): Mit den Sinnen begreifen. 10 Anregungen zu einer erfahrungsorientierten Pädagogik. Innsbruck: Österreichischer Studienverlag, 1992.
Holly, M. L.: Keeping a Personal-Professional Journal. Geelong: Deakin University Press, 1984.
Holly, M. L.: Writing to Grow. Keeping a Personal-Professional Journal. Portsmouth, NH: Heinemann, 1989.
Holtappels, H. G.: Lernkultur und Schulumfeld – Ein Projekt zur Schulentwicklung in unterschiedlichen regionalen Kontexten. In: H. G. Holtappels (Hrsg.): Lernkultur an Sekundarschulen. Tagungsdokumentation. Dortmund: Institut für Schulentwicklungsforschung, 1993.
Hopfenberg, W. S, Levin, H. M.: The Accelerated Schools. San Francisco: Jossey-Bass, 1993.
Hopmann, S./Künzli, R.: Logik der Lehrplanung. Das Aarauer Lehrplannormal. In: Bildungsforschung und Bildungspraxis 16 (1994) 2, S. 161–184.
Houston, J.: The Possible Human. A Course in Enhancing Your Physical, Mental, and Creative Abilities. Los Angeles: Tarcher, 1982.
Hurrelmann, K.: Was ist eine »gute Schule«? Wie kann Schule auf die veränderten Lebensbedingungen von Kindern und Jugendlichen reagieren? In: Erziehungskunst 56 (1991) 4, S. 336–347.
Ingenkamp, K.: Die Fragwürdigkeit der Zensurengebung. Weinheim: Beltz, 1971.

Jung, R./Wörster, W.: Lerntätigkeit. Probleme und Perspektiven des Lernens in der Weiterbildung. Frankfurt a.M.: Lang, 1989.
Jungk, R.: Projekt Ermutigung. Streitschrift wider die Resignation. Berlin: Rotbuch, 1988.
Jungk, R./Müllert, N. R.: Zukunftswerkstätten. Wege zur Wiederbelebung der Demokratie. München: Goldmann, 1983.
Jungwirth, H./Plössnig, F./Schratz, M./Winkler, S.: Schulen machen Schule. Innsbruck: Studienverlag, 1991.
Kern, P./Wittig, H.-G.: Pädagogik im Atomzeitalter. Freiburg: Herder, 1982.
Klemm, K.: Europäischer Binnenmarkt und Schulentwicklung. In: Arbeiterkammer Tirol (Hrsg.): Zukünftige Bildungspolitik »Bildung 2000«. In: AK-Pressedienst 2 (April 1992), S. 1–16.
Klemm, K./Rolff, H.-G./Tillmann, K.-J.: Bildung für das Jahr 2000. Bilanz der Reform, Zukunft der Schule. Reinbek: Rowohlt, 1986.
Kösel, E.: Die Modellierung von Lernwelten. Ein Handbuch der subjektiven Didaktik. Elztal-Dallau: Laub, 1993.
Krainer, K./Tietze, W. (Hrsg.): LehrerInnen machen Schule. Schulentwicklung an der Basis. Wien: Böhlau-Verlag, 1992.
Kramis-Aebischer, K.: Streß, Belastungen und Belastungsverarbeitung im Lehrberuf. Bern: Haupt, 1995.
Labov, W./Fanschel, D.: Therapeutic discourse: psychotherapy as conversation. New York: Academic Press, 1977.
Lamprecht, J.: Auswirkungen der verbalen Leistungsbeurteilung an den deutschsprachigen Mittelschulen Südtirols. Innsbruck: unv. Dissertation, 1980.
Larcher, D.: Was heißt »Entrümpelung« der Lehrpläne? In: G. Fenkart u.a. (Hrsg.): Neue Lernkultur. Wien: BMUK, 1993, S. 183–190.
Latour, B./Woolgar, S.: Laboratory Life. Princeton: Princeton University Press, 1986.
Lave, J: Cognition in Practice. Mind, Mathematics and Culture in Everyday Life. Cambridge: Cambridge University Press, 1988.
LDLN (AT&T Long Distance Learning Network) Manual. Basking Ridge, N.J.: Verv., o.J.
Levin, P.: Students and teachers: A cultural analysis of Polynesian classroom interaction. University of California, San Diego: unv. Dissertation, 1977.
Longstreet, W. S.: Human Factors in Educational Computing: Toward Software Efficiency for Education. In: U. Schneider/M. Schratz (Hrsg.): Permanent Education Between New Illiteracy and High-Power Technology. New Orleans: University of New Orleans, 1989, S. 19–34
Lutz, R. (Hrsg.): Sanfte Alternativen. Weinheim: Beltz, 1981.
Lutz, R. (Hrsg.): Bewußtseins(R)evolution. Weinheim: Beltz, 1983.
Madritsch, K.: Zur Theorie und Praxis der Mitarbeitsbeurteilung. Eine repräsentative Untersuchung der Beurteilungspraxis Tiroler Hauptschullehrer. Innsbruck: unv. Dissertation, 1980.
Malcolm, I. G.: The discourse of the reading lesson: sociolinguistic observations in aboriginal classrooms. In: T. Bessel-Browne u.a. (Hrsg.): Reading into the 80s. Adelaide: Australian Reading Association, 1980, S. 81–97.
Mayr, E./Schratz, M./Wieser, I. (Hrsg.): Fachdidaktik im Dialog. Selbstgesteuertes Lernen in der Praxis schulischer Unterrichtsfächer und universitärer Lehrerbildung. Baltmannsweiler: Schneider, 1988.
McDermott, R. P.: Kids make sense. Cambridge, Mass.: Harvard University Press: unv. Dissertation, 1976.
Mehan, H./Hertweck, A./Meihls, J. L: Handicapping the Handicapped. Decision Making in Students' Educational Careers. Stanford: Stanford University Press, 1986.
Mehan, H.: Learning Lessons. Cambridge, Ma.: Harvard University Press, 1979.
Mehan, H.: Why I Like to Look: On the Use of Videotape as an Instrument in Educational Research. In: M. Schratz (Hrsg.): Qualitative Voices in Educational Research. London: Falmer Press, 1993, S. 93–105.
Miller-Souviney, B.: Teaching community school math – A comparison of five sites. Working

Paper 18. Indigenous Mathematics Project. Department of Education. Port Moresby: Papua New Guinea, 1981.
Moore, C. M.: Group Techniques for Idea Building. Thousand Oaks: Sage, 1994².
NCTM (National Council of Teachers of Mathematics): Curriculum and evaluation standards for school mathematics. 1989.
Newman, D./Griffin, P./Cole, M.: The construction zone. Working for cognitive change in school. Cambridge: Cambridge University Press, 1989.
Oskarsson, M.: Approaches to Self-Assessment in Foreign Language Learning. Oxford: Pergamon, 1980.
Osswald, E.: Gemeinsam statt einsam. Arbeitsplatzbezogene Lehrer/innenfortbildung. Kriens: Brunner, 1990.
Pädagogisches Institut Tirol (Hrsg.): Werkstatt Schule – Projektarbeit als Lehrerfortbildung. Innsbruck: Inn-Verlag, 1981.
Papert, S.: The Children's Machine. Rethinking School in the Age of the Computer. New York: Basic Books, 1993.
Pechtl, W.: Zwischen Organismus und Organisation. Wegweiser und Modelle für Berater und Führungskräfte. Linz: Veritas, 1991.
Petersen, P.: Zur erziehungswissenschaftlichen Begründung des neuen Schullebens. Vorwort in: V. Spasitsch: Die Lehrerfrage in der Neuen Schule. Weimar: Hof-Buchdruckerei, 1927.
Philipp, E.: Gute Schule verwirklichen. Ein Arbeitsbuch mit Methoden, Übungen und Beispielen der Organisationsentwicklung. Weinheim: Beltz, 1992.
Phillips, S. U.: The Invisible Culture. New York: Longman, 1982.
Pike, G./Selby, D.: Global Teacher, Global Learner. London: Hodder and Stoughton, 1988.
Pole, Ch.: Assessing and Recording Achievement. Buckingham: Open University Press, 1993.
Posch, P.: Entwicklungstendenzen für eine neue Lernkultur. In: W. Specht (Hrsg.): Schulqualität in Österreich. Innsbruck: Österreichischer Studienverlag, 1995.
Posch, P./Altrichter, H.: Bildung in Österreich: Analysen und Entwicklungsperspektiven. Innsbruck: Österreichischer Studienverlag, 1992.
Probst, G. J. B.: Selbst-Organisation. Ordnungsprozesse in sozialen Systemen aus ganzheitlicher Sicht. Berlin: Paul Parey, 1987.
Puchta, H./Schratz, M.: Teaching Teenagers. London/New York: Longman, 1992.
Rathenow, H.-F./Steinbach, S.: Person – Planet – School. Neue Tendenzen politischer Bildung in den USA und Großbritannien. In: Englisch-Amerikanische Studien (1987) 3,4, S. 541–558.
Reynolds, D.: Forschung zu Schulen und zur Wirksamkeit ihrer Organisation – das Ende des Anfangs? Eine kritische Bilanz aus der Sicht britischer Erfahrungen. In: K. Aurin (Hrsg.): Gute Schulen – worauf beruht ihre Wirksamkeit? Bad Heilbrunn: Klinkhardt, 1990, S. 88–100.
Riemann, F.: Die Grundformen der Angst. München: Reinhardt, 1977.
Rogers, C.R.: Lernen in Freiheit. München: Kösel, 1974.
Rolff, H.-G.: Bildung für das Jahr 2020. In: O. Achs u.a. (Hrsg.): Lernen für die Zukunft. Wien: Jugend und Volk, 1990, S. 38–50.
Rolff, H.-G.: Schulentwicklung als Entwicklung von Einzelschulen? Theorien und Indikatoren von Entwicklungsprozessen. In: Zeitschrift für Pädagogik 37 (1991) 6, S. 865–886.
Rolff, H.-G.: Wandel durch Selbstorganisation. Theoretische Grundlagen und praktische Hinweise für eine bessere Schule. München: Juventa, 1993.
Rolff, H.-G./Bauer, K.-O./Klemm, K./Pfeiffer, H. (Hrsg.): Jahrbuch der Schulentwicklung, Band 7: Daten, Beispiele und Perspektiven. Weinheim/München: Juventa, 1992.
Rumpf, H.: Unterricht und Identität. Perspektiven für ein humanes Lernen. München: Juventa, 1976.
Rumpf, H.: Die übergangene Sinnlichkeit. München: Juventa, 1981.
Rumpf, H.: Lernen jenseits aller Schulweisheit. Wider die Kopflastigkeit der Lehrpläne für eine andere Allgemeinbildung. In: Die Zeit, Nr. 17 (20. April 1984), S. 38.
Rumpf, H.: Die künstliche Schule und das wirkliche Lernen. München: Ehrenwirth, 1986a.

Rumpf, H.: Mit fremdem Blick. Stücke gegen die Verbiederung der Welt. Weinheim: Beltz, 1986b.
Rumpf, H.: Belebungsversuche. Ausgrabungen gegen die Verödung der Lernkultur. München: Juventa, 1987.
Rutter, M./Maughan, B./Mortimer, P./Ouston, J.: Fünfzehntausend Stunden – Schulen und ihre Wirkung auf die Kinder. Weinheim: Beltz, 1980.
Sarason, S. B.: The culture of the school and the problem of change. Boston: Allyn & Bacon, 1971.
Schley, W.: Organisationsentwicklung in der Schule. Seminar für BeraterInnen für standortbezogene und autonome Schulentwicklung. Pöllauberg: unv. Manuskript, 1994.
Schmid-Oumard, W./Nahler, M.: Lehren mit Leib und Seele. Paderborn: Junfermann, 1993.
Schön, D. A: The Reflective Practitioner. How Professionals Think in Action. London: Temple Smith, 1991.
Schratz, M.: Von der Vermittlung zur Verständigung: Öko-Pädagogik als Signal für ein neues Verständnis von Erziehung und Bildung? In: Kommission für Weiterbildung (Hrsg.): Zukunftsorientierte Weiterbildung – Weiterbildungsorientierte Zukunft. Wien: BUKO, 1988a, S. 69–72.
Schratz, M.: Bildungsforschung im Spiegel gesellschaftlicher Veränderungen: Die Lebenswelt im Spannungsfeld von Erziehung, Ausbildung und Wissenschaft. In: M. Schratz (Hrsg.): Gehen Bildung, Ausbildung und Wissenschaft an der Lebenswelt vorbei? München: Profil, 1988b, S. 84–102.
Schratz, M.: The threat to the future: A challenge for pedagogy. Social implications of technological and economic development for general education and its institutional position. In: U. Schneider/M. Schratz (Hrsg.): Permanent education between new illiteracy and high-power technology. New Orleans: University of New Orleans, 1989, S. 9–18.
Schratz, M.: Bildung für ein unbekanntes Morgen: Auf der Suche nach einer neuen Lernkultur. München/Wien: Profil, 1991.
Schratz, M.: Hochschullehre unter der Lupe: Auf dem Weg zur professionellen Selbstevaluation. In: H. Altrichter/M. Schratz (Hrsg.): Qualität von Universitäten. Innsbruck: Österreichischer Studienverlag, 1992, S. 227–255.
Schratz, M.: The Global Classroom: ein ungewöhnliches Schulprojekt. In: Medien + Schulpraxis (1993a) 1+2, S. 32–35.
Schratz, M.: Schulentwicklung zwischen curricularem Wissen und didaktischer Reflexion. In: Erziehung und Unterricht 143 (1993b) 11, S. 536–545.
Schratz, M.: Autonomie und Schulaufsicht – ein Widerspruch? Qualitätssicherung im Spannungsfeld von Rechenschaftslegung und Kontrolle. In: Schulmanagement 24 (1993c) 4, S. 8–15.
Schratz, M.: Durch Evaluation den Stand schulinterner Entwicklungsprozesse widerspiegeln. In: H. Buchen/L. Horster/H.-G. Rolff (Hrsg.): Schulleitung und Schulentwicklung – Erfahrungen, Konzepte und Strategien. Stuttgart: Raabe, 1994a, S. E 4.1–24.
Schratz, M.: Das retardierende Moment: Wie die Leistungsbeurteilung den pädagogischen Fortschritt hemmt. In: Informationen zur Deutschdidaktik 18 (1994b) 2, S. 17–34.
Schratz, M.: Organisationsentwicklung an Schulen und (neue) Lernkultur – ein gestörtes Verhältnis? In: Erziehung und Unterricht 145 (1995) 5, S. 339–341.
Schratz, M.: Werteanalyse Schulqualität: Ein computergestütztes Programm zur Schulentwicklungsarbeit in Kollegium und Lehrerfortbildung. Innsbruck (in Erprobung) 1996.
Schratz, M./Ablinger, G./Gombos, G./Puchta, H./Walder, E.: Lehren und Lernen im Englischunterricht mit Erwachsenen. Kommunikation und Interaktion im Unterrichtsprozeß. Wien: Verband Wiener Volksbildung, 1983.
Schratz, M./Mehan, H.: Gulliver Travels into a Math Class. In Search of Alternative Discourse in Teaching and Learning. In: International Journal of Educational Research 19 (1993) 3, S. 247–264.
Schratz, M./Walker, R.: Research as Social Change: New opportunities for qualitative research. London: Routledge, 1995.

Schulze, G.: Die Erlebnisgesellschaft. Kultursoziologie der Gegenwart. Frankfurt a.M.: Campus, 1992.
Sinclair, J. Mc H./Coulthard, R. M.: Towards an analysis of discourse: The English used by teachers and pupils. London: Oxford University Press, 1975.
Smyth, J. (Hrsg.): Educating teachers. Changing the nature of pedagogical knowledge. London: Falmer, 1987.
Sontag, S.: On Photography. Harmondsworth: Penguin, 1979.
Specht, W.: Schulqualität. Die internationale Diskussion um ein neues Konzept und einige Folgerungen für die Schulentwicklung in Österreich (Diskussionspapier). Graz: Zentrum für Schulversuche und Schulentwicklung, Abt. II, 1991.
Steiner-Löffler, U.: Jeder Schule ihren Pädagogischen Tag?! Gedanken über pädagogische und unpädagogische Tage aus dem Blickwinkel einer Beraterin für Schulentwicklung. In: B. Ender u.a. (Hrsg.): Beratung macht Schule. Schulentwicklung auf neuen Wegen. Innsbruck: Studienverlag, 1996, S. 89–103.
Strittmatter, A.: Praxis der Schulentwicklung. Luzern: Zentralschweizer Beratungsdienst für Schulfragen, 1987.
Stubbs, M./Delamont, S. (Hrsg.): Explorations in classroom observation. London: Wiley, 1976.
Suin de Boutemard, B.: Projektunterricht – Geschichte einer Idee, die so alt ist wie unser Jahrhundert. In: J. Bastian/H. Gudjons (Hrsg.): Das Projektbuch. Theorie – Praxisbeispiele – Erfahrungen. Ohne Ortsangabe: Bergmann u. Helbig Verlag, 1986 S. 62–77.
Swift, Jonathan: Gullivers Reisen. Leipzig: Reclam, 1956.
Tharp, R. G./Gallimore, R.: Rousing minds to life. Cambridge: Cambridge University Press, 1989.
Thomann, Ch./Schulz v. Thun, F.: Klärungshilfe. Handbuch für Therapeuten, Gesprächshelfer und Moderatoren in schwierigen Gesprächen. Reinbek: Rowohlt, 1988.
Thonhauser, J.: Probleme der Leistungsbeurteilung und Empfehlungen zu ihrer Lösung in der neueren Literatur. In: Erziehung und Unterricht 143 (1993) 11, S. 490–497.
Tippl, H.: Aktionsforschung im Unterricht. Fallstudie: Leistungsfeststellung ohne Test und Prüfung. Graz: unv. Diplomarbeit, 1992.
Turner, J. A.: Leaders of 15 mathematics groups question traditional hierarchy in their field. The Chronicle of Higher Education. 12. April 1989, S. A15–A16.
Vierlinger, R.: Durchkomponierte Schulreform. Linz: Quirin Haslinger, 1972.
Vierlinger, R.: Die offene Schule und ihre Feinde. Beiträge zur Schulentwicklung. Wien: Jugend & Volk, 1993.
Walker, R.: Finding a Silent Voice for the Researcher. Using Photographs in Evaluation and Research. In: M. Schratz (Hrsg.): Qualitative Voices in Educational Research. London: Falmer, 1993, S. 72–92.
Weber, E.: Grundfarben und Grundbegriffe. Band 1 von: Pädagogik – Eine Einführung. Donauwörth: Auer, 1982.
Weiss, R.: Zensur und Zeugnis. Linz: Quirin Haslinger, 1965.
Weiss, R.: Leistungsbeurteilung in den Schulen – Notwendigkeit oder Übel? Problemanalysen und Verbesserungsvorschläge. Wien: Jugend und Volk, 1989.
Weiss, W.: Tatort Schule: Wenn Kinder überfordert, Eltern verunsichert und Lehrer frustriert sind. Wien: Orac, 1992.
Wenzel, H.: Unterricht und Schüleraktivität. Probleme und Möglichkeiten der Entwicklung von Selbststeuerungsfähigkeiten im Unterricht. Weinheim: Deutscher Studienverlag, 1987.
Wexler, P.: Social analysis of education: After the new sociology. New York: Routledge & Kegan Paul, 1987.
Wieser, I.: Projektunterricht – ein kalkulierbares Risiko! In: Österreichische Zeitschrift für Berufsbildung 1986, 87, Heft 1, S. 3–6.
Wieser, I.: Handlungs- und Aktionsforschung. In: H. Hierdeis/T. Hug (Hrsg.): Taschenbuch der Pädagogik. Baltmannsweiler: Schneider, 1995, S. 575–589.
Wilson, R. C.: Improving Faculty Teaching. Effective Use of Student Evaluations and Consultants. In: Journal of Higher Education 57 (1986), S. 196–211.
Ziehe, T./Stubenrauch, H.: Plädoyer für ungewöhnliches Lernen. Reinbek: Rowohlt, 1982.